제2판

영유아를 위한

교과교재 연구 및 지도법

김은심 · 유향선 · 최현정

창지사

머리말

교재교구는 교육 활동을 이끄는 중요한 수단이며, 유아교육 현장에서 없어서는 안 될 중요한 자료이다. 영유아기에 구체적인 경험 활동을 도울 수 있는 교재교구는 영유아의 흥미를 높이고, 자발적 활동을 촉진하는 매개체가 되므로, 영유아에게 보다 효과적인 교재교구를 제공할 필요가 있다.

'영유아를 위한 교과교재 연구 및 지도법'은 영유아의 흥미나 발달에 적합한 교재교구에 대한 이론적인 이해를 바탕으로 효과적이고 적절한 교재교구를 직접 연구하고 제작하는 과목이다. 이를 통해 교재교구의 다양한 유형에 대한 이해와 영유아의 발달적 특징을 이해하고 활동에 적합한 교재교구를 계획하고 제작하여 놀이활동을 지원하고 활용할 수 있도록 한다.

그러나 실제로 교재교구를 직접 연구하여 제작하는 것은 쉬운 일이 아니다. 특히, 예비 교사들은 교재교구를 계획하고 제작하는 과정에서 많은 부담을 느끼고 어려움을 토로하는 경우가 왕왕 있으며, 이는 현직에 있는 교사들도 마찬가지이다. 이에 저자들은 본서를 개정하면서 예비 유아교사들은 물론 현직에 있는 유아교사들이 자신감을 가지고 교재교구를 연구하고 개발하여 유아와 즐겁게 활동하며 놀이활동을 지원할 수 있도록 하기 위한 가이드라인을 제공하고자 하였다. 이를 위해 먼저, 교재교구가 왜 연구되어야 하는지, 교재교구를 연구하기 위해 무엇을 고려해야 하는지, 교재교구를 연구하여 어떻게 교육활동에 적용할 것인지에 대해 이론적인 근거를 제시하였다. 또한, 개정 누리과정에 따른 유아놀이 중심 교육과정 운영 시 교재교구의 제작과 활용을 위한 구체적인 내용들을 소개하였다. 그리고 실제로 교재교구를 연구하고 개발하는 데 필요한 과정을 구체적으로 제시하려고 노력하였다.

본서는 이론과 실제로 구분하여 제시되어 있다. 먼저 제1부 이론편은 4개의 장으로 구성되어 있으며, 각 장의 내용을 간단히 소개하면 다음과 같다.

제1장에서는 교재교구의 이해에 대한 내용으로 영유아를 위한 교재교구의 개념 및 유형과 영유아 발달 이론에 따른 교수 학습 관점에 대한 이해를 높이고자 하였다.

제2장에서는 유아의 발달과 교재교구에 대한 내용으로 영아의 발달특성과 교재교구, 유아의 발달특성과 교재교구로 나누어 설명하였다.

제3장에서는 교재교구의 계획 및 제작에 대한 내용으로 개정 누리과정과 교재교구, 교재교구의 제작 계획과 교재교구의 제작에 대한 내용을 다루었다. 특히, 교재교구의 제작에 대한 어려움을 느끼는 학생들과 유아교사들을 위하여 교재교구 제작에 필요한 다양한 재료를 자세히 소개하였다. 또한, 교재교구 제작을 할 때 기본적으로 필요한 방법을 보다 이해하기 쉽도록 기본적인 제작 과정을 소개하여 교재교구 제작에 대한 이해를 높이고자 하였으며 디지털을 활용한 매체제작에 대한 내용을 제시하였다.

제4장의 교재교구의 활용에서는 놀이지원과 활동지원으로 나누어 교재교구의 활용을 제시하였다. 놀이지원을 위한 교재교구에서는 유아를 위한 놀이자료와 자유놀이를 위한 놀이영역을 소개하였으며, 활동지원을 위한 교재교구에서는 이야기 나누기, 동화 · 동시 · 동극, 음악, 신체, 게임, 요리 등으로 나누어 교재교구의 활용 방안에 대해 다양한 교재교구의 예와 함께 살펴보았다. 또한, 다양한 교재교구의 실제 예를 사진과 함께 첨부함으로써 본서를 보는 유아교사나 학생들이 교재교구를 이해하는 데 도움이 되고자 하였다.

제2부인 실제편은 교재교구를 실제로 제작하여 활용하는 방법을 중심으로 내용을 구성하였다. 또한, 놀이 흐름에 따른 교재교구의 실제 사례를 통해 놀이의 시작, 놀이 자료 및 제작을 위한 정보와 놀이관찰을 통한 놀이 흐름을 구체적으로 제시하였다.

교재교구의 제작 및 활용에 대한 실제는 놀이지원을 위한 교재교구와 활동지원을 위한 교재교구로 나누어서 소개하고 하나의 교재교구가 어떠한 과정을 거쳐서 제작되는지를 구체적으로 설명하였다.

각 부분 부분들을 제작할 때 어떠한 점을 유의해야 하는지, 어떻게 제작하는 것이 좀 더 효율적인지를 독자에게 전달하고자 노력하였다.

본서에서 제시한 방법들을 통해 교재교구를 처음 제작해 보는 예비 교사들은 물론 현직에 있는 교사들도 교재교구 제작을 좀 더 수월하게 할 수 있으리라 생각한다.

본서를 출판하기까지 많은 사람의 도움이 있었다. 특히, 누구보다 교재교구를 직접 만드느라 애쓴 많은 학생에게 감사의 마음을 전한다. 본서에 소개된 교재교구들은 창안된 것들이 많으나, 응용하거나 활용하고 재인용한 교재교구도 있다. 이러한 교재교구의 최초 창안자에 대해 구체적으로 밝히지 못해 죄송스러운 마음이다.

곧 유아교육 현장에 나가 사랑스러운 유아들과 만나기를 고대하며 열심히 노력하는 예비 교사들이 교재교구의 중요성을 인식하고, 또 자신만의 고유한 교재교구를 만들기 위해 연구하는 데 도움이 되기를 간절히 바라는 바이다. 본서를 집필하면서, 자료를 모으고, 모인 자료를 두고 함께 토론하고, 또 어떻게 하면 예비 교사들에게 도움이 될 것인가를 생각하면서 저자들 역시 교재교구의 중요성을 다시금 인식하는 계기가 되었다. 앞으로도 교재교구에 대한 애정과 관심을 잃지 않고 계속 연구하여 부족한 부분은 지속적으로 보완할 것을 약속드린다.

본서가 이렇게 아름답게 나올 수 있도록 애써주신 편집부 직원분들과 본서가 나올 수 있도록 아낌없이 지원해 주신 창지사의 김기섭 사장님께 감사드린다.

2023년 2월

저자 일동

차 례

제 2 부 실제편

1부

이론편

1장

교재교구의 이해

1 유아교육과 교재교구

1) 교재교구의 개념과 유형

(1) 교재교구의 개념

학습 자료, 즉 교재(teaching materials)의 사전적 의미는 '가르치거나 학습하는 데 쓰이는 여러 가지 재료'를 뜻한다. 교구(teaching tools 혹은 training aids)는 '학습을 효과적으로 지도하기 위하여 사용하는 온갖 기구로서 도서 · 궤도 · 모형 따위'를 일컫는다(한글과 컴퓨터 사전, 2007). 조정숙과 이대균(2002)은 '교구[1]는 교육활동에서 매체를 제시하는 구체물로서 유아가 학습할 내용과 활동을 연결하여 학습목표를 달성하기 위한 내용을 여러 가지 형태로 제시하는 데 쓰이는 물품', 교재[2]는 '교육목표를 달성하기 위해 유아가 학습할 내용이며, 각종 정보제시기기를 통하여 제시되는 교수 자료'로 정의하였다. 그러나 영유아를 대상으로

1) 교수내용을 제시해주는 하드웨어(예: 녹음기, 융판 등).

2) 교수내용 그 자체가 담겨 있는 소프트웨어(예: 동물 소리가 녹음된 녹음 테이프나 융판용 동물 그림 자료).

하는 교육에서는 상급학교의 교육처럼 교수-학습활동이 영유아의 생활, 또는 놀이와 구별되지 않으므로 의도적인 교수-학습활동에 쓰이지 않는다고 해서 교구나 교재가 아니라고 할 수 없으며, 교구 그 자체가 학습의 내용이 될 수 있으므로 교재와 교구를 명확히 구별 짓는 것은 불합리하다는 주장도 있다(이대균, 송정원, 2008). 즉, 놀이에 대한 흥미를 유발시키고 놀이를 효율적으로 진행시키는 매체의 역할을 하는 모든 물건을 지칭하여 교재교구라 할 수 있다(이숙재, 1990). 종합하면, 교재와 교구는 영유아의 심신 발달을 도모하기 위해 사용되는 모든 자료로서 대·소집단활동뿐 아니라 자유놀이 시간의 개별 활동과 실외 활동 등에서 사용되는 것으로 유아가 가지고 놀 수 있는 놀잇감은 물론 교육활동 진행에 필요한 교수매체를 포함하여 유아교육기관에 있는 모든 자료를 포함하는 것이다(변홍규, 박혜령, 윤점룡, 1983; 황성희, 1988).

한편, 교수-학습의 과정에서 가르치는 자와 배우는 자 간에 서로 정보를 전달하는 매개체, 즉 교재를 제시해주는 정보제시기기라는 개념으로 해석되는 교수 매체(instructional media)에는 도서·궤도·모형 등의 교구 외에 실물, 모든 인쇄매체, 영화, TV, 컴퓨터뿐 아니라 유아를 위한 놀잇감 및 게시판이 포함된다. 교수매체는 완전한 학습 정보를 제시하는 장치 및 고안물이므로 교수-학습 과정에 있어 보조적이라기보다 교육내용 전체를 전달하는 자체 완비적 성격을 가지고 있으므로(김은심, 문용은, 유향선, 전선영, 2009), 교구와 교재를 포괄하는 것으로 볼 수 있다.

코메니우스, 루소, 프뢰벨 등을 비롯하여 피아제, 몬테소리 등은 직관교육, 자연교육, 실물교육, 감각교육 등의 개념을 주장하면서 실물이나 시청각 자료를 이용한 구체적인 학습경험의 중요성을 강조하였다. 교수 매체의 질과 그에 의해 제공되는 감각적 교육경험의 성격은 유아의 학습을 크게 좌우한다는 이와 같은 주장에 따라, 유아교육기관에서는 다양한 감각적 교구로 교육환경을 구성하고 효과적인 교수 매체를 개발하는 데 많은 노력을 기울이고 있다(유혜령, 1998). 지식을 잘 이해하기 위한 흥미 중심의 교육원리는 때로 유아가 좋아하는 것만을 가르치

기 위해 학습 자료를 매력적인 것으로 만드는 원리로 오해받기도 하였다.[3)]

그러나 유아교육과정에서의 환경[4)]을 효과적인 교육과정 운영 및 최적의 환경 구성으로 볼 때, 교재교구의 양과 질 및 적절한 활용이 유아교육의 질을 결정하는 데 결정적인 요소임은 분명하다. 따라서 유아교육기관에서의 '교재교구'는 유아의 전인발달을 도모하기 위해 유아교육기관에서 사용되는 모든 자료를 의미하는 것이라 할 수 있다. 여기에는 유아가 유아교육기관에 등원하는 시간부터 귀가하는 시간까지의 모든 활동에서 사용되는 자료, 즉 실내 · 외에서 교사와 유아가 함께하는 대 · 소집단활동 자료와 유아가 자발적으로 놀이하는 자유놀이 시간의 개별 활동 자료를 포괄하는 것으로 정의할 수 있다.

유아기는 인간의 성장과 발달에 있어 가장 중요한 시기이다. 유아에게 놀이는 성장과 발달에 가장 중요한 활동이고 학습 또는 생활 자체이므로, 놀이의 과정에서 이루어지는 유아 간의 상호작용과 유아와 교사, 유아와 교재교구와의 상호작용은 유아교육에서 중요한 의미를 가진다. 특히, 문자해독능력을 비롯한 언어능력이 미숙한 유아를 대상으로 하는 유아교육에서 교재교구의 역할은 대단히 중요하다. 유아교육기관에 구비된 다양한 교재교구는 유아의 활동을 촉진시켜 능동적이고 효율적인 학습으로 이끌어 주는 가교 역할을 한다. 또한, 유아교육의 내용과 질을 결정하는 중요한 요인으로 교재교구는 물리적인 환경에 포함된다. 물리적 환경에서 실내 · 외 공간구성과 교재교구 등의 변화는 유아의 놀이 행동에 중요한 영향을 미친다(박란규, 2005 재인용).

3) 현대교육과정에서 교재와 교구는 그 배열이 더욱 조직화되고, 쓰임새와 사용방법이 더욱 엄격해져서 유아에게 자유놀이란 마음껏 노는 것이 아닌 '공부'의 인식을 주어 놀이의 의미를 제한하는 것으로 비판받기도 한다(양옥승, 2002: 63).

4) 유아의 환경 중에서 의도적인 교육환경을 제공해주는 유아교육기관의 교육환경은 광의로 보면 유아의 행동 및 교육 프로그램의 효과에 영향을 미치는 인적 환경과 물적 환경을 총칭한다. 여기에서 인적 환경이란 교사 및 주변인물을 의미하며, 물적 환경이란 주변의 사물, 시설, 교재교구 등을 의미한다.

지금까지 제시한 내용을 종합하면, 유아교육에서 교재교구는 교육활동에 제시되는 매체를 포괄하며, 유아가 학습할 내용과 활동을 연결하고 학습목표를 달성하기 위한 내용을 여러 가지 형태로 제시하는 데 쓰이는 물품을 총괄하는 것을 의미한다. 즉, 교재교구란 교수-학습 장면에서 교수와 학습을 성공적으로 실현하기 위해서 쓰이는 교사용 교수 자료와 유아의 학습 자료를 모두 포함하는 것이다. 따라서 유아교육을 함에 있어서 교재와 교구를 연구하고 개발하는 것은 대단히 중요하다.

[그림 1-1] 교사가 제작한 교구로 친구들과 함께 활동하는 유아들

[그림 1-2] 교사가 제작한 교구로 혼자 활동하는 유아

(2) 교재교구의 유형

'유형'의 사전적 의미는 '성질이나 특징 따위가 공통적인 것끼리 묶은 하나의 틀 또는 그 틀에 속하는 것'(출처: 네이버 국어사전)이다. 대부분의 교재교구는 복합적인 기능을 가지고 있으므로 연구자에 따라 각기 다른 기준을 세워 분류한다. 이들에 대해 간략히 살펴보면 헐록(Hurlock, 1978)은 유아의 신체, 언어, 인지 및 사회 · 정서 발달을 촉진하는 기능을 중심으로 교재교구를 분류하였다.

파울러(Fowler, 1980)는 폐쇄식 구조의 특수목적용 자료(specific purpose materials)와 개방식 구조의 다양성을 유도하는 자료(variable product materials)로 나누었다. 특수목적용 자료는 수단과 결과를 연결시키도록 고안된 자료로 용도가 정해져 있어서 고정된 방법으로만 사용해야 한다. 여기에는 고정적 자료

(예: 실외놀이시설, 여러 가지 실제 물건, 그림책 등), 가동적 구조의 자료(예: 모빌, 동 · 식물, 바퀴가 달린 놀잇감 등) 그리고 분리 가능한 자료(예: 퍼즐, 자석이 붙어 있어 다른 구슬과 연결하거나 분리할 수 있는 구슬 등) 등을 포함한다. 다양성을 유도하는 자료는 용도가 무제한으로 개방된 자료로 여러 가지 다양한 창의적인 활동에 활용할 수 있다. 다양성을 유도하는 자료로는 기준 치수 놀잇감(예: 단위 블록, 속이 빈 블록 등)과 자유형 놀잇감(예: 크레파스, 이젤 그림) 등을 포함한다.

또한, 교재가 활용되는 활동의 유형, 활용의 주체, 활용 시에 동원되는 감각기능의 종류, 교재가 활용되는 학습경험의 구체성과 추상성의 정도, 교재의 영구성 여부, 전기 작동 여부, 제작 주체자, 교재의 움직임 정도 등 다양한 분류기준을 설정할 수 있다. 유아교육기관의 가장 보편적인 분류는 집단의 크기에 따라 대 · 소집단활동과 자유놀이에 따라 나누는 것이다(조정숙, 이대균, 2004). 대 · 소집단활동을 위한 교재는 집단으로 행해지는 이야기 나누기, 신체 · 게임활동, 음악, 동화 · 동시 · 동극, 현장학습, 간식과 점심, 휴식과 낮잠 등에 사용되는 교재교구를 말한다. 자유놀이의 경우 영역에 따라 요구되는 교재교구가 상이한 특성을 보인다. 일반적으로 언어 영역, 쌓기놀이 영역, 역할놀이 영역, 수 · 조작놀이 영역, 미술 영역, 음률 영역, 물 · 모래놀이 영역, 목공놀이 영역, 컴퓨터 영역 및 실외놀이 영역 등에 필요한 교재교구를 일컫는다.

교재교구 분류 시 교사가 직접 제작한 것, 자연물을 이용한 것, 일상용품이나 폐품을 이용한 것, 어린이용으로 제작되어 상품화된 것 등(김정규, 이광자, 조성숙, 2003)으로 분류할 수도 있다. 유아교육기관에서 각각 특정한 분류 기준을 정하여 교재교구를 범주화해두는 것은 이들을 적절히 활용하거나 활용한 후에 보관을 용이하게 하므로 몇 가지 분류 기준을 선택하여 분류해둘 필요가 있다. 본서에서는 유아의 교수-학습 활동을 위해 유아교육기관의 대 · 소집단활동시간과 자유놀이시간에 교사와 유아가 활용하는 놀잇감을 모두 교재교구로 정의한 박란규(2006)의 분류기준을 참고하였다(제4장과 제5장 참조).

[그림 1-3] 대집단 게임용 교재교구 '불을 꺼 주세요'의 사진

[그림 1-4] 수 · 조작 영역의 교재교구 '쇼핑카트를 채워주세요'의 사진

2) 유아교육과 교재교구의 역할

수업은 교육이론과 교육과정이 가장 낮은 단계에서 생기를 얻고 살아나는 역동적 과정임과 동시에 교실의 시 · 공간을 가장 다차원적으로 점유하는 사태[5]이자 의미이다(오정희, 임부연, 송진영, 2013). 수업은 교육활동에서 가장 핵심이 되며, 교육의 성패를 판가름하는 기준이 된다(김경철, 김안나, 2010). 수업은 잘 가르치는 행위를 포함하여 학생의 학습, 즉 행동 변화가 이루어질 수 있도록 이에 필요한 학습자의 내 · 외적 환경을 의도적이고 체계적으로 조정하는 과정이다(Gagné, 1976). 유아를 대상으로 이루어지는 수업은 유아의 발달, 흥미, 요구와 사회적 맥락이 민감하게 반영되어야 한다. 또한, 수업은 전인적 성장을 위한 기초교육으로서의 기본능력과 태도를 길러주기 위하여 유아교육기관의 실내 · 외 활동 영역에서 바람직한 학습경험을 하거나 변화시킬 목적으로 제공되는 다양한 상호작용(유아-성인, 유아-유아, 유아-교재교구 및 환경)이 일어나도록 해야 한다(김영옥, 2003).

5) 일이 되어 가는 형편이나 상황, 또는 벌어진 일의 상태(출처: 네이버 국어사전).

유아교육 관련 서적에서는 수업이라는 용어보다 활동이나 교수-학습활동이라는 용어를 주로 사용한다. 그러나 교육현장에서 교사들은 부분수업, 종일수업, 수업계획안 등의 용어를 매우 익숙하게 사용한다. 유아교사는 수업을 교사의 교육적 능력 및 전문성을 나타내는 것으로 인식하고 수업을 잘하기 위해 많은 시간과 노력을 아끼지 않고 있다.

'수업은 다양한 매체를 사용하면 할수록, 다양한 교재를 쓰면 쓸수록, 다양한 교구를 이용하면 할수록 효과적으로 이루어진다.'는 생각은 수업이 성공적이지 못하면 그것은 교육자료가 제대로 준비되지 못한 것이고 교사의 교구 활용능력이 미비한 것이며, 좋은 수업을 위해 다양한 자료를 새로 준비해야 하는 것으로 인식된다. 그러나 현재의 많은 자료, 이미 만들어져서 제공되는 자료를 통해 교사는 수업에 도움을 받기보다는 수업에 대한 고민 없이 단지 그 한 시간의 수업운영만을 생각함으로써, 수업에서의 교사 역할을 축소시키는 경향도 있다.

유아교육기관에서 이루어지는 수업은 교과서 중심의 수업을 하는 초·중등학교와는 사정이 다르다. 복잡성과 불예측성으로 가득 찬 유치원 수업에서 교사는 자신이 가진 지식으로 적절하게 대처한다(김안나, 2011). 사람들의 관심이 교육의 핵심을 이루고 있는 수업에 대한 '내적인 이해'보다는 수업에 도움을 주는 실제적인 조치를 고안해 내는 것에 관심을 두게 됨으로써 수많은 교육자료가 개발되고 있다. 그러나 수업에는 그러한 요소 외에 학생과 교사, 그리고 수업 중 발생하는 이들의 상호작용 등 다양한 요소가 존재한다. 교육내용을 잘 전달하기 위한 도구로서 교육자료를 활용한다는 것, 그래서 더 다양하고 효과적인 교육자료가 개발되어야 한다는 인식은 좋은 수업을 고민하는 교사들이 범할 수 있는 가장 흔한 오류일 것이다. 이로인해 교사들은 이미 주어진 많은 자료 가운데에서 내 수업에 활용할 수 있는 자료들을 찾아서 수업에 적용하거나 보다 나은 수업을 위해 자료개발에 힘쓰는 것이다. 그러나 교육자료는 교사의 수업에서 도구로써 의미가 있는 것이지 그 자체로써 의미가 있는 것은 아니다. 잘 개발된 교육자료라 하여도 그것이 수업의 성공을 보장할 수 없는 것이 바로 그 이유이다.

따라서 유아교사는 유아가 어떻게 학습하고 발달하는지에 대한 이해를 가진 교과내용 전문가이며, 다양한 교수전략과 교재교구를 사용하는 기술을 갖고 있고, 다양한 배경을 가진 유아들과 생활하면서 민감성을 보이며, 부모와 동료들 간의 효율적인 협력관계를 유지하여 유아가 무엇을 하는지, 무엇이 필요한지, 어떻게 잘하는지를 분별할 수 있는 평가전문가이어야 한다(배소연, 1999). 이러한 전문성을 기반으로 교재교구를 개발하고, 개발한 교재교구를 활용하여 유아에게 가르치고자 하는 내용을 보다 인상적인 자료로 제시하여 학습이 효과적으로 일어나도록 하는 것이 중요하다. 연구자들은 훌륭한 교재교구란 유아의 특성에 맞게 제작되고 그들의 감각에 잘 호소할 수 있어야 한다고 강조한다. 때문에 교사는 유아의 발달적인 제반 특성과 지각의 원리를 살펴보고, 이를 교재교구 제작에 효과적으로 적용해야 한다(최봉선, 2007).

교사가 전달하고자 하는 교육내용에 대해서 제대로 이해하고 끊임없는 자기 연찬을 통해 유능한 교수기술을 활용하는 것이라고 생각합니다. 전이시간이라든지 수업의 도입 부분에 적절한 노래나 동화를 사용하는 등의 방법을 활용하는 것이 그 예가 될 수 있을 것입니다. 공부하고 생각하고 노력하는 교사의 수업은 그냥 반복적이고 기계적으로 수업하는 교사의 수업과는 질적으로 분명히 큰 차이가 있을 것이기 때문입니다.

–출처: 김안나(2011), p.242, B 교사와의 면담–

수업에 영향을 주는 주요 변인으로 교사, 학생, 교육과정과 교수-학습 자료, 즉 교재교구가 있어야 하며, 이 세 가지 요소가 삼위일체가 되어 유기적으로 상호작용하는 교수-학습상황을 만들 때, 비로소 좋은 수업이 가능해진다(박성익, 1987). 그중에서도 교재교구는 수업의 언어적인 추상성을 명확히 하고 수업에 대한 흥미를 불러일으켜 학습에 대한 이해를 돕고 용이하게 한다(김안나, 2011). 교사는 수업을 원활하게 진행하기 위해서 유아가 직·간접적으로 경험할 수 있는 다양한 교재교구가 필요하다는 것을 절실하게 느낀다. 현장의 교사는 효율적인 교수-학습 방법의 이론적 터득은 물론이고 교재교구에 대한 이론적 기초와 더불어 교재교구를 실제로 제작하는 절차와 활용하는 방법을 습득하여야 한다(한성희, 임연진, 2005).

2 발달 이론에 따른 교수-학습 관점

영유아 발달에 관한 주된 이론은 성숙론적 관점, 환경론적 관점, 상호작용론적 관점으로 구분되며, 어떠한 관점을 취하느냐에 따라 영유아를 위한 교재교구의 목적, 내용, 교수 방법이 달라진다.

1) 성숙론적 관점

성숙론적 관점에서는 발달을 예정된 것이며, 내적이고 유전에 의해 조정되는 것이라고 본다. 발달적인 변화는 생리적인 구조의 성숙과 자연적인 내부 구조 전개의 결과이며, 연령에 따라 유아 발달의 표준 행동을 설정하고 한 단계에서 다음 단계로 옮겨간다고 보았다. 개개인의 발달 정도와 속도에는 차이가 있지만, 누구나 특정 단계를 통과하게 되는 것이다. 사물, 상황 등의 환경이 발달과정에 영향을 미칠 수는 있으나 더 나은 발달을 초래하지는 않고, 유전적 요인이 발달의 형태를 결정한다. 따라서 유아 간의 발달 속도가 다른 것은 유전적으로 다르기 때문이지 조기에 특정한 과제를 배워서 얻은 경험의 결과가 아니라는 것이다. 오히려 발달적으로 성숙하기 전에 주어지는 교육적 경험은 학습에 도움이 되지 않고 해를 끼칠 수도 있다고 보았다.

성숙론적 관점에 의하면 유아는 어떤 것을 학습할 준비가 되었을 때 그것을 학습하는 방법도 터득하고 있다고 가정한다. 그래서 특별한 교수 방법을 적용할 필요 없이 유아의 준비도에 맞는 활동과 따뜻하고 안정된 환경만 제공한다면 학습이 이루어질 수 있다고 보았다. 예를 들면, 유아가 수 세기를 할 준비가 되어 있고, 또 소근육을 적절하게 조작할 수 있을 때, 주변에 수 세기용 자료를 제시해준다면 자연스럽게 수 세기의 발달이 이루어질 수 있다고 보는 견해이다. 그런 부족하지 않은 환경에서 수 세기가 늦어진다면 아직 준비되지 않았다고 보는 것이다.

[그림 1-5] 다양한 수 세기용 교재교구

이 관점에서 교사는 유아의 요구나 흥미에 의해 자발적으로 활동을 선택하고 참여할 수 있도록 흥미 영역이나 활동 영역에 교수 자료를 준비하고 교육적 경험을 제공하면 된다. 자유놀이와 유아의 선택에 의한 놀이가 주된 활동이므로 교재와 교구는 개방적이고, 구조화되어 있지 않고, 다목적적인 것이어야 한다. 교사는 유아가 행복함을 느낄 수 있도록 자유로운 분위기를 제공해준다. 또한, 교재와 교구로 놀이할 수 있는 충분한 시간을 허락해 주어 다양한 방법으로 교재교구를 탐색할 수 있도록 허용해주는 것이 필요하다.

즉, 교사는 유아의 연령에 따라 나타나는 행동을 알고, 각 유아에게 적절한 교재교구와 활동을 제공하고, 유아 스스로 시작한 활동을 관찰하고 그에 대해 반응한다. 이렇게 유아가 자발적으로 시작한 활동을 교육적 순간으로 포착하여 형식적인 학습의 토대로 이용한다. 또한, 유아의 자신감을 조장하고 느낌을 쉽게 표현할 수 있도록 도와준다. 성숙론적 관점에서의 활동 시간은 유아가 선택하고 추구하는 활동을 하는 동안 시간을 길게 늘이는 것이 특징이다. 따라서 계획은 융통성이 있고 유아의 흥미에 따라 변할 수 있다.

[그림 1-6] 영아를 위해 제작된 블록, 시장놀이, 인형 등 비구조화되고 다목적적인 교재교구

2) 환경론적 관점

환경론적 관점에 의하면 환경은 행동을 끌어낼 수 있는 지식, 기술, 사회 도덕적 관습과 규칙의 청사진을 제공하고, 행동은 유아가 주변 환경으로부터 경험하는 결과나 계획된 강화의 결과로써 형성된다고 본다. 즉, 유아는 환경의 산물이며, 발달은 환경으로부터 받아들인 행동의 유형대로 일어난다고 보는 것이다.

환경론적 관점에서 유아는 환경의 반응자이고, 학습이란 자극에 대해 반응하고 정보를 흡수하고 특정 행동에 대하여 강화되는 것을 말한다. 발달이 지연되는 것은 성숙이 덜 되어서가 아니라 부적합한 '자극-반응'의 연결에 의한 것이거나 어떤 행동을 형성하기 위해 실시해야 할 강화를 효과적으로 실시하지 못했기 때문이라고 해석한다.

교사는 유아에게 필요한 행동 변화를 구체화하고, 그 변화된 행동에 도달할 수 있는 활동을 배치하고, 행동의 변화를 강화해야 한다. 환경론적 관점에서 교사는 '환경공학자'이다. 따라서 교사는 학습내용을 몇 개로 나누고 그들 간의 관계를 계층적으로 조직하여 낮은 수준부터 높은 수준으로 순서화하여 설계한다. 여기에서 교사의 역할은 유아에게 점차로 어려운 과제를 제시하여 유아가 이전의 경험에 기초하여 특정 정보를 알도록 지도하는 것이다. 학습목표는 명확하고, 도달해야 할 결과는 분명하게 설정된다.

환경론적 관점에 입각한 교수법을 사용하는 교사는 유아가 활동을 할 때 언어적·비언어적으로 지시와 안내를 하고, 조직적인 방법으로 보상과 칭찬을 해준다. 활동은 성숙론적 관점에서처럼 유아가 선택하여 실시하지 않고, 정해진 방법으로 교재교구를 사용하도록 하거나 반응하도록 강조한다. 형식적 수업에서는 교사 주도형의 질문과 반응, 성인과 유아의 잦은 눈 맞춤 등이 유아의 활동에 맞추어진다. 따라서 유아의 활동 경로는 선택의 여지없이 조직화되는 경향이 있다. 이 이론은 동일시와 모델링의 구조를 전제하고 사회적 행동의 습득과 수정에 중점을 두기 때문에 교사의 역할은 고도의 목적지향적인 성격을 지닌다.

유아교육에서 이러한 관점은 교사에게 주로 외형적인 측정 가능한 행동, 즉 수행 행동에 관심을 두도록 한다. '어떤 특정 행동을 할 수 있는가, 없는가?', '교사가 지시한 방법으로 정확히 행동하는가?'에 관심을 두도록 하는 것이다. 이러한 접근 방법에서는 유아의 자아개념이나 또래와의 행동 등은 배경으로 접어두고, 특정한 학습 기술의 발달을 우선시한다.

[그림 1-7] 다양한 수준과 방법으로 제작한 모양 변별 교재교구

3) 상호작용론적 관점

발달에 대한 상호작용론적 관점은 유전과 환경 모두가 발달에 주된 영향을 미친다는 입장이다. 인간의 발달은 미리 계획된 내용을 일방적으로 가르침으로써 이루어지는 것도 아니고 단순히 개체의 요구에 따라 활동이나 놀잇감을 제공해 주는 것만으로도 충분하지 않다는 견해이다. 발달에 관한 상호작용론적 관점은 피아제(Piaget)의 구성주의 이론과 비고츠키(Vygotsky)의 사회적 구성주의 이론에 기초한다. 피아제는 인간에게는 인지적인 적응을 활발하게 추구하려는 내적인 힘이 있다고 믿었다. 즉, 학습자인 유아를 환경과의 상호작용을 통해 대상들(사건들이나 정보들)에 관한 실제 자료를 얻고, 그것들을 해석 · 변형 · 재구성함으로써 그들 간의 관계를 활발히 구성하는 존재로 보았다.

한편, 비고츠키는 유아를 의미 있는 문화적 활동 안에서 다른 사람들과 협동하면서 내면적인 정신 과정을 만들어 가는 능동적인 존재로 보았다(홍용희 역, 1996). 교사의 역할은 교육적인 환경을 조성하고 새로운 기술을 학습하려고 노력하는 유아에게 비계를 설정해 줌으로써 유아들과 협력하는 것이다. 비계(scaffold)란 건축 시 필요한 조립식 발판인데, 유아가 도움이 필요할 때 도와주고, 그들의 능력이 향상됨에 따라 도움을 감소시켜 궁극적으로는 독립적으로 문제를 해결하여 자기조절을 할 수 있도록 돕는 것이다. 학급에서 교사와 유아는 짧은 대화시간을 통해 그들 간의 공통된 이해 범위를 찾고, 교사가 각 유아의 근접발달지대(Zone of Proximal Development: ZPD)를 알고 적절한 도움을 제공함으로써 외부에서 주어진 고도의 정신적 조절 과정이 궁극적으로 유아에게 내면화되도록 한다. 근접발달지대란 독립적으로 문제를 해결할 수 있는 실제적 발달 수준과 성인의 도움이나 자기보다 능력이 있는 동료와의 협동에 의해 해결할 수 있는 잠재적 발달 수준 간의 간격을 의미한다.

상호작용론적 관점에 따르면, 유아가 실제 이해하고 있는 것이 무엇인지를 아는 것이 중요하다. 유아와의 민감하고 사려 깊은 상호작용으로 교사는 유아가 현재 가지고 있는 개념이 무엇인지를 평가할 수 있다고 본다(이영자, 이기숙, 이정욱, 2009). 학습 동기는 개인과 외적 환경과의 상호작용에서 유발되므로, 유아가 새로운 경험에 접할 때는 그와 유사한 경험과의 상호작용으로 알고 있는 모든 것을 동원하게 된다. 쿤(Khun, 1979)은 유아에게 제공된 경험 상황이 친근한 요인과 새로운 요인으로 병합되어 있을 때 학습이 가장 잘 이루어진다고 하였다. 따라서 주제를 중심으로 학습경험이 의미 있게 이루어질 때 그 결과가 극대화될 수 있다.

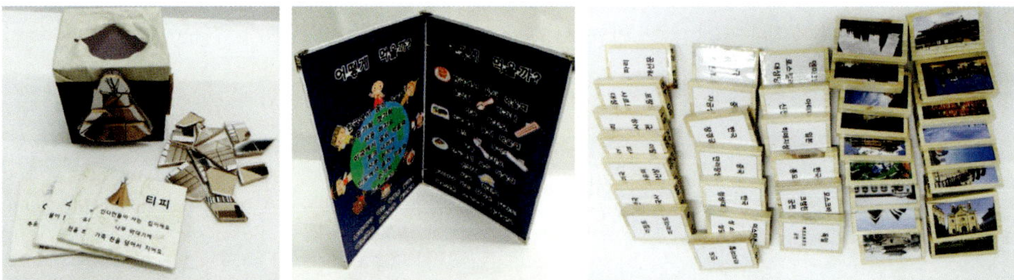

[그림 1-8] '세계 여러 나라' 주제를 위해 제작된 교재교구의 예

상호작용론적 관점에서 중요한 것은 유아가 학습 경험을 하는 동안에 교사는 학습환경을 구성하면서 각 유아의 반응 형태를 발견하고 그것을 중요시해야 한다는 것이다. 예를 들어, [그림 1-9]의 자료를 가지고 "여기 여러 가지 자료가 있어."와 같이 흥미를 자극한다. 이때 교사가 제시하는 과제는 지극히 개방적일 수도있고(예: 네가 놀이하고 싶은 데로 마음대로 놀이해보렴.), 보다 구체적일 수도 있다(예: 여기에 있는 모형칼을 이용하여 김밥을 썰어보자.). 그러나 항상 과제에는 구조와 분명한 기대 수준이 있다. 단지 유아마다 순서화, 추리, 문제 해결, 발달 등의 수준이 다를 뿐이다.

[그림 1-9] 역할놀이 영역에서 놀이할 수 있는 교구

2장 유아의 발달과 교재교구

영유아기에 아이들은 신체·운동, 인지, 정서, 사회성 발달에서 급격한 변화를 보인다. 언제 어떤 방식으로 영유아의 신체, 인지·언어, 사회성·정서 발달이 이루어지는가를 교사가 이해하는 것은 교육에 많은 시사점을 제공한다. 특히, 영유아의 발달을 이해하는 것은 연령이 어릴수록 교육목표와 내용, 방법 및 평가 등을 결정하는 데 방향을 제시하여준다. 영유아의 성장발달 시기를 연령에 따라 영아기(infant)와 유치원 시기(kindergartener)로 나누어 발달특징을 살펴보고, 발달특징은 신체·운동, 인지·언어, 사회성·정서 발달의 세 가지 측면을 중심으로 설명하고, 각각의 시기에 나타나는 발달에 적합한 교재교구는 어떠한 특성이 있어야 하는지, 교재교구를 제공할 때 교사는 어떻게 하여야 하는지 알아보기로 한다.

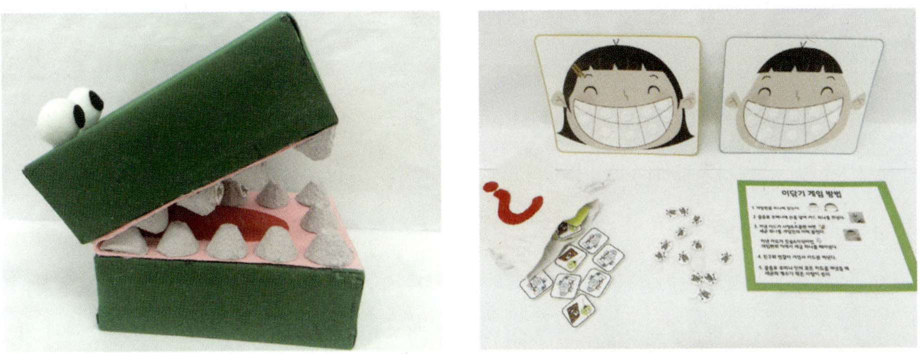

[그림 2-1] 영아용 이 닦기 교구와 유아용 이 닦기 교구

1 영아의 발달특성과 교재교구

사전적 의미에서 영아(嬰兒, infant)는 '갓 태어난 아이'라는 뜻으로 대개 신생아부터 2세까지의 아기를 이르는 말이다. 영아가 기본적으로 배우고 경험해야 할 보편적인 보육내용을 국가 차원에서 제시한 표준보육과정에서는 0세에서 2세(36개월)까지의 영아기를 인간의 삶에서 가장 극적인 변화가 일어나는 시기로 보고 있다. 100세 시대라 일컫는 최근의 인간 수명에 따르면, 영아기는 생애 초기의 비교적 짧은 시기라고 할 수 있다. 곽금주와 김연수(2014)는 영아기에 대한 전문가들의 관심을 첫째, 영아기는 성인의 삶의 기원에 대한 정답을 제공할 수 있는 시기라는 점, 둘째, 아기가 급격하게 발달한다는 점, 셋째, 급박한 사회적 · 의학적 및 생물학적 변화에 적절히 대처하기 위해서는 영아기에 대한 이해가 필요하다는 점 등을 들고 있다. 무엇보다 영아기에 아이들은 무력하고 반사적인 특성이 있는 생명체에서 걷고 말하는 매우 뚜렷한 인성을 가지고 있는 인간으로 발달한다. 다음에서 영아기의 신체 · 운동, 인지 · 언어, 사회성 · 정서 발달에서 보이는 특징과 이들이 교재교구에 시사하는 바를 알아보겠다.

1) 신체·운동 발달

신생아는 놀랄 정도로 복잡한 감각과 운동능력을 갖추고 세상에 태어나며, 영아기의 끝 무렵이 되면 아기는 스스로 걸을 수 있을 뿐 아니라 손을 사용할 수 있게 된다. 건강한 영아의 경우 신장은 1년 동안 1.5배, 체중은 3배 정도 증가하는 외형적인 발달과 더불어, 태어나서 몸을 제대로 가누기도 어려웠던 영아는 차츰 몸을 조절하기 시작하면서 다양하고 새로운 시도를 거듭하며 비약적인 발전을 이룬다(정옥분, 2012). 출생 후 2년 동안 이루어지는 영아의 신체 및 운동 발달의 속도는 놀라울 정도로 빠르다[그림 2-2]. 이러한 영아기 신체 및 운동 발달은 신경계의 급속한 변화와도 관련된다. 다음에서 영아기 동안에 일어나는 신체 성장과 신경계 발달, 반사 및 운동 발달에 대해 간략히 살펴보기로 한다.

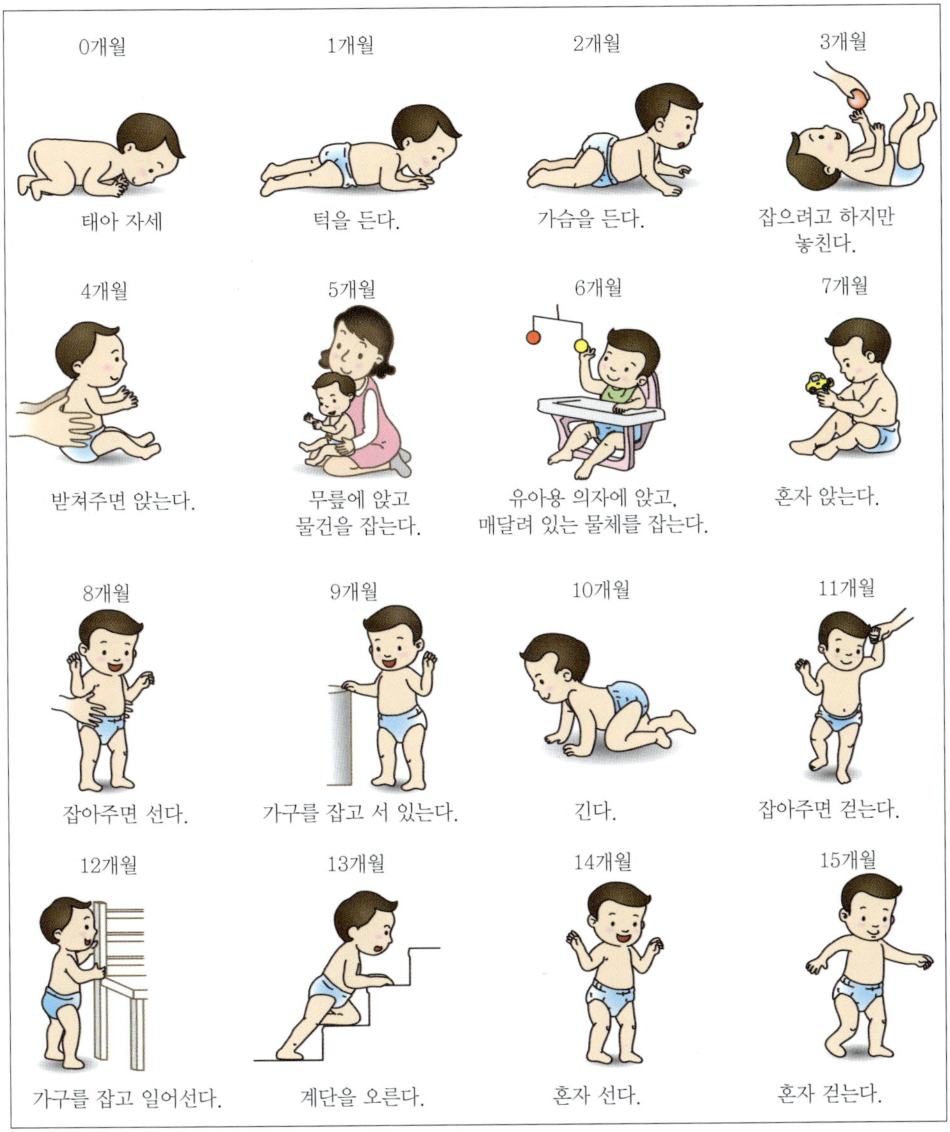

[그림 2-2] 운동기능의 발달시기와 순서

출처: Muzi(2000). Child development. 정옥분(2012) 재인용, p.281.

생애 최초의 한 달 동안 이루어지는 운동 활동은 빨기, 삼키기, 하품하기, 눈 깜빡이기, 배설하기 등 선천적으로 가지고 있는 반사 행동으로 나타난다. 주된 신경 시스템이 성숙함에 따라 의도적 · 목적적인 행동이 시작되며, 엎드려서 팔로 버틴 채 머리와 상체를 들 수 있다. 생후 1년을 전후로 영아의 눈과 손, 눈과 발 등 감각기관과 운동능력 간의 협응 능력이 발달하게 되며, 다른 사람의 도움 없이 혼자 서기 시작하여 앉기도 자연스러워지고 걸을 수 있게 되며, 도움을 받아서 계단을 오르내릴 수도 있게 된다. 이러한 영아의 신체적 발달을 통해 영아는 호기심을 만족시킬 수 있는 기회의 폭을 넓혀 나간다(곽금주, 김연수, 2014; 정옥분, 2012).

소근육의 발달로 작은 사물을 잡거나, 그림을 그리거나, 단추를 끼울 수 있게 되며, 점차 오감각도 발달하여 주위의 사물에 더 민감하게 반응하게 된다. 1세가 되면 소근육 발달로 블록을 쌓을 수 있게 되며, 컵을 사용할 수 있고, 음식을 흘리기는 하지만 혼자 먹을 수도 있다. 보통 24~29개월 사이가 대소변을 훈련할 수 있는 표준기간(Gross & Cohen, 1975)으로 이 시기에 배변하기 쉬운 옷을 입히고 적당한 시기에 배변 의사를 물어보는 등의 관심을 가져야 하며, 영아가 배설활동에 흥미를 느끼는 때를 잘 파악하여 배변훈련을 도와야 한다. 대부분의 영아는 36개월이면 배변훈련을 마치게 된다(박유미, 2008).

1세에 비해 2세 영아는 대근육 조절능력이 훨씬 증가한다. 이 시기의 영아는 속도를 바꿔가며 뛸 수 있고, 장애물을 피할 수 있게 되며, 세발자전거 타기가 가능해진다. 소근육의 발달로 글자를 보고 그릴 수 있으며, 단추를 풀 수 있고, 음식을 흘리지 않고 혼자서 잘 먹을 수 있게 되는 등 일상생활의 기본 기술을 습득하게 된다.

❖ 신체·운동 발달과 교재교구

영아기는 '전이동기(pre-mobile)'에서 '이동기(mobile)'로 넘어가는 시기이다. 전이동기에 해당하는 영아기 초기에는 다양한 감각적 경험이 제공되어야 한다. 영아의 주변 환경은 보고 느낄 수 있는 다양한 색, 크기, 모양의 물체로 구성되어야 한다. 또한, 영아의 눈 · 코 · 입 · 발가락 등과 같은 신체를 성인이 만지면서 게임을 하다가, 영아가 준비되면 스스로 자신의 코 · 입 · 귀 등을 만져보도록 한다. 영아에게 손을 뻗으면 닿을 수 있는 곳에 다양한 물건을 제공해주고, 발로 찰 수 있는 물건도 준비해 준다. 봉제 인형이나 작은 베개 같은 것을 발이 닿을 만한 거리에 놓고 멀리 차보도록 한다. 영아는 신체를 이용한 놀이에 참여함으로써 운동능력이 점차 향상된다. 따라서 영아의 운동능력을 촉진하기 위한 다양한 교구를 제공하는 것이 필요하다. 예를 들어, 걸으면서 밀거나 당길 수 있는 바퀴가 있는 놀잇감이나 터널 통과하기 활동을 할 수 있는 놀잇감 등을 제공하여 영아의 개인별 운동기능을 향상시킬 수 있도록 도와준다. 또한, 따라 그릴 수 있도록 쓰기 도구와 그리기 도구를 제공해주고, 소근육 발달을 도울 수 있는 단추 끼우기나 구슬 꿰기 같은 교구를 마련해 줄 수 있다.

[그림 2-3] 영아의 신체발달을 도와주는 다양한 교구의 예

2) 인지·언어 발달

인지는 인간의 정신적 사고과정을 의미하는 광범위한 개념으로 생물학적 성숙뿐만 아니라 경험의 영향도 받는다. 인지적 성장은 영아기에 급속도로 이루어지는데, 몇 가지 반사능력을 갖추고 태어난 신생아는 점점 목적의식을 가지고 행동하는 존재로 바뀐다. 피아제의 표현을 빌리면, 영아는 자극에 자동으로 반응하는 '반사적 유기체(reflexive organism)'에서 점차 자신의 행동을 통제할 수 있고 사고할 수 있는 '생각하는 유기체(reflective organism)'로 변한다(정옥분, 2012).

출생 후 1~4개월 사이에 영아는 물건, 부모의 얼굴, 자신의 손 등의 사물을 주의 깊게 본다. 이 시기에 영아는 소리가 나는 방향을 보고(4~8개월 사이에 영아는 소리가 나는 방향을 알아낼 수 있다.), 손뼉치기, 손 흔들며 인사하기와 같은 동작을 흉내 낸다. 영아기에는 숨긴 물체가 여전히 존재한다는 사실을 알아차리는 대상 영속성(object permanence)이 발달한다. 4~8개월 사이에 영아는 깊이 지각(대상과의 대략의 거리를 이해하는 능력)을 보여, 높은 장소에서 떨어지는 것을 두려워한다. 1~4개월 사이에 영아는 자신의 젖병을 알아차릴 수 있으며, 2세경에는 몇 개의 큰 조각으로 나누어져 있는 퍼즐을 맞출 수 있는 크기와 모양 변별능력을 보인다(김은심, 2010). 30~36개월 사이의 유아는 사물이 어떻게 움직이고 어떤 것들로 만들어졌는지에 대해 호기심을 느낀다. 아직 숫자가 양이나 순서(sequence)를 나타내는 것을 이해하지는 못하며, 기계적으로 숫자를 셀 수 있다 하더라도 수 개념은 걸음마기 유아에게는 대단히 추상적인 개념이다(Miller, 1985).

인지 발달은 다른 발달과의 밀접한 관계를 통해 더욱 정교해진다. 영아는 적절한 인적 · 물적 환경들과 상호작용하며 스스로 탐색 · 사고 · 선택 · 경험하는 과정을 통해 인지발달을 이루게 된다. 따라서 교사는 영아의 발달 수준에 맞는 적절한 지원을 하여 발달이 더욱 잘 일어날 수 있도록 도와주어야 한다. 영아기의 인지발달에는 시각적 · 청각적 · 후각적 · 촉각적 · 미각적 자극이 필요하며, 특히 언어적 상호작용이 매우 중요한 역할을 한다(정옥분, 2012).

언어는 지적 활동의 중요한 매개체이며, 타인과의 관계 형성에 기본이 된다. 언어는 자기 생각을 표현하거나 주위 환경을 이해하는 데 필수적이며, 인지발달과 밀접한 연관이 있다. 언어발달의 과정은 대부분 동일하나 언어를 획득하는 시기에는 개인차가 있다. 영아가 언어를 습득하게 되는 과정에는 음운론적 발달, 형태론적 발달, 구문론적 발달, 의미론적 발달, 어용론적 발달 등 다섯 가지 구성요소가 있다. 음운론적 발달과 의미론적 발달은 영아기에 매우 빠른 속도로 이루어지지만, 구문론적 발달은 영아기 말에 시작해서 유아기까지 계속된다(김은심, 조정숙, 2013; 정옥분, 2012).

영아는 '안녕.'하면서 손 흔들기 같은 간단한 동작을 해보도록 하는 격려에 반응할 뿐만 아니라 자신의 이름을 부르는 소리에 반응한다. 생후 6~7개월 정도가 되면 옹알이를 시작한다. 이는 소리를 반복하는 형태로 나타나며, 옹알이가 거듭될수록 말소리와 점점 더 유사해진다. 불완전한 초기발성을 보완하기 위해 8~12개월 영아는 의사소통을 위해 몸짓을 사용하기 시작한다(곽금주, 김연수, 2014). 일반적으로 10~15개월경에 첫 단어가 나타나기 시작하는데, 영아가 첫 단어를 말한 이후부터 언어발달이 급격해지기 시작하면서 2세 전후로 300여 개의 단어를 사용하게 된다. 목소리를 듣고 사람을 구별할 수 있으며, 간단한 언어적 지시를 알아듣고 반응한다(김은심, 조정숙, 2013).

24개월경에는 문장을 만들기 위해 두 개 이상의 단어를 연결할 수 있다. 18~24개월 사이의 영아는 두세 개의 단어로 된 문장을 말하는데 이 중 이해할 수 있는 언어는 66% 정도이다. 36개월이 되면 이들의 언어 중 약 90%를 이해할 수 있다. 이 시기의 유아는 보다 긴 문장을 말할 수 있게 되며, 단어와 사물을 연관 지을 수 있다. 문장을 사용하여 능숙하게 의사소통하기는 어렵지만, 단어를 사용한 의사소통은 가능하다. 영아의 언어발달을 위해서는 부모와 교사의 풍부하고 반응적인 자극의 제공이 필요하다. 현대사회에는 아기를 더 영리하고 말을 잘하게 한다고 광고하는 다양한 제품이 넘쳐난다. 그러나 이러한 제품에 지나치게 의존하는 것은 영아의 언어발달에 별 도움이 못 된다. 실제로 TV를 보여주거나 오디오 테이프를 틀어주는 것은 언어발달을 자극하지 못한다(Kuhl, Tsao, & Liu, 2003; Kuhl, 2007). 따라서 교사는 영아가 말을 못 알아듣더라도 가능한 언어로 반응하며 풍부한 언어적 자극을 제공해준다.

[그림 2-4] 영아의 인지발달을 도와주는 교구의 예

❖ 인지·언어 발달과 교재교구

감각운동기인 영아기에는, 딸랑이를 흔들거나 자동차를 앞뒤로 굴리는 것과 같이 단순히 반복적으로 근육을 움직이는 기능놀이를 주로 한다. 또한, 영아는 혼자놀이를 즐기며, 또래 간 상호작용은 드문 편이다. 교사는 영아에게 감각적 자극을 제공함으로써 인지발달을 촉진시키고, 혼자놀이 중 교사 개입을 통해 놀이패턴을 확장시켜줄 수 있다(정옥분, 2012). 주방용품을 이용하여 쌓기나 소리내기 활동을 해볼 수 있으며, 역할놀이를 해볼 수 있다. 모양 맞추기, 컵 쌓기, 퍼즐, 블록 등을 제공하여 영아의 인지발달을 촉진해주도록 한다.

18~24개월 영아는 상징적 표상의 단계로 사건이나 사물을 내적으로 시각화할 수 있다. 인과 관계에 대하여 이해할 수 있을 뿐만 아니라 상상을 할 수 있게 되며, 무엇인가로 가장하거나(전날 보았던 호랑이나 코끼리), 어떤 사물을 다른 것으로 상상할 수 있게 된다(나무 블록을 불자동차로 사용하기).

한편, 영아는 소리 자극에 관심을 보이므로 말하는 것 이외에도 노래를 불러주거나 소리 나는 놀잇감을 영아에게 제공해준다. 또한, 영아에게 다양한 종류의 책을 읽어주고, 끼적거리기 활동을 할 수 있는 화이트보드, 종이, 색연필이나 크레파스 등을 제공해준다(김은심, 조정숙, 2013). 영아기 후반에는 인지적 성장 및 언어발달로 인해 보다 체계적인 놀이활동이 가능해진다. 혼자놀이를 주로 하던 영아는 친구와의 놀이를 즐기기 시작하며, 또래와의 상호작용을 통해 더욱 성장해 나간다.

3) 사회성·정서 발달

영아는 사회적으로 자신이 누구인지에 대한 인식이 생기면서 자신이 타인의 생각이나 행동과 어떻게 다른지에 대한 개념을 서서히 형성해 나가게 된다. 또한, 다른 사람과의 접촉과 상호작용을 통하여 세상을 알아가게 된다. 사회를 인식하게 되면서 사회에서의 규칙, 방법, 타인과 상호작용하는 기본적인 기술 등을 익히게 되며, 이러한 과정에서 영아는 사회적 존재로 살아가게 된다. 영아의 사회성은 출생 직후 주 양육자인 어머니를 중심으로 점차 상호작용의 범위를 확대해나간다.

영아기에 일어나는 가장 중요한 형태의 사회적 발달이 애착이다. 애착이란 영아와 양육자 간에 형성되는 친밀한 정서적 유대감을 의미한다. 영아의 기질, 영아와 부모의 특성, 양육의 질 등이 애착형성에 영향을 미치는 요인으로 보인다(정옥분, 2012). 출생하여 만 2세경에 이르기까지 영아의 사회성 발달은 주로 주 양육자와 관련이 있다. 점차 양육자와의 관계에서 벗어나게 되면 친근한 성인이나 형제와 놀이를 함께하기 시작한다.

영아는 타고난 지식을 수정하고 재구성하는 데 필요한 강력한 학습능력을 지닌 존재이다. 이러한 학습능력은 다른 사람과 상호작용하는 과정에서 발휘된다. 따라서 주변 사람들과 상호작용하면서 사회적 관계를 맺는 것은 영아 발달의 핵심이라고 할 수 있다(곽금주 외, 2005). 이 시기는 영아의 감정 변화가 자주 나타나서 스스로 하기를 원하기도 하고, 성인에게 의존하여 도움을 원하기도 하는 등 상반된 태도를 보인다. 자아개념이 강해지면서 자신의 성에 대한 개념도 형성되는데 놀잇감을 선택할 때에도 자신의 성과 일치되는 것을 선호하는 경향을 보인다.

일반적으로 정서는 자극에 직면하여 발생하거나 자극에 수반되는 여러 가지 생리적 변화(예: 혈압, 맥박수, 호흡의 변화 등)라든가 눈에 보이는 행동(예: 미소나 찡그림) 등의 반응을 말한다. 신생아도 기쁨이나 슬픔 같은 기본 정서를 가지고 태어나지만 아직은 덜 분화된 상태에 있다. 그러나 연령이 증가함에 따라 영아는 점차 분화된 정서를 나타내고, 다른 사람의 정서를 이해할 수 있는 능력도 갖추게 된다. 정서를 표현함에서도 자신의 정서를 규제할 수 있게 된다(정옥분, 2012).

영아는 성장하면서 점차 다양한 정서를 인식하고 표현하게 되며, 타인의 정서 상태를 추론할 수 있게 되고 나아가 자신이 처한 상황에 적절하게 정서표현을 조절할 수 있는 능력도 갖추게 된다. 사람의 정서는 대부분 어린 시기에 발달되어 1세 말경에 이르면 성인이 가진 정서 대부분이 형성된다(박유미, 2008). 영아가 자신의 정서를 정확하게 인식하고 타인의 정서를 이해하는 능력은 타인과 관계를 맺고 상호작용하는 데 매우 적응적인 가치를 지닌다. 정서이해능력은 대인관계 상황에서 상대방의 행동을 예측하게 해주어, 적절하게 대처할 수 있도록 하며, 결과적으로 원만한 사회적 관계를 형성하도록 돕는다. 18~24개월경의 영아는 혼자놀이(solitary play)의 단계에 있다. 그러나 24개월이 지나면 점차 다른 사람을 인식하게 되며 병행놀이의 단계로 이동하고, 다른 사람이 하는 것을 모방하는 경향을 보이며, 다른 사람의 감정을 이해하기 시작한다(김은심, 2010).

❖ 사회성·정서 발달과 교재교구

경험과 반복은 영아의 자아개념 발달과 다른 사람들과의 관계 형성하기에 대단히 중요하다. 신생아는 안기고, 간지럽혀지고, 흔들리는 등의 신체적 접촉을 통해 안전감(a sense of security)을 느낀다. 성장하면서 자신의 환경에 영향력을 가질 수 있다는 것을 깨닫기 시작하면(예를 들어, 자신의 웃음으로 다른 사람의 웃음을 끌어냈을 때) 자신감을 느끼게 된다. 놀이 또한 자신감의 발달을 돕는다. 작은 물체를 더 큰 물체에 끼워 넣으면서 원인과 결과를 발견하기 시작하며, 장난감을 밀면서 걸음으로써 숙달감(sense of mastery)을 느낀다. 이러한 활동들은 정서 발달에 영향을 미친다.

다른 사람 주변에서 놀기 혹은 다른 사람들과 함께 놀기는 사회성 발달을 촉진시킨다. 아직 함께 놀지는 못하지만 다른 아이들과 함께 있는 것을 즐긴다. 그러나 영아가 놀잇감을 공유하기는 어려운 일이므로, 충분한 양의 놀잇감을 제공한다. 영아에게 성역할 고정관념이 포함되지 않는 그림책과 놀잇감을 제공하도록 한다. 거울을 보며 자신의 정서를 표현해보도록 하며, 또래의 표현도 관찰하도록 한다. 이러한 활동을 통해 자신의 정서를 인식하고 관심을 가질 수 있으며, 자신과 다른 사람이 다양한 정서를 가질 수 있음을 인식하고 이해하게 될 것이다.

[그림 2-5] 다양한 표정을 만들어 볼 수 있는 교구

2 유아의 발달특성과 교재교구

일반적으로 영아기를 벗어나서 초등학교에 들어가기 전까지의 시기를 유아기라 한다. 무력하고 반사적인 특성이 있는 생명체에서 걷고 말하는 매우 뚜렷한 인성을 가지고 있는 인간으로 발달한 영아는 유아기에 이르러 더욱 지속적인 발달을 하게 된다. 유아는 몸이 유연하고 호기심과 모험심이 강하며, 감수성이 예민하므로 신체 · 운동, 인지 · 언어, 사회성 · 정서 발달이 최고로 발달하는 시기이다. 다음에서 유아기의 신체 · 운동, 인지 · 언어, 사회성 · 정서 발달에서 보이는 특징과 이들이 교재교구에 시사하는 바를 알아보겠다.

1) 신체·운동 발달

유아기는 영아기보다 신장과 체중의 성장 속도가 점차 완만해지지만, 대근육 운동과 소근육 운동능력이 발달하며, 행동량이 급속하게 증가한다(강문희, 김영심, 2003). 유아기의 뼈는 경골화 되기 전이기 때문에 다양한 운동기술을 쉽게 습득할 수 있다. 따라서 유아기는 신체의 발달이 최고로 발달하는 시기이며, 운동기능의 발달을 위한 이상적 시기이다. 특히, 운동 발달 측면에서 걷기, 달리기 등과 같은 이동 동작과 구부리기, 펴기와 같은 비이동 동작, 던지기, 치기와 같은 조작적 동작 등의 기본 동작 기술은 인간의 건강한 삶을 위해 유아기에 습득해야 하는 필수적인 동작 기술이다(김은심, 2015). 3세아는 영아보다 좀 더 쉽고 유연하게 움직이기 시작한다. 그리고 5세경에는 대부분의 조작적 동작과 기본적인 이동 동작 기술과 비이동 동작 기술도 수행하게 된다.

3세아는 안정적으로 걷고 달리게 되며, 대부분 말뛰기를 시작한다. 3세경에 유아는 선호하는 발로 간단한 홉핑(hopping)을 시험해 본다. 대부분의 4세아는 우세한 쪽 다리로, 4~5세에는 우세하지 않은 쪽 다리로도 성공적인 홉핑을 할 수 있다. 미끄러지기와 스킵은 가장 어려운 이동 기술이며, 5세 이후에도 이들을 수행하지 못하는 유아도 있다. 균형 잡기는 취학 전 연령 동안 대단히 향상된다. 3세아는 선호하는 다리로 잠깐 균형을 잡을 수 있고, 성인이 도와주면 낮은 평균대 위를 걸을 수 있다. 5세아는 평균대 위를 혼자서 걸을 수 있으며, 4~5m가량 홉핑해 갈 수 있으며, 10초 이상 허리에 손을 댄 채 한 발로 균형을 잡을 수 있다. 조작적 기술 또한 이 기간 동안 의미 있게 발달한다. 유아는 아주 멀리, 정확하게 던지기 시작한다. 그리고 던지기 패턴 역시 정확한 장소를 향해 던질 수 있을 만큼 발달한다.

5세아는 던지는 손의 반대쪽 발을 내디딘다. 몇몇 3세아는 튀는 공을 잡을 수 있으며, 5세아는 중간 크기의 던져진 공을 대부분 잡을 수 있다. 4세아는 공을 튀기기 시작하며, 어느 정도 정확하게 목표를 향해 공을 찰 수 있다(김은심, 2015).

유아는 자신만의 고유한 발달이정표에 따라 대근육 운동 기술을 습득한다. 그러나 유아가 이런 기술을 즉시 완벽하게 수행할 수 있는 것은 아니다. 유아는 불완전하고 개별적인 방법으로 새로운 기술을 완수하므로, 교사는 개별 유아가 오랫동안 연습을 하였음에도 불구하고 기술 숙달에 아무런 진전을 보이지 않을 때를 제외하고는 걱정할 필요가 없다(김은심, 2010).

[그림 2-6] 목표물 맞추기와 조작적 기술의 발달을 위한 교구

❖ 신체·운동 발달과 교재교구

유아들은 성숙함에 따라, 새롭게 획득된 기술과 계속해서 획득하는 다른 기술들을 통제하는 방법을 알게 되며, 점차 동작의 요소로부터 동작 그 자체로 초점이 옮겨간다. 교사는 유아에게 각각의 기술을 연습하여 정교화시킬 수 있는 시간과 경험을 제공하여야 한다. 그리고 유아기 동안 유아가 동작 기술을 얼마나 잘 수행하는지 평가하여야 한다.

교사는 유아의 운동 발달 단계를 알고, 유아의 발달에 적합한 동작 과제를 제공하여 유아 모두가 성공을 경험할 수 있게 하는 것이 좋다. 예를 들어, 말뛰기를 할 수 있는 유아와 말뛰기를 하지 못하는 유아가 섞여 있는 그룹을 지도한다면, 유아들에게 말처럼 움직여 보자고 제안하는 것이 좋다. 말뛰기를 할 수 있는 유아들은 말뛰기를 할 것이며, 다른 유아들은 말을 흉내 냄으로써 교사가 제시한 과제를 만족하게 할 수 있을 것이다. 또한, 다른 유아들을 모방함으로써 말뛰기를 배울 수 있을 것이다. 만일 '던지기' 활동을 계획할 경우에도, 특정한 거리에 목표물을 두고 그 목표물을 맞히도록 한다면 던지기에 실패하는 유아들이 발생할 것이다. 그러나 교사가 유아들에게 자신이 원하는 거리를 선택하여 그곳에 목표물을 세워 두게 한다면 모든 유아가 '던지기' 활동에서 성공의 경험을 하게 될 것이다(김은심, 2010).

2) 인지·언어 발달

유아기는 피아제의 인지발달의 두 번째 단계인 전조작기(Preoperational stage)에 해당하며, 이 시기에 유아의 언어는 급격히 발달하고 상징적으로 사고하는 능력도 향상한다. 그러나 이 단계에서는 논리적인 조작이 가능하지 않기 때문에 전조작기라 부른다. '조작'이란 과거에 일어났던 사건들을 내면화시켜 서로 관련지을 수 있는, 즉 논리적인 관계를 지을 수 있음을 의미하는 것이다. 전조작기 사고의 특징은 상징놀이, 자기중심적 사고, 물활론(物活論), 직관적 사고를 하는 것이다(정옥분, 2005).

이 시기에는 유아의 호기심이 증가한다. 4세 유아는 "왜", "어떻게"라는 말로 시작하는 질문을 많이 하며, 어떤 것이 어떻게 움직이고 자라는지에 대해 이야기하는 것을 즐긴다. 그리고 문자나 숫자와 같은 상징이나 학문적인 주제에 관심을 가지기 시작하며, 형태, 크기, 색을 인식하게 된다. 3세 유아는 영아보다 사이, 뒤, 위와 같이 위치를 나타내는 공간개념을 더 잘 이해할 수 있게 된다. 4세 유아는 공간과 시간에 관련된 많은 개념을 이해할 수 있으며, 5세 유아는 일주일, 한 달, 계절과 같은 시간 개념을 이해하게 된다.

유아기는 단어의 획득이나 문법의 숙달로 인해 의사소통이 보다 효율적으로 이루어지는 시기이다(정옥분, 2005). 그러나 사고의 자기중심성 때문에 언어도 자기중심적 특성을 갖는데, 유아기 말경에는 점차 타인과 서로 반응하며 소통하는 방법을 알게 된다. 이 시기의 유아는 단어에 흥미를 보이며, 자기표현력이 향상된다. 3~4세의 유아는 대명사, 조사, 형용사, 부사를 포함하는 복합문장을 사용하게 되고, 4~5세가 되면 문법적으로 정확한 문장을 사용하며, 대부분의 기본언어 규칙을 터득하여 쉽게 문장을 사용할 수 있다. 유아가 일단 세 단어로 문장을 말하게 되면, 점차 성인언어와 유사한 체계를 갖추게 된다. 이처럼 세 단어 이상으로 표현되는 유아의 언어는 개인차의 영향이 커서 단계적인 발달과정을 밝히기는 매우 어렵다. 3~4세 동안에는 이미 얻은 기술을 정교화하고 발달시키며, 4세경에는 언어습득이 완성되나, 세부적인 언어기술은 4세 이후에도 계속 발달한다(김은심, 조정숙, 2013). 특히, 4세 유아는 우스운 단어에 매료된다. 주의집중 시간도 급속도로 증가하며, 3세 유아는 단순한 이야기를 따라 할 수 있고, 4세 유아는 이야기, 노래, 손유희를 반복할 수 있게 된다. 5세 유아는 올바른 순서로 이야기를 다시 말할 수 있게 된다(Feldman, 1991).

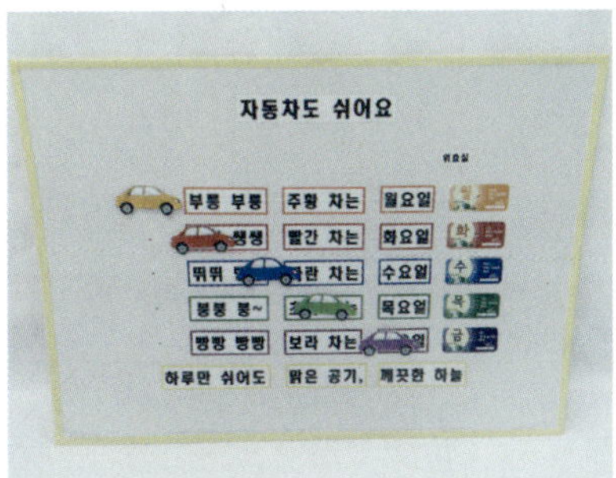

[그림 2-7] 유아기의 인지 · 언어발달을 지원해줄 수 있는 교구

❖ 인지·언어 발달과 교재교구

주의집중 시간이 증가하므로 좀 더 오랜 시간 동안 한 가지 활동을 지속할 수 있다. 또한, 3~5세 유아는 자신이 본 것을 신체를 이용하여 따라 하는 능력이 점점 증가한다. 예를 들면, 다른 사람의 동작이나 모습을 정확하게 모방한다든지, 음악의 템포, 음향, 음조(음의 고저)와 같은 특정한 부분에 집중할 수 있게 되어 각 부분에 따라 신체를 다르게 움직일 수도 있다(김은심, 2010). 이 시기 유아는 언어의 아름다움을 감상할 수 있는 단어에 매력을 느낀다. 3세아에게는 동요를 이용해서, 4~5세아에게는 손유희 · 이야기 · 시 · 노래를 이용한 다양한 교구를 제시할 수

있다. 유아에게 다른 사람들의 관점을 이해할 수 있는 교재교구를 제공하는 것도 중요하다.

3) 사회성·정서 발달

사회성 발달이란 타인과의 상호호혜적인 상호작용을 할 수 있는 기술의 습득과 그런 기술들을 적절한 상황에 사용할 수 있는 능력을 말한다. 유아기 사회성 발달의 주요한 특징을 살펴보면 먼저, 주도성이 강해지면서 점차 독립심과 자신감을 느끼게 된다. 6~7세가 되면 유아는 부모에게서 독립하여 스스로 결정하고 행동하기 시작한다. '나'에 대한 의식이 강해지면서 자기 능력에 대한 자신감도 커진다. 사회 속에서 나를 의식함으로써 자아개념 확립의 기초가 형성되는 것이다. 또한, 관심의 대상이 가족에서 또래로 바뀌면서 경험의 폭이 넓어진다(권하나, 2009). 행동반경이 넓어지면서 인간 상호관계에 따른 정서적 긴장이 심하게 나타나며, 언어능력의 발달로 자신의 주장을 관철하기 위한 언어적 표현도 많이 하게 된다. 이 시기 동안 유아는 자아 인식, 자아 존중감, 자기 통제감이 지속해서 성장한다. 또한, 유아는 서로에 대한 관심이 증가하며, 차례를 지키고, 공유하고 협동하는 것을 배우게 된다. 3세아는 4~5세아와 함께 종종 협동적으로 놀이하면서 평행놀이[1]에서 협동놀이[2]로 옮겨간다. 이 시기 유아는 성인을 즐겁게 해주려 하며, 칭찬받는 것에 민감하다. 4세아는 성인의 인정을 받으려고 하며, 5세아는 교사에게 특별한 애정을 보인다.

---

1) 다른 아동들 틈에서 놀기는 하지만 서로 접촉하거나 간섭하지 않고 혼자서 노는 놀이이다. 파튼(Parten)의 사회적 놀이 발달에 따르면 평행놀이는 상대 아동과 서로 비슷한 장난감을 가지고 아동들 틈에서 놀기는 하지만 서로 간섭하거나 영향을 주지 않는다는 점에서 단순히 상대 옆에서 비슷한 놀이를 하는 것이라고 정의할 수 있다.

2) 여러 명의 유아가 공동의 목표를 달성하기 위하여 한두 명의 리더 유아를 중심으로 유아들이 협동하여 각자의 역할을 조직적으로 진행하는 사회적 놀이이다.

유아기 동안 규칙은 더 큰 의미를 가지기 시작한다. 3세아는 간단한 규칙들을 배울 수 있으나, 대부분 자신이 해석한 바에 따른다. 4세아는 규칙에 관심이 있으며 규칙에 한계를 세워야 할 필요가 있으나, 그 규칙이 합리적이고 지속해서 실시된다면 대부분의 경우 별로 문제가 되지 않는다. 5세경의 유아는 스스로를 충분히 통제하기 때문에 그다지 많은 규칙이 필요하지 않으나, 규칙을 세우고 따르는 것을 즐기는 것처럼 보인다(김은심, 2015). 유아는 경쟁놀이보다 협동놀이를 더 좋아하며, 일반적으로 3세 정도에 정립되는 성 정체성이 유아의 협동성과 경쟁성에 영향을 미친다. 이 시기의 여아는 경쟁하거나 다른 사람에게 피해를 주는 것에 흥미가 없고, 실제로 경쟁하게 되는 상황에서는 비효과적으로 배우는 것처럼 보인다. 반면 남아는 얼마나 잘 수행해냈는지 다른 친구들과 비교하는 것에 관심이 많다. 그러나 몇몇 연구에 따르면 남아와 여아의 행동의 차이는 사회·문화적 차이에서 기인한 것(Garcia, 1994)이라고 본다.

정서는 사회적인 테두리 안에서 개개인이 맺게 되는 여러 가지 상호작용 시에 중요시되는 개념으로, 정서를 표현하고, 이해하고, 조절하고, 반응하는 능력이다(정옥분, 2005). 유아는 사회적으로 중요한 정서 상태, 즉 공포와 분노, 호기심을 표현하게 된다. 따라서 어떻게 사회가 용납하는 방법으로 표현하게 할 것인가가 정서 발달의 중요한 목표가 될 수 있다. 이 시기에 유아는 정서표현에 대해 많은 것을 이해할 수 있으며, 정서를 표현하는 단어를 사용하거나 이해하는 능력도 급속도로 증가한다. 정서조절능력은 정서표현, 특히 부정적 정서표현을 통제하는 능력을 말하는데 유아기에 많이 증가한다. 다른 사람 앞에서 부정적 정서표현을 자제하는 능력은 3세경에 나타난다(권하나, 2009). 3세아는 종종 어둠, 동물, 사람들, 커다란 소리 등에 대한 두려움을 보이며, 4세아는 매 순간 예측할 수 없이 변하는 감정적 기복을 보이기도 한다.

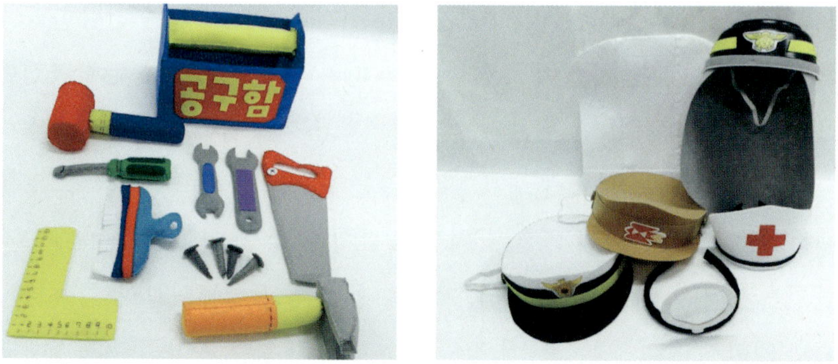

[그림 2-8] 유아의 사회성 · 정서 발달을 도와줄 수 있는 역할놀이 교구의 예

❖ 사회성·정서 발달과 교재교구

정서능력이 뛰어난 유아는 자신과 타인의 정서를 올바르게 인식하고 적합하게 표현하며, 부적절한 정서표현을 잘 조절함으로써 또래와의 상호작용에서 사교적이며, 친사회적 행동을 많이 하고, 또래 활동에 주도적으로 참여한다(박화윤, 안라리, 2006). 따라서 자신과 타인의 정서를 이해할 수 있는 교재교구를 제공하고, 또 타인의 정서를 유추해볼 수 있는 기회를 많이 제공하는 것이 필요할 것이다.

유아는 역할놀이를 좋아한다. 3세아는 혼자 또는 다른 사람들과 함께 역할놀이를 하며, 4세아는 단순한 것에서부터 보다 발전적인 형태까지 다양한 형태의 역할놀이를 한다. 5세아의 역할놀이는 상당히 정교해진다.

3장 교재교구의 계획 및 제작

1 개정 누리과정과 교재교구

개정 누리과정은 놀이, 활동, 일상생활을 중심으로 일과를 구성하도록 하고 있으며, 특히 유아가 중심이 되어 이루어지는 놀이를 강조하고 있다. 이에 따라 교사주도적인 활동이나 구조화된 놀이를 지양(교육부, 보건복지부, 2019)하는 경향성이 강화되었다. 그동안 교사는 생활주제가 바뀌거나 유아의 관심과 흥미를 유도하기 위해 주제와 관련된 교재교구를 수시로 교체하거나 재배치하고, 제작하거나 구입하여 활동해왔다. 교사의 교재교구와 관련된 어려움은 많은 연구자들이 지적해왔으며, 교재교구를 도구화하여 활동의 결과물을 효과적으로 만들어내는 기능적 쓰임에만 관심을 가졌던 것은 아닌지에 대한 반성도 있었다(정선아, 서윤희, 박혜진, 2011).

그러나 많은 연구자들이 지적하듯이 유아기는 감각적인 경험을 필요로 하는 중요한 시기이며, 유아의 관심과 흥미에 따라 교재교구를 다양하게 활용하는 것은 매우 중요하며 필요한 일이다. 다만 교재교구를 수업에 효율적으로 사용되는 보조적 수단으로 인식하고 정형화된 도구로만 머무르게 하는 것은 문제라 할 수 있겠다. 따라서 유아교사는 교재교구의 중요성을 이해하고 교재교구의 기능, 특성,

교육목표, 내용 등을 고려하여 교재교구를 선택하여야 하며, 이를 활용함에 있어 교수매체로서의 다양한 가능성을 열어 두어야 한다(김정희, 2017).

2019 개정 누리과정에서 교수매체(자료)는 교사가 준비하고 제공하는 놀이자료뿐만 아니라 유아가 매일 만나는 모든 사물들, 자연현상, 자연물 등 일상생활의 모든 것이 될 수 있음(교육부, 보건복지부, 2019)은 물론 유아 스스로 만든 자료도 포함한다. 이러한 자료들은 교사와 학습자의 원활한 의사소통을 매개하며, 교육내용을 보다 쉽게 이해하도록 돕기 위하여 다양한 시각적, 청각적 자료들과 실물 등을 포괄하게 되는 것이다. 뿐만 아니라 교사의 언어 형태와 눈빛, 목소리의 음색, 교사의 크고 작은 동작, 교실 환경과 분위기 등 교육적 작용을 일으키기 위해 존재하는 일체의 총합(김성숙, 2013)으로써 교재교구를 이해해야 하며, 교수매체로서의 가능성을 열어 두어야 한다는 것이다.

[그림 3-1] 교사가 제공한 음감벨과 악보를 이용해서 놀이하는 유아

[그림 3-2] 유아들이 직접 그린 자료로 게임판을 만들고 있는 유아들

[그림 3-3] 숲에서 만난 나이테를 관찰하는 유아

교재교구의 활용 시 교수매체로서의 다양한 가능성을 열어 둔다는 것은 무엇을 의미할까? 이는 이미 정형화되어 있거나 교육적 목표를 가지고 있는 교재교구를 유아교사가 제공하여도 유아는 다르게 놀이할 수 있음을 인식하여야 한다는 것이다. 앞서 설명하였듯이 2019 개정 누리과정이 도입되기 전에는 사전에 계획된 월별 생활주제에 부합하는 교육내용을 전달하거나 특정 놀이를 유도하기 위한 수단

으로써 교재교구를 개념화 하는 게 보편적이었다(김혜리, 이현주, 2022). 예를 들어 교사는 유아들에게 생활주제와 맞는 그림책을 제시하고 이를 읽고, 그와 관련된 활동-주인공에게 편지쓰기, 동극활동 하기 등을 계획하고 이를 유아들이 실행하기를 기대할 수 있다. 그러나 유아들은 교사가 제시하는 방식으로의 활동을 할 수 있지만, 그들 나름대로 다양한 방식으로 변형하여 놀이한다. 예를 들어 책으로 탑쌓기, 책도미노, 책으로 만든 길 등. 만약 교사가 자신이 제시하는 방식으로만 교재교구를 사용하기를 원하고 강요한다면, 이는 교재교구의 도구적 기능에만 고착된 매우 협소한 시각에서 비롯된 것(고진영, 2019)이며, 교사의 교육적 의도나 메시지를 일방적으로 주입하는 수동적 · 기계적 역할(김혜리, 이현주, 2022)로 교재교구의 범위를 축소시킴으로써 열린 매체로서의 교재교구의 많은 가능성을 없애버리는 일이 될 것이다. 이처럼 교수매체로서의 가능성에 대해 열린 태도를 가지고 교재교구를 대하는 것이 무엇보다 중요한 것이다.

[그림 3-4] 그림책을 읽거나 탑을 쌓거나 그림책 도미노와 길을 만드는 등 다양하게 활용하는 유아들

교재교구가 놀이 환경의 일부이며 다양한 변주가 가능함을 살펴볼 수 있는 예로. 놀이 시간에 2명의 유아가 악기를 가지고 즐겁게 놀이하는 모습을 따라가던 교사가 코끼리코 악기가 수영장과 미끄럼틀이 되고, 실로폰채는 수영하는 사람이 되는 과정을 보며 악기가 유아에게 이야기 짓기의 소재가 되는 놀이 자료가 될 수 있음을 알게 되었다고 보고(교육부, 보건복지부, 2020)한 사례에도 이러한 과정이 잘 드러나 있다. 따라서 유아의 놀이와 발달에 대한 깊은 통찰을 토대로 교재교구

를 재조명할 필요가 있을 것이다.

지금까지 교재교구는 놀이 환경의 자연스러운 일부이자 유아의 의식을 매개로 상호영향을 주고받으며 건강한 발달을 촉진하는 핵심가교로 대해야 한다는 것에 대해 살펴보았다. 때로 교사는 자유로운 탐색을 통해 유아의 지적 욕구를 충족시켜주는 동시에 오랜 시간 놀이에 몰두할 수 있도록 독려하는 매력적이며, 다감각적인 교재교구 제작에도 노력을 기울일 필요가 있다. 자료의 제작이나 준비에 지나친 힘과 시간, 물적 자원이 소요되며, 이에 대한 부담도 매우 큰 것이 사실이다. 많은 교사들이 유아에게 '교육적으로 의미있다고 여겨지는' 교재교구를 만들기 위해 밤늦도록 그리고, 오리고, 붙인다(염지숙, 2003). 그러나 유아의 흥미로부터 발현되어 진행되는 놀이를 심화하거나 확장하기 위해 종이컵, 구부러지기 쉬운 색철사, 크고 작은 종이, 블록 등 비구조화된 자료를 제공해주기도 하고, 상품화된 자료를 제공하거나 경우에 따라 교사가 지원하는 활동에 필요한 교재교구를 직접 제작하기도 해야 하는 것이다.

[그림 3-5] 유아와 교사가 함께 구성하고 진행된 놀이에서의 교재교구

다음에서는 이러한 점을 토대로 필요에 따라 교사가 꼼꼼하게 계획하여 교재교구를 제작할 때에는 어떠한 과정을 거쳐야 하는지에 대해서 살펴보겠다.

2 교재교구의 제작 계획

1) 교재교구 제작 계획 시 고려점

좋은 교재교구를 제작하기 위해서는 무엇보다 계획이 중요하다. 교재교구의 제작 계획만 잘 세워도 교재교구 제작이 용이해질 수 있으며, 제작하다가 잘못되는 경우도 줄어들 수 있다. 계획을 잘 세워서 교재교구를 제작할 때에는 제작 과정의 효율성이 높아지고 재료의 경제적인 사용이 가능하며, 교재교구 제작에 대한 자신감 등이 높아질 수 있다. 그러나 영유아의 발달과 흥미를 고려하여 활동에 적절한 교재교구를 계획하는 일은 쉬운 일이 아니다. 교재교구를 잘 제작하고 활용하기 위해서는 교재교구 제작 계획을 잘 수립해야 한다.

교재교구는 영유아기 교육내용과 질에 많은 영향을 미치므로 교재교구를 선정하여 계획할 때에는 교재교구가 전달하고자 하는 내용, 활용 목적, 관련 주제 등을 잘 고려해야 한다. 영유아의 발달 수준과 흥미를 고려해서 계획하고 교재교구의 크기와 보관방법을 고려하여 계획을 세우고 제작할 수 있도록 한다. 무엇보다 영유아를 대상으로 하는 교재교구는 견고성과 안전성을 고려하여 계획되어야 하며, 재료의 선정에도 주의를 기울여야 한다.

최근에는 교재교구를 만들 수 있는 재료가 과거보다 구하기 쉬워지고 소재가 다양해졌다. 다양한 재료를 사용한 창의적인 교재교구를 제작하고 획일화된 방법이 아닌 다양한 방법을 적용하여 영유아에게 효과적인 교재교구를 제작할 수 있도록 계획해야 한다. 또한, 다양한 사회변화와 교재교구에 다양한 문화적 관점을 포함하고 고정관념이나 편견이 포함되지 않고 다양성을 인정하고 존중할 수 있는 주제를 포함하도록 계획해야 한다. 아무리 좋은 교구라도 비용이나 시간이 지나치게 많이 사용되는 것은 제작하기에 어려움이 많고 비효율적이라고 볼 수 있다. 경제적이면서 효과성이 높은 교재교구를 활동의 목표에 맞게 선정하여 계획하는 것이 중요하다. 교재교구를 계획할 때 고려할 점을 교재교구의 예와 함께 정리하면 다음과 같다.

(1) 영유아의 발달 수준 고려

교재교구는 영유아의 발달 수준을 고려하여 계획되어야 한다. 너무 어렵거나 복잡하면 교재교구를 활용하기 어렵거나 하지 않으려고 하고, 너무 쉽거나 단순하면 영유아가 하고 싶은 흥미를 유발하기 어렵고 싫증 내기 쉽다. 영유아가 직접 게임방법 등을 고안해서 놀이할 수 있는 교재교구를 제공하거나, 다양한 방법으로 활용할 수 있는 교재교구를 제시하는 것이 좋다.

[그림 3-6] 두 조각 퍼즐 교구

[그림 3-7] 네 조각 퍼즐 교구

(2) 영유아의 놀이와 흥미 고려

영유아의 놀이상황과 흥미가 어떠한지를 파악하여 교재교구를 계획하고 제작한다. 놀이전개에 따른 적절한 교재교구를 제공함으로써 놀이를 지원하고 확장할 수 있다. 이를 위해 영유아가 교재교구에 흥미를 느낄 수 있도록 교재교구를 제작한다. 영유아는 교재교구의 형태나 색이 매력적이거나, 교재교구의 활용방법이 재미있는 경우, 소재가 흥미로운 경우 더욱 교재교구에 관심과 흥미를 갖게 된다. 영유아의 놀이 상황에 따른 다양한 재료를 적절히 활용하고 전체적인 심미감을 고려하며 제작한다.

[그림 3-8] 케이크 꾸미기 교구

[그림 3-9] 다양한 색감으로 표현한 교구

[그림 3-10] 구슬 굴리는 방법을 사용한 교구

[그림 3-11] 가장자리에 자석을 넣어 활용한 교구

(3) 활동내용의 적합성 고려

교재교구를 제작할 때에는 활동내용의 적합성을 고려해야 한다. 아무리 좋은 교재교구라도 활동내용에 맞지 않거나 적합하지 않을 경우 활동에 효과적인 적절한 매체가 될 수 없다. 교재교구를 제작할 때에는 이 매체를 통해 도달하고자 하는 목표가 무엇인지, 다루고자 하는 내용을 전달하기에 효과적인지 점검해야 한다. 어렵게 만들어진 교재교구가 활동과 관련이 적거나 활용에 적합하지 않은 일이 생기지 않도록 교재교구의 제작 전에 반드시 활동목표와 내용을 살펴 교재교구를 제작해야 한다.

[그림 3-12] 수박파티 노래 자료

[그림 3-13] 혹부리 영감 동화

(4) 교재교구의 크기와 보관방법 고려

교재교구를 제작할 때는 사용 후 보관방법을 고려하여 제작해야 한다. 교재교구가 입체적이고 크기가 큰 경우 보관에 어려운 경우가 많다. 무엇보다 영유아가 사용하기에 적절한 크기로 제작되어야 하며, 교실현장에서 영유아에게 제시할 때에 교구장에 두어야 하는 경우가 많으므로 교구장의 크기를 고려하여 제작하는 것이 좋다. 입체적인 교구인 경우는 보관 시 분리가 되는 조립식으로 제작하는 것도 좋다. 교재교구를 크게 제작해야 하는 경우에는 교구장에 들어갈 수 있도록 접고 펴는 것이 가능한 형태로 제작하는 것이 좋다.

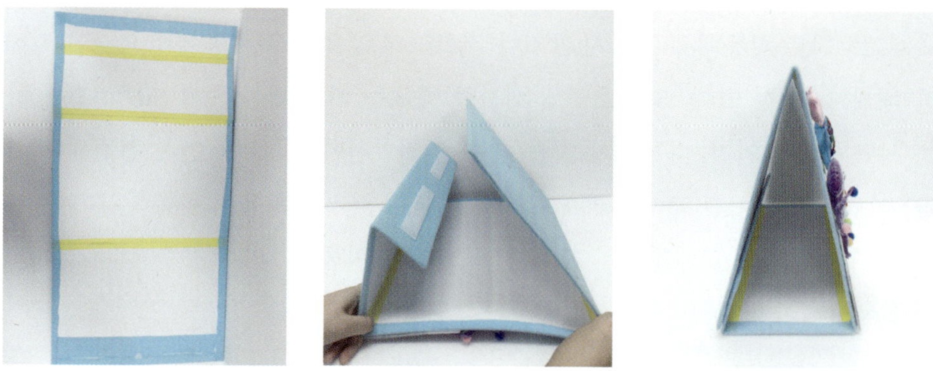
[그림 3-14] 입체감 있는 삼각대(접었다 펼 수 있도록 만든 방법의 예)

[그림 3-15] 입체감 있는 교구(조립형태로 만든 방법의 예)

(5) 교재교구의 견고성과 안전성 고려

직접 제작하는 교재교구는 반복적으로 사용하다 보면 견고성이 떨어질 수 있으므로 오랫동안 사용해도 쉽게 찢어지거나 망가지지 않도록 완성도 있게 교재교구를 제작해야 한다. 쉽게 부서지거나 망가지는 교재교구를 영유아가 사용하다 보면 활동에 흥미를 잃을 수 있으며, 영유아의 안전에 영향을 미칠 수 있다. 교재교구가 흥미롭게 제작되어도 안전하지 않으면 영유아용 매체로 적합하지 않다. 영유아가 안전하게 사용할 수 있도록 가장자리가 날카롭지 않고 위험한 재료를 사용하지 않도록 한다.

[그림 3-16] 가장자리를 깔끔하게 마무리한 교구

[그림 3-17] 자석을 안전하게 마감한 교구

[그림 3-18] 견고하게 마감 처리된 제작한 교구

[그림 3-19] 가장자리를 안전하게 제작한 교구

(6) 교재교구의 제작방법과 재료 고려

교재교구를 제작할 때에는 다양한 재료를 사용하면 영유아의 흥미를 높일 수 있으며, 다양한 재료에 대한 탐색을 통해 감각적인 경험을 제공할 수 있다. 늘 같은 방식의 교재교구만을 제공하는 것이 아니라 다양한 제작방법 및 재료를 활용한 교구를 제공함으로써 영유아의 창의적인 사고를 높이고 호기심을 자극할 수 있다.

[그림 3-20] 그림 강조 효과를 활용한 교구

[그림 3-21] 불이 들어오도록 만든 교구

(7) 교재교구의 다양한 문화적 관점 고려

교재교구를 제작할 때 다양한 문화적 관점을 포함할 수 있도록 한다. 특히, 성이나 문화, 인종, 계층, 연령 등의 고정관념이나 편견이 포함되지 않도록 주의를 기울여야 한다. 교재교구 제작 시 사용하는 사진이나 그림 선정에 주의하고 다양한 문화를 다룰 수 있도록 한다. 교재교구를 제작할 때 유아가 다양하게 생각해 볼 수 있는 관점을 제시하는 교재교구를 제공해 줄 필요가 있다.

[그림 3-22] 음식을 먹는 방법에 대한 교구

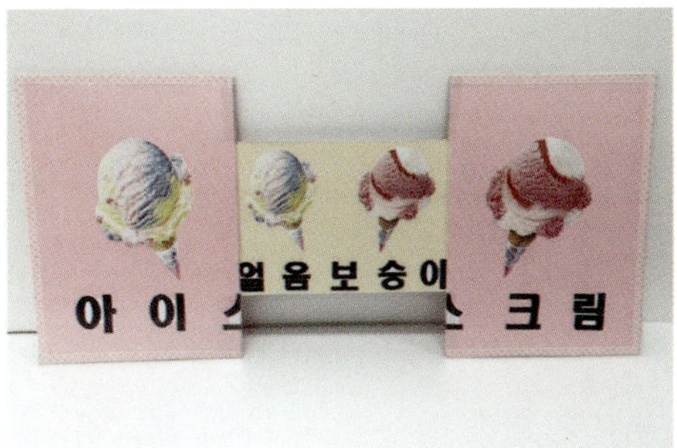

[그림 3-23] 북한말에 대한 교구

2) 교재교구 제작을 위한 계획

교재교구의 계획은 수업에 필요한 교재교구를 제작하기 위한 전반적인 과정을 말한다. 수업 활동에 필요한 적절한 교재교구를 제작하기 위해서는 교재교구 제작을 위한 계획을 잘 수립해야 한다. 영유아의 발달 수준 및 흥미, 활동내용 및 방법 등을 고려하여 교재교구 제작을 위한 계획을 수립해야 한다. 교재교구의 제작을 위한 계획을 할 때는 준비 단계, 선정 단계, 제작 단계로 나누어 계획할 수 있다.

첫 번째 단계는 교재교구 제작을 위한 사전 조사 단계이다. 교재교구 제작을 위에서는 영유아의 발달에 대한 특성을 이해하고 있어야 하며, 영유아의 흥미가 어떠한지 파악하고 있어야 한다. 전개되는 주제에서 활동목표와 활동내용을 정하고 그 내용의 효과적인 교수 방법을 정해야 한다. 또한, 관련 교재교구 등을 살펴보고 교재교구에 대한 관심과 이해가 높아질 수 있도록 해야 한다.

두 번째 단계는 교재교구의 선정 단계이다. 준비 단계의 내용을 고려하여 교재교구를 선정한다. 교재교구를 선정할 때에는 기존에 있는 교재교구 중에 보완하여 사용할 수 있는 것은 없는지 점검해보고 활동유형에 맞게 교재교구를 선정해야 한다. 선정 단계에서 어떤 교재교구를 제작할 것인지 결정하고 필요한 교재교구를 결정한다. 이 단계에서 교재교구를 선정할 때에는 기존 교구의 활용 여부, 제작비용, 소요시간, 재료, 적절성, 크기, 견고성, 안전성, 심미감 등을 고려해야 한다.

세 번째 단계는 직접 제작하는 단계이다. 교재교구를 직접 제작할 때에는 제작하기 전에 제작계획서를 작성하는 것이 좋다. 제작계획서를 토대로 재료를 사전에 준비한다. 주변에서 구할 수 있는 재료 등을 적절히 활용하고 구입이 필요한 경우 필요한 양을 파악하여 재료를 구입한다. 준비된 자료를 활용하여 교재교구를 제작하며, 제작방법을 꼼꼼히 점검하고 제작방법을 잘 이해하여 효과적인 제작이 될 수 있도록 한다.

이러한 과정을 거쳐 완성된 교재교구는 직접 조작해보고 활용방법이 익숙해질 수 있도록 한다. 교재교구 활용을 위한 활동계획안을 작성하고 수업 내용을 시연해 본다. 실제 수업에서 제작된 교재교구를 활용하여 수업해보고 수정 · 보완할 내용을 점검하도록 한다. [그림 3-19]는 교재교구 제작을 위한 계획단계를 제시한 것이다.

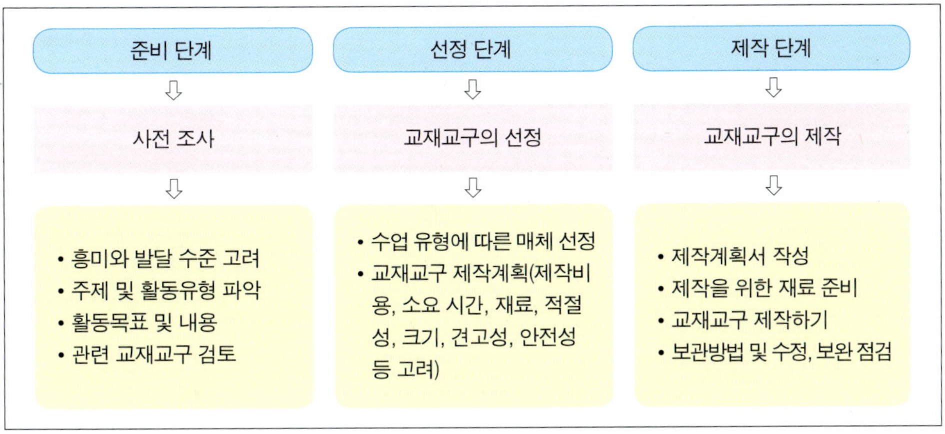

[그림 3-24] 교재교구 제작을 위한 계획 단계

[그림 3-25]은 위의 교재교구 제작 계획에 따라 '안전하게 운전해요' 교재교구 제작 계획을 수립해본 예를 기록한 것이다.

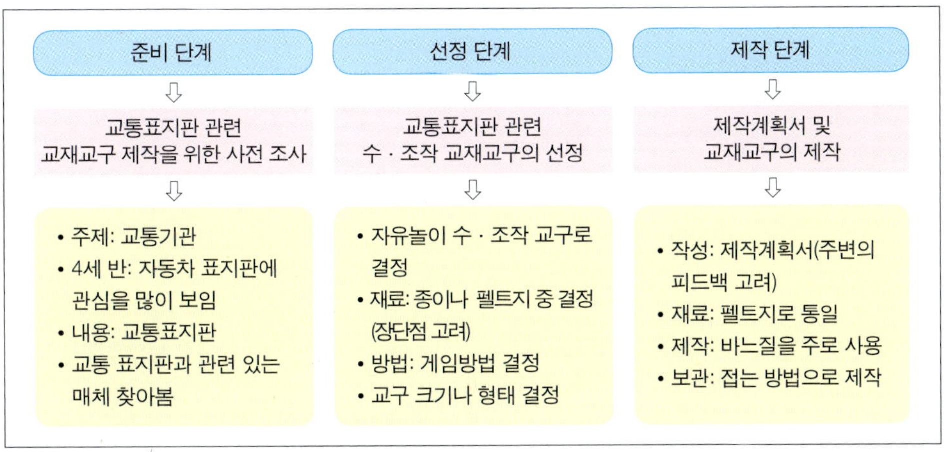

[그림 3-25] '안전하게 운전해요' 교재교구 제작을 위한 계획의 예

[그림 3-24]과 [그림 3-25]는 '안전하게 운전해요' 교재교구 제작 계획에 따라 수립된 제작계획서와 최종 교재교구 제작 및 활동계획안의 예를 제시한 것이다.

〈표 3-1〉 교구 제작계획서의 예

활동명	안전하게 운전해요		
대상연령	4세	활동영역	자유놀이 – 수 · 조작
기대목표	• 소근육을 발달한다. • 표지판의 수를 세어보며 수 세기를 할 수 있다.		
재료	〈구입〉 하드보드지 4절 2장, 펠트지(초록색, 회색, 노란색, 검은색, 갈색, 살구색, 빨간색, 하늘색, 파란색, 흰색, 진회색 등), 우드락 1장, 동물 모형		
	글루건, 가위, 코팅지, 벨크로, 나무젓가락, 바늘과 실, 스펀지, 표지판 프린트		
예상되는 그림이나 사진	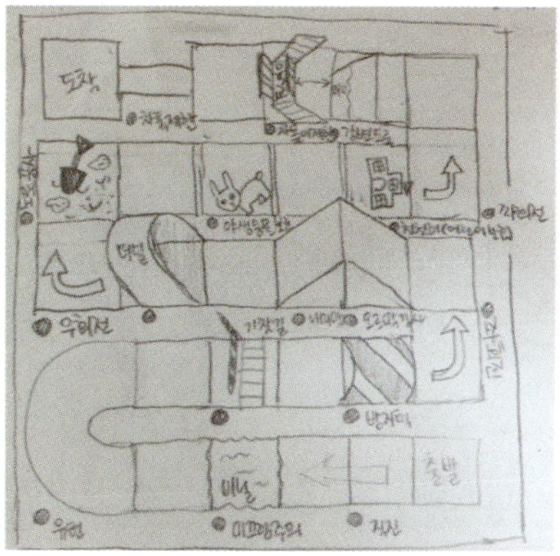		
활동방법	1. 자동차 말을 선택한다. 2. 표지판을 나눠 갖는다. 3. 돌림판을 돌려 나온 수 만큼 움직인다. 4. 칸에 알맞은 표지판을 찾아 붙인다. 5. 도착 전까지 표지판이 더 적게 남은 사람이 승리한다.		
제작방법	• 상자를 만들고 그 안에 표지판들과 자동차 말, 게임판이 들어갈 수 있도록 하고 펠트지로 바닥을 하고 스펀지에 펠트지를 감싼 뒤 입체를 표현한다. • 전체적으로 바느질할 예정이다. • 바닥은 초록색과 연두색, 도로는 회색으로 생각하고 있다. • 장소들의 벨크로와 그 장소에 알맞은 표지판 바닥 밑 벨크로 색을 같은 색으로 할 것이다.		
비고	• 돌림판으로 할지 주사위를 무엇으로 할지 고민이다. 조금 더 새로운 형태의 주사위를 찾아봐야 겠다.		

〈표 3-2〉 최종 교재교구 제작 및 활동계획안의 예

<table>
<tr><td>활동명</td><td colspan="3">안전하게 운전해요</td></tr>
<tr><td>대상연령</td><td>4세</td><td>활동영역</td><td>자유놀이 – 수 · 조작</td></tr>
<tr><td>기대목표</td><td colspan="3">• 표지판의 수와 주사위의 수 개념을 이해한다.
• 교통 표지판이 나타내는 의미에 관심을 가지고 규칙을 지킬 수 있다.</td></tr>
<tr><td>누리과정
관련요소</td><td colspan="3">• [신체운동 · 건강] 안전하게 생활하기–교통안전 규칙 지키기
• [자연탐구] 수학적 탐구하기–수와 연산의 기초개념 형성하기</td></tr>
<tr><td>사 진</td><td colspan="3"></td></tr>
<tr><td rowspan="2">활동방법</td><td colspan="3">자료: 게임판, 자동차 말 2개, 표지판, 삼각 주사위</td></tr>
<tr><td colspan="3">1. 자동차 말을 선택한다.
2. 표지판을 나눠 갖는다.
3. 주사위를 굴려 나온 수만큼 움직인다.
4. 칸에 알맞은 표지판을 찾아 붙인다.
5. 도착 전까지 표지판이 더 적게 남은 사람이 승리한다.</td></tr>
<tr><td rowspan="2">제작방법</td><td colspan="3">재료: 펠트지(초록색, 회색, 노란색, 검은색, 갈색, 빨간색, 하늘색, 파란색, 흰색, 진회색 등), 벨크로, 자석, 스펀지 등</td></tr>
<tr><td colspan="2">〈게임판〉
1. 연두색 펠트지 위에 초록색 풀들로 꾸민다.
2. 회색 펠트지로 길을 만든 후 흰색 실로 꿰매고 칸을 구분한다.
3. 도착 지점에 주차장을 만들어 놓는다.
4. 게임판 뒷면에 연두색 펠트지를 붙여 실 자국을 가린다.
5. 게임판 뒷면에 교구명을 펠트지로 오려 붙여 꾸민다.</td><td></td></tr>
</table>

<table>
<tr><td rowspan="3">제작방법</td><td>〈칸〉
1. 스펀지로 (오르막길, 내리막길, 방지턱, 강변도로, 동굴) 모형을 만든다.
2. 모형 크기에 알맞게 펠트지를 오려 꿰맨 후 스펀지를 넣고 마무리한다.
3. 비닐을 이용하여 미끄러움을 표현한다.
4. 펠트지를 이용하여 공사중, 야생동물, 기차를 만든다.
5. 색볼을 이용하여 길이 고르지 못함을 표현한다.
6. 모형들 뒤에 벨크로를 붙여 완성한다.</td><td></td></tr>
<tr><td>〈자동차 말〉
1. 펠트지로 자동차 모형을 자른다.
2. 꿰맨다.
3. 솜을 채워 넣는다.</td><td></td></tr>
<tr><td>〈표지판〉
1. 빨간색(파란색) 펠트지를 삼각형으로 오려 솜을 넣고 꿰맨다.
2. 코팅한 표지판을 오려 색과 모형에 알맞게 붙인다.
3. 표지판 뒤에 벨크로를 붙인다.</td><td></td></tr>
<tr><td>평가</td><td colspan="2">• 표지판을 세울 수 있도록 제작하면 좋을 것 같고 크기가 너무 작다.
• 각 칸의 구분이 명확하지 않다.
• 유아들이 직접 게임방법을 다양하게 정해볼 수 있도록 한다.</td></tr>
</table>

3 교재교구의 제작

교재교구를 제작할 때에는 제작하고자 하는 교재교구가 영유아의 놀이상황과 발달 수준에 맞는 내용인지 고려해야 한다. 기존에 이미 제작된 교재교구는 어떤 것들이 있는지 살펴보고 수정·보완해서 사용할 수 있는 교재교구는 없는지도 확인하도록 한다. 교재교구를 제작할 때에는 주변에서 구하기 쉬운 재료를 활용하는 것이 좋고 활용방법이 다양하여 영유아의 흥미를 높일 수 있는 교재교구를 제작하는 것이 좋다. 교재교구를 제작할 때에는 제작 후에 어떻게 제시해 줄 것인지, 보관은 어떻게 할 것인지를 고려해야 한다. 교재교구를 잘 제작하기 위해서는 교재교구를 직접 제작해 보는 경험을 많이 갖도록 한다. 교재교구를 제작할 때 고려점을 정리하면 다음과 같다.

첫째, 교재교구를 잘 제작하기 위해서는 다양한 재료에 대한 이해가 필요하다. 다양한 재료가 어떤 용도로 사용되는지, 어떤 특성이 있는지 등의 재료에 대한 관심과 이해가 필요하다. 재료의 특성을 잘 이해해야 교재교구의 제작이 용이하며, 교재교구에 맞는 적절한 재료를 선택할 수 있다.

둘째, 교재교구를 잘 제작하기 위해서는 교재교구를 제작하는 기초적인 능력이 필요하다. 교재교구를 제작할 때 어려운 점 중 하나는 만드는 방법을 잘 모르는 경우이다. 겉보기에는 쉬워 보일 수 있으나, 실제 제작을 하다 보면 어려움에 직면하게 된다. 교재교구를 많이 만들다 보면 여러 번의 시행착오를 거치게 되어 재료에 대한 이해나 제작 능력이 높아질 수 있으므로 다양한 교재교구를 직접 만들어 보는 경험이 중요하다.

셋째, 교재교구를 잘 제작하기 위해서는 평소에 다양한 교재교구를 탐색할 기회를 많이 가지는 것이 좋다. 실제로 제작된 교재교구를 탐색하고 평가해보는 것은 적절성, 심미감, 창의성, 견고성, 안전성 등 교재교구의 중요한 원리 등을 이해하는 데 도움을 준다.

넷째, 교재교구를 잘 제작하기 위해서는 유아교육 현장과 유아의 발달 수준에 적절한 크기와 형태에 대한 이해가 필요하다. 예를 들면, 자유놀이 영역에 제공되는 교재교구를 제작하기 위해서는 교구장에 놓을 수 있는 크기 등을 고려하고 너무 큰 매체인 경우 접을 수 있도록 하거나 조립할 수 있도록 제작할 수 있다.

다섯째, 교재교구를 잘 제작하기 위해서는 교재교구 제작을 위한 계획서를 사전에 작성해보고 필요한 재료나 제작방법을 계획해 본다. 재료 구입을 위해 필요한 비용이나 파는 곳을 알아두고 제작 비용이 너무 많이 들지 않도록 경제적인 재료 구입을 하도록 한다. 제작방법을 잘 모르는 것은 주변에 조언을 구하거나 인터넷을 검색해 볼 수 있다. 잘 모르는 방법은 미리 시연해보고 재료가 낭비되는 일이 없도록 한다. 예를 들면, 게임판이나 상자를 만들 때 크기를 어느 정도 할지 정하기 어려울 경우 신문지나 달력 종이 등을 활용해 연습용으로 제작해 보는 것도 좋다.

여섯째, 교재교구를 잘 제작하기 위해서는 무엇보다 교재교구를 제작할 수 있는 시간을 여유 있게 두는 것이 좋다. 아무리 좋은 계획도 제작 시간이 너무 촉박하거나 서두르게 되면 예상한 교재교구의 제작이 어려울 수 있다. 시간적 여유를 가지고 제작할 수 있도록 한다.

각 교재교구마다 특성과 활용방법이 다르므로 활동내용과 유형, 영유아의 특성에 적합한 교재교구를 선정하여 제작하는 것이 중요하다. 교사는 영유아의 놀이 상황에 적절한 교재교구를 제작하여 활용하기 위해서는 다양한 매체의 특성을 이해하고 있어야 한다.

효과적인 교재교구를 제작하기 위해 교재교구 제작 시 많이 사용하는 재료의 특징에 대해 이해하는 것이 필요하다. 이에 각 재료의 다양한 종류와 간단한 특징을 소개하고자 한다.

1) 다양한 재료의 이해

(1) 종이류

교재교구 제작에 사용되는 종이의 종류는 매우 다양하다. 종이는 일반적으로 단면 색지, 양면 색지, 마분지 등이 미술 재료나 매체 제작에 많이 사용된다. 일반 종이보다 두껍고 표면에 독특한 느낌을 줄 때 사용하는 머메이드지, 구김지, 타공지 등이 있다. 상자를 만들거나 일반 종이보다 두꺼운 소재가 필요할 때는 하드보드지와 골판지 등의 종이를 사용한다. 또한, 상자를 싸거나 카드를 쌀 때 많이 사용하는 한지가 있다. 종이의 종류는 매우 다양하므로 직접 종이를 만져보고 색감이나 질감, 두께를 잘 고려하여 종이를 선택하도록 한다.

문양 퍼즐

화전놀이

전통문양 패턴놀이

그림 동화

과일 패턴놀이

세계의 집 퍼즐

[그림 3-26] 종이류를 이용한 교재교구 제작의 예

재료탐색

▼ 머메이드지

일반 도화지보다 두껍고 울퉁불퉁하다. 특유의 재질로 그림을 그렸을 때 독특한 느낌을 낼 수 있다.

▼ 한지

질기고 부드러운 특성이 있다. 한지 위에 목공본드를 칠하고 말리면 코팅 효과가 있다.

▼ 구김지

꽃을 표현하거나 장식용 종이접기를 할 때 사용한다. 펄구김지와 일반 구김지가 있다.

▼ 전사지

실물사진 자료를 제시할 때 이용한다. 그림 및 글씨를 인쇄할 때는 좌우 방향을 반전시켜야 한다.

▼ 골판지

물결 모양의 골이 진 종이를 붙인 판지이다. 포장을 할 때에도 유용하게 사용된다.

▼ 하드보드지

만들기에 널리 사용되며, 주사위를 만들거나 수업자료를 만들 때도 유용하다.

▼ 띠골판지

막대에 감거나 동그랗게 감는 등 여러 방법으로 활용되며, 교실 환경을 꾸밀 때도 쓰인다.

▼ 모래종이(샌드페이퍼)

모래처럼 거친 표면을 가지고 있다. 독특한 질감이기 때문에 영유아의 흥미를 유발할 수 있다.

▼ 시트지

인테리어를 하는 데 자주 쓰이지만, 교구를 만들 때도 사용되며, 디자인도 매우 다양하다.

(2) 펠트류

펠트류는 교재교구 제작 시 많이 사용하는 소재로 유아교육 현장에서 다양한 용도로 활용된다. 펠트류는 소재가 부드럽고 솜을 넣어 입체감을 주는 매체 제작이 가능하여 매체 제작 시 많이 사용되고 있다. 특히, 연령이 어린 반의 영유아용 교재교구를 제작할 때 많이 사용하는 재료이다. 최근 펠트지 색깔과 종류도 다양해지고 있으며, 접착 테이프가 붙여져서 나오는 접착 펠트지나 디펠트지, 기능성 펠트지 등이 있다. 펠트지는 대부분 솜을 넣어 바느질하는 방법으로 동화나 교구, 다양한 소품 등에 많이 쓰이며, 코팅한 카드 뒷면에 붙여 부드럽게 하고자 할 때 사용된다. 부직포는 펠트지보다 조금 더 두꺼운 소재로 융판 동화나 동극 가면, 교구 등에 많이 쓰이며, 융은 벨크로가 잘 붙어 융판이나 게시판 등에 많이 사용된다.

이 닦기 교구

동극 가면

장갑 동화

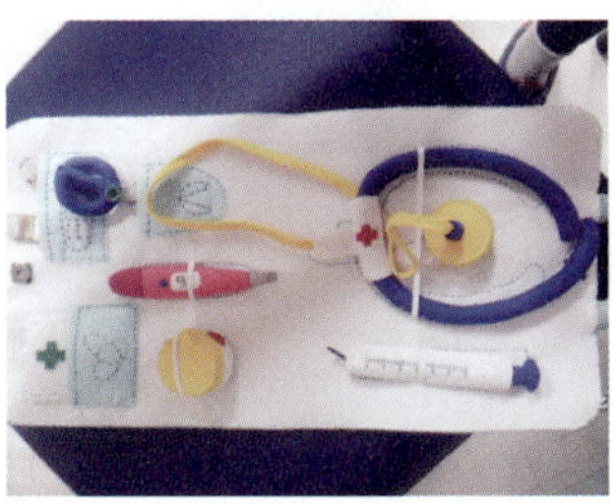
병원놀이

빵가게놀이

소풍놀이

[그림 3-27] 펠트류를 이용한 교재교구 제작의 예

재료탐색

▼ 펠트지

양털 등을 압축하여 만든 폴리에스테르 100%의 천이다. 인형, 주사위, 교실 환경 조성 등에 많이 쓰인다. 두껍고 내구성이 좋은 하드펠트지(유수지)와 부드러운 질감의 소프트펠트지(보드란 펠트지, 무수지)가 있다.

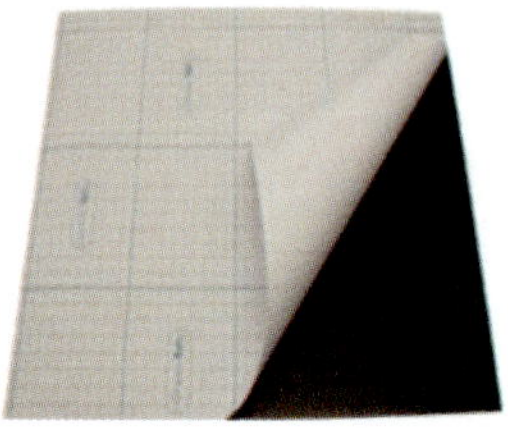

▼ 접착 펠트지

펠트지 뒷면에 접착테이프가 있어, 펠트지를 재단하여 깔끔하게 붙일 때 편리하다. 라벨, 퍼즐, 모빌, 도형 주사위 등을 만들 때 사용된다.

▼ 디펠트지

폴리에스테르와 나일론이 섞여 생산된 펠트지. 독일 염료로 염색하여 부드러운 색감이 돋보인다. 펠트지 전문 사이트에서는 보풀 방지, 발수, 방오 기능이 추가된 디펠트지를 판매하고 있다.

▼ 기능성 펠트지

펠트지가 다용도로 활용되면서 기능성 측면에서도 발달하였다. 보풀 방지 펠트지는 교구의 유지기간과 보존성을 늘려주고, 미끄럼방지 펠트지는 발판 교구를 만들 때 용이하게 사용된다.

▼ 부직포

열과 수지를 이용하여 섬유가 서로 얽히도록 기계적인 처리를 하여 만든 옷감이다. 펠트지와 비슷하지만, 더 두껍고 빳빳하며 거친 재질을 가지고 있다.

▼ 융

부드러운 촉감을 가진 직물로 뒷면에 접착할 수 있는 접착 융도 있다. 유아교육기관에서 이용하는 융판, 또는 알림판으로 주로 사용된다. 테이프가 잘 붙는다.

(3) 보드, 아크릴류

보드는 게시판, 상자를 만들거나 교구를 제작할 때 사용하는 재료이다. 우드락은 열선 커터기로 잘려서 곡선 등 다양한 모양으로 자를 수 있다. 폼보드는 우드락보다 잘 부러지지 않고 비교적 단단하다. 폼보드는 열선 커터기를 사용할 수 없어 곡선 등의 처리가 어려운 편이다. 코르크 보드는 비교적 가격이 비싼 편이나 독특한 소재의 매체를 사용하고자 할 때 게시판이나 교구판으로 사용된다.

과일 붙이기

마을 꾸미기

시장놀이

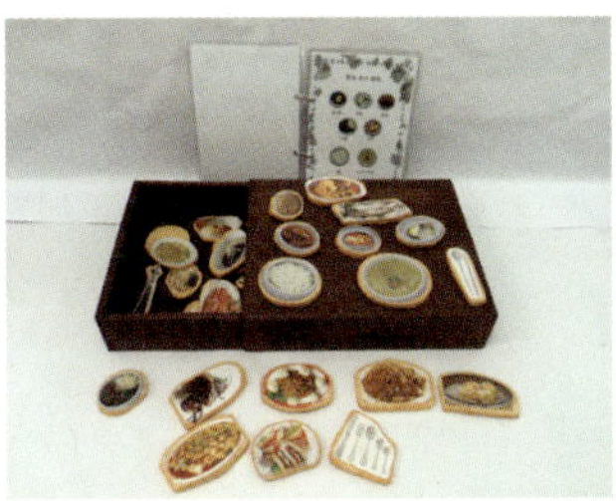

상 차리기

택배 배달하기

동물 카드

[그림 3-28] 보드를 이용한 교재교구 제작의 예

재료탐색

▼ 압축 스티로폼

폭신한 느낌이며, 단열재 역할을 하기도 한다. 조형물이나 공예품을 만들 때 혹은 환경구성이나 미술 재료로 주로 사용된다.

▼ 우드락(보드롱)

다양한 두께와 크기가 있다. 두께의 단위는 'T'이다. 압축 스티로폼보다 매끈하며, 한지를 붙여 목공본드로 코팅칠을 하면 단단해진다.

▼ 폼보드

우드락보다 강도가 세고 다양한 색상을 고를 수 있어 교구 만드는 시간을 단축해준다. 열선 커터기로 쉽게 잘리지 않으며, 보통 칼로 자른다.

▼ 코르크 보드

메모 보드로 흔히 쓰인다. 코르크만의 독특한 느낌과 부드러운 촉감, 방음, 충격 흡수, 미끄럼 방지, 가공성 등 기능성까지 있어 교구 재료로도 많이 쓴다.

▼ 포맥스

아크릴판처럼 단단하지만 절단, 절곡, 성형, 합지 등 가공이 용이하다. 아크릴 칼이나 커다란 커터칼로 재단해야 하며, 조금씩 여러 번 칼질하는 것이 좋다.

▼ 아크릴판

아크릴칼을 이용하면 좀 더 쉽게 재단할 수 있다. 아크릴끼리 접착할 때는 아크릴용 접착제를 사용한다.

(4) 솜류, EVA

솜류는 인형이나 펠트지로 교재교구를 만들 때 많이 사용하는 재료이다. 일반적으로 사용하는 구름솜 외에 방울솜, 책 등에 넣는 납작솜 등이 있다. 백업은 게시판을 꾸미거나 기찻길 등 줄이 필요할 때 사용하거나 백업을 잘라서 교재교구를 제작할 때 사용할 수 있다. EVA는 압축 스펀지로 부드럽고 촉감이 좋아 매체 제작 시 자주 사용된다.

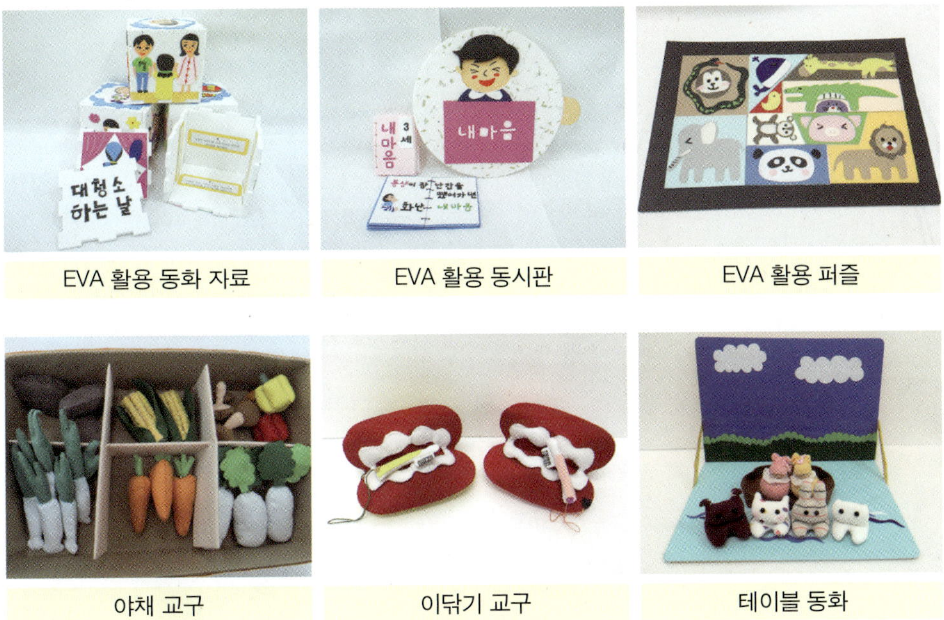

EVA 활용 동화 자료 | EVA 활용 동시판 | EVA 활용 퍼즐

야채 교구 | 이닦기 교구 | 테이블 동화

[그림 3-29] 솜과 EVA를 이용한 교재교구 제작의 예

재료탐색

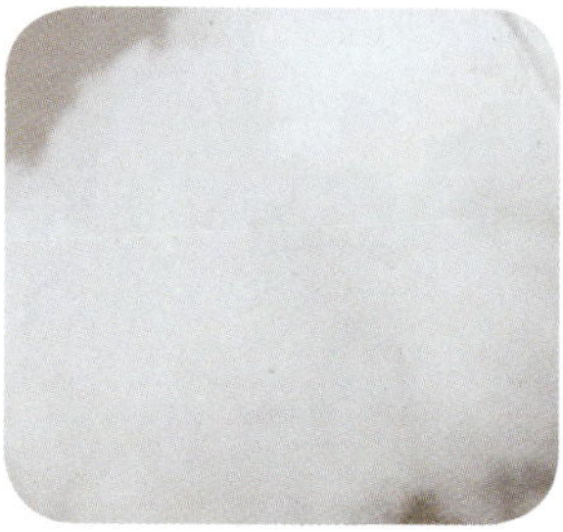

▼ 구름솜

일반 베개에 들어가는 솜이다. 이불가게나 문구를 판매하는 가게에서도 쉽게 구할 수 있다.

▼ 방울솜

구름솜보다 뭉침이 적어 인형을 만들 때 주로 사용되며, 동대문이나 인터넷에서 대량구매가 가능하다.

▼ 스펀지

미술활동과 자료 제작에 쓰인다. 특유의 부드러움은 안전성을 보장하며, 다양한 크기와 모양은 창의적인 교구제작의 기본이 된다.

▼ 백업

기다란 형태의 스티로폼으로 자유자재로 구부릴 수 있으며 탄력적이다. 동극 머리띠로 부담 없이 사용할 수 있으며, 떡볶이, 장작, 김밥 등 역할놀이 교구를 만들 수 있다.

▼ EVA 컬러판

EVA란 쉽게 말해 '압축 스펀지'로, 근처 보육사나 문구점에서 판매되고 있다. 질감이 부드럽고 말랑말랑하고 폭신하여 교구 재료로 널리 쓰인다.

▼ EVA 손잡이

EVA로 제작된 다양한 손잡이로 크기와 모양이 제각각이다. 안전하여 손잡이가 많이 필요한 교구에 쓰인다.

(5) 자석류

교재교구 제작 시 자석은 다양한 용도로 활용되고 있다. 자석을 활용한 교재교구를 제작할 때에는 자석의 극, 세기, 크기 정도를 잘 고려하여야 한다. 자석의 극이 잘 맞지 않으면 붙지 않고 오히려 튕겨 나갈 수 있으며, 자석의 세기가 너무 약할 경우 잘 붙지 않을 수 있다. 자석을 구입할 때 함석판에 붙일 것인지 자석판에 붙일 것인지, 붙이는 매체 위에 펠트지나 한지를 감쌀 것인지에 따라 자석의 세기가 달라질 수 있으므로 사전에 미리 잘 붙는지 확인하는 것이 좋다. 자석은 낚시놀이 등과 같은 교구나 동시나 노래판, 자석 동화에 많이 활용되고 있다.

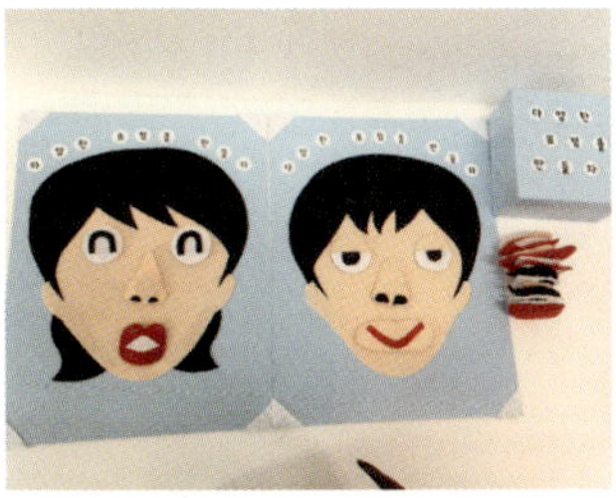
얼굴 꾸미기

음식 붙이기

나뭇잎 붙이기

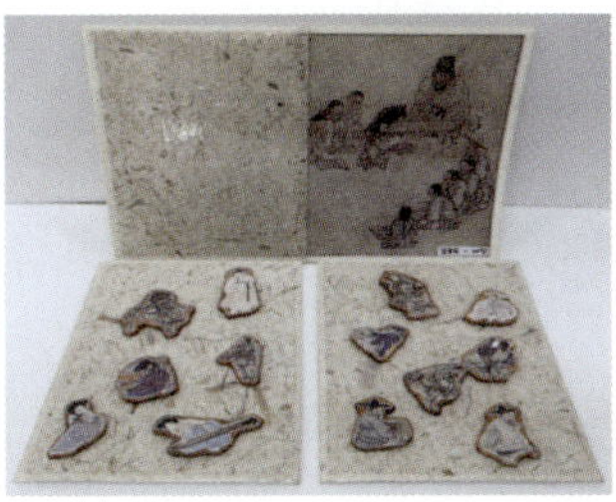
민화 꾸미기

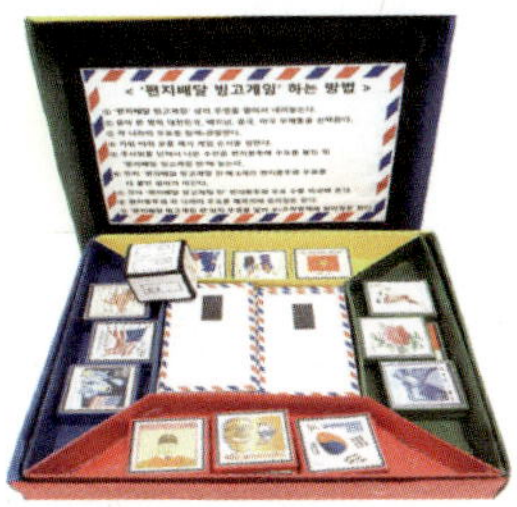
세계 여러 나라 우표

철가루 글자

[그림 3-30] 자석을 이용한 교재교구 제작의 예

재료탐색

▼ 고무자석

고무로 된 얇은 자석. 집 현관에 붙어 있는 음식점 전단에서 흔히 볼 수 있다. 자력이 높지 않아 붙이고자 하는 곳에 종이 한 장이 있어도 잘 붙지 않을 수 있다.

▼ 고무자석 테이프

고무자석의 뒷면에 접착제가 있다. 길게 나와서 자유롭게 자르는 테이프도 있지만 균일한 간격으로 잘려서 용도에 따라 쓸 수 있는 패키지도 있다.

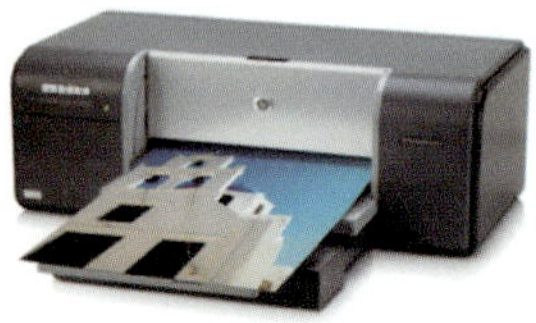

▼ 종이자석

광택과 무광택으로 나뉜다. 종이처럼 사진을 인쇄하거나 그 위에 간단히 그림을 그려서 붙일 수 있다.

▼ ND자석

크기별로 다양하게 있으며, 강력한 자력이 있다. 일반적으로 교구를 제작할 때 많이 사용된다. 일반 문구점보다 인터넷에서 대량으로 구입하는 것이 저렴하다.

▼ 원자석

용도에 따라 컬러자석, 구멍자석, 원자석으로 나뉜다. 낚시놀이 교구 중 낚싯대에 붙이는 것은 컬러자석과 구멍자석이 적당하다. ND자석보다 자력이 약한 편이다.

▼ 함석판

함석이란 겉에 아연을 입힌 강철판이다. 자석이 잘 붙기 때문에 자석 교구에 많이 쓰인다. 끝이 날카로워 조심해야 하며, 교구 재료로 사용할 때에도 안전성에 유의하여 제작하여야 한다.

(6) 일상용품류

교재교구를 선정할 때 우리 주변의 일상용품을 활용한 교재교구를 선정하여 활용할 수 있다. 일상용품을 활용한 교재교구는 주변에서 구하기 쉬운 물건이나 재활용품을 적절하게 이용하여 제작하는 것이다. 주변의 일상용품을 활용함으로써 교재교구 제작을 용이하게 하고, 다양하고 창의적인 방법이 고안될 수 있다. 우리 주변에서 흔히 볼 수 있는 우유갑, 분유통, 계란판, 선물용 상자, 플라스틱 그릇, 일회용 접시, 컵, 박스 등을 적절히 잘 활용하면 견고하고 제작이 쉬운 교재교구로 활용될 수 있다.

일회용 용기류는 종이컵, 종이 접시, 나무젓가락, 나무 막대 등 종류도 다양하다. 사용했던 자료를 재활용하기도 하고, 다음과 같이 다양한 색깔의 일회용 용기를 이용해서 매체를 제작하거나 미술활동에 활용하기도 한다. 종이컵, 종이 접시뿐만 아니라 계란판, 사발면 용기, 분유통, 요구르트병 등 다양한 재활용품을 활용하여 손쉽고 비교적 저렴하게 매체를 제작할 수 있다.

사발면 장구

상자로 만든 교구

폐품을 이용한 악기

분유통을 이용한 수 교구

계란판을 이용한 교구

상자를 활용한 교구

[그림 3-31] 재활용품을 이용한 교재교구 제작의 예

재료탐색

▼ 색 종이컵

테이블 동화나 미술활동 등에서 많이 사용한다. 단추, 색볼 등 작은 재료를 보관할 때에도 쓰인다.

▼ 색 접시

미술활동, 교구 제작 시 사용한다. 교실환경 구성이나 작품을 전시할 때도 자주 사용된다.

▼ 나무 막대

다양한 색을 묶어 판매한다. 나무색 그대로인 막대도 판매하며, 크기도 다양해지고 있다.

(7) 천류

일상생활에서 흔히 볼 수 있는 천을 잘 모아 두었다가 교재교구를 제작할 때 활용할 수 있다. 천은 소재가 부드럽고 다양한 질감을 느낄 수 있는 재료이므로 유아용 매체 제작에 독특한 소재로 효과가 좋고 세련된 느낌을 줄 수 있다. 그러나 매체에 적절한 천을 구하기 어렵고 펠트지에 비해 바느질이 힘들다. 샘플용 옷감이나 입지 않는 옷, 한복 등을 잘 모아두면 동화나 다양한 질감을 소재로 하는 매체를 제작할 때 유용하다.

한복 입히기

아씨방 일곱 동무 동화

옷감을 활용한 동화 표지

[그림 3-32] 천을 이용한 교재교구 제작의 예

(8) 비닐류

비닐류는 아스테이지, OHP 필름, 셀로판지 등이 사용된다. 아스테이지는 교재교구를 싸는 데 사용되거나 게시판 등에서 활용한다. 셀로판지는 미술작업 시나 모빌, 그림자 인형 등을 만들 때 사용된다. OHP 필름은 동화자료로 제작해서 동화를 들려줄 수도 있고, OHP 필름에 인쇄를 하여 검은색 종이 뒤에 대고 흰 종이를 사이에 넣어 보는 교구를 만드는 데도 사용된다.

낮과 밤

빨간버스 동화

명화 돋보기

[그림 3-33] OHP를 이용한 교재교구 제작의 예

재료탐색

▼ 아스테이지

투명한 비닐 소재이며, 교구장이나 책상, 혹은 교구의 보존성을 위해 사용된다. 접착 아스테이지의 뒷면에는 모눈이 그려져 있어 재단할 때 편리하다.

▼ 셀로판지

색깔이 있는 비닐, 셀로판지는 무색투명하며, 유리 같은 광택이 있어 그림자 동화나 빛과 색의 혼합에 관련된 과학, 미술활동에서 주로 쓰인다.

▼ OHP 필름

A4 크기의 투명한 필름 용지이다. 실물을 인쇄하거나 필름 아래에 놓고 그대로 그려보는 활동을 할 수 있다.

(9) 교재교구 제작에 필요한 재료

재료탐색

❶ 문구류

▼ 열선 커터기

주로 사용되는 열선 커터기는 위 사진과 같이 'ㄷ' 모양으로 생겼다. 열선에 열이 전달되어 우드락을 쉽고 자유롭게 커팅할 수 있다. 열선이 끊어지거나 무뎌지면 리필용 열선으로 갈아 끼운다.

▼ 코팅가위

일반가위보다 열에 강하며, 쉽게 녹슬지 않는다. 코팅된 스테인리스 재질로 제작되어 절삭력이 뛰어나며 양면테이프, 벨크로 등을 자를 때 이물질이 붙는 것을 방지해준다.

▼ 함석가위

일반가위로 함석판(철판)을 제단하는 것보다 부드럽고 편리하게 원하는 모양으로 자를 수 있다.

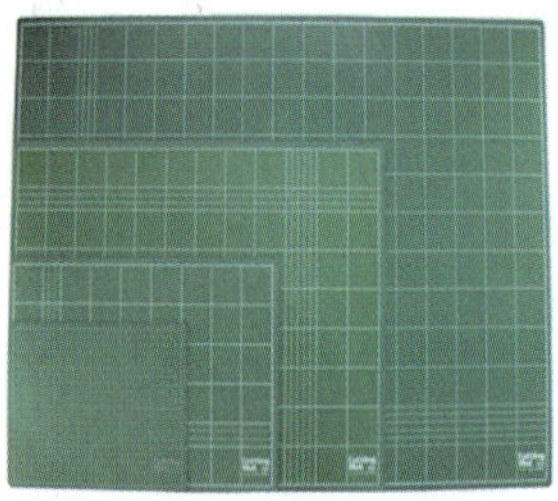

▼ 칼판(커팅매트)

고무 안에 철심이 들어가 칼질을 해도 판이 갈라지지 않는다. 따라서 바닥이나 책상에 흠집이 나지 않고, 모눈이 있어 정확하고 빠른 재단을 할 수 있다.

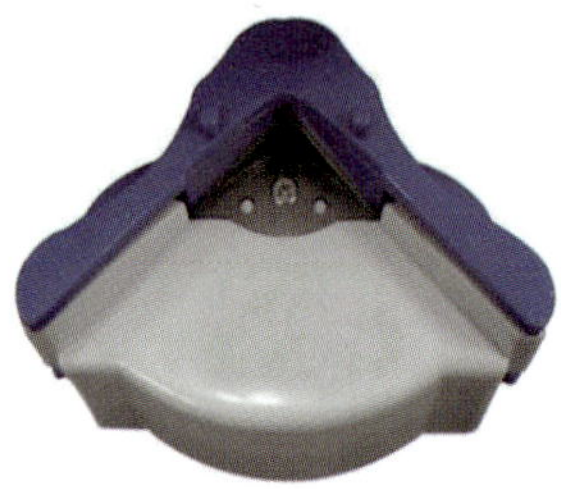

▼ 코너라운더

교구를 만들 때는 안전성을 고려하여 모서리는 둥글게 하는 것을 기본으로 한다. 코너라운더를 이용하면 간편하게 균일한 둥근 모서리를 만들 수 있다.

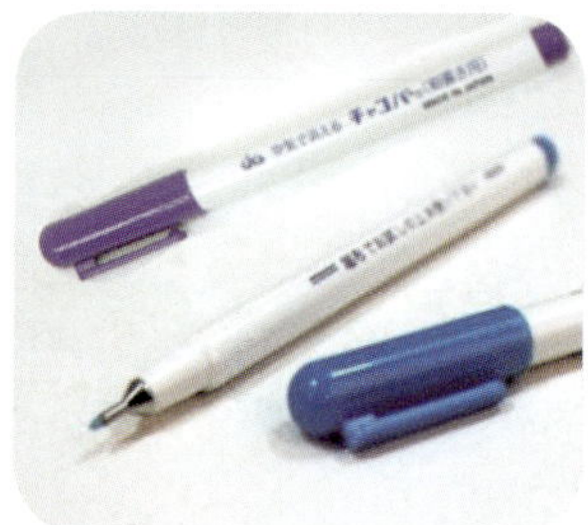

▼ 기화펜 / 수성펜

천이나 펠트지를 이용하여 재단할 때 밑그림을 그리거나 길이를 잴 때 표시용으로 사용된다. 기화펜은 시간이 지나면 공기 중에 지워지며, 수성펜은 물에 담그거나 물을 뿌리면 없어진다.

재료탐색

❷ 끈 / 실 / 철사

▼ 지끈

종이를 꼬아서 만든 끈으로 미술 영역 혹은 환경구성을 할 때 주로 쓰인다. 꼬아져 있는 지끈을 풀어 넓게 만든 뒤 나뭇잎이나 꽃을 만들기도 한다.

▼ 털실

다양한 색상과 굵기를 가지고 있다. 간단한 뜨개질로 기다란 띠를 만들어주어도 인형의 머리카락 등으로 사용한다.

▼ 철사

기본적으로 흔히 볼 수 있는 철사. 일반가위로도 커팅할 수 있으며, 형태를 잡는 용도로 많이 쓰인다. 녹색, 흰색, 갈색 등 색이 있는 종이로 감싸져 있는 꽃철사도 있다.

▼ 모루

보들보들한 털 안에 철사가 있다. 주변 보육사나 문방구에 가면 볼 수 있다. 색도 다양하여 활동자료를 만드는 재료로 널리 쓰인다.

▼ 빵끈

일반적으로 길게 묶어져서 판매되고 있는데, 짧게 절단된 빵끈도 구할 수 있다. 겉이 알루미늄이나 다양한 무늬 종이로 감싸져 있다.

▼ 공예철사(와이어 철사)

일반철사보다 두꺼우며, 겉이 말랑말랑한 고무 같은 재질로 둘러싸여 있다. 색도 다양하며, 모양을 자유자재로 만들 수 있다.

재료탐색

❸ 접착제 / 테이프

▼ 스프레이 접착제

천이나 종이를 접착할 때 주로 쓰인다. 넓은 부분을 쉽고 빠르게 접착할 때 사용되며, 뿌리는 접착제라고도 불린다. 붙였다 떼었다 할 수 있는 강도와 영구접착 되는 강도로 나뉜다.

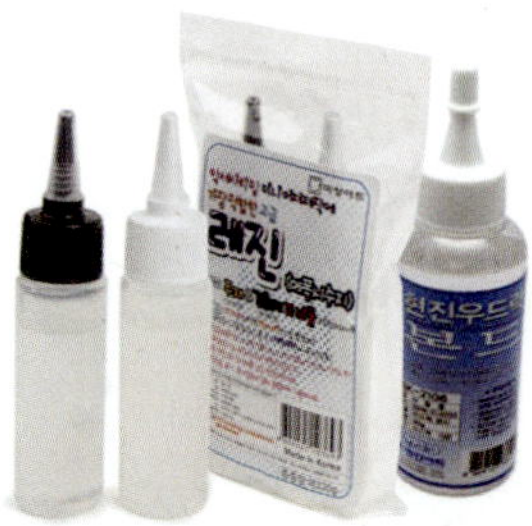

▼ 레진 / 우드락 본드

우드락에 일반 본드를 사용하면 녹아내리므로 전용 본드를 사용한다. 또한, 레진이나 우드락 본드는 미니어처 제품을 만들 때 사용할 수 있다.

▼ 순간접착제

빠른 시간에 강력한 접착을 할 수 있다. 종이보다는 단단한 물질을 접착할 때 주로 쓰인다. 접착력이 강하므로 피부와 옷에 묻지 않게 주의하며 사용한다.

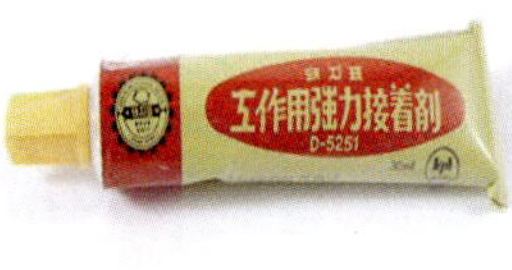

▼ 합성고무계 접착제

일명 돼지본드. 합성고무, 피혁, 금속판자, 천, 나무, 도자기, 경질 플라스틱의 접착에 사용하기 좋다. 가구, 창호, 신발에도 쓰인다. 커다란 통에 대량으로 판매하기도 한다.

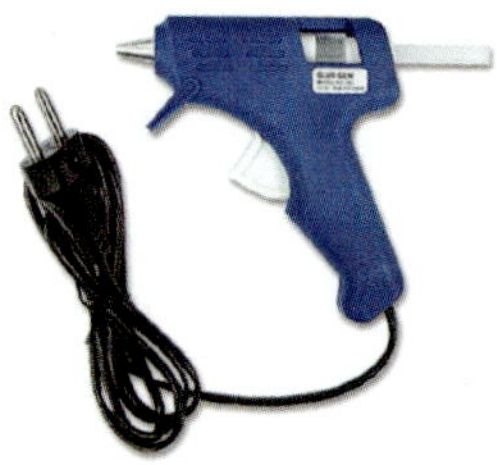

▼ 글루건

플라스틱이나 목재, 금속, 천 등 가볍고 힘이 많이 가해지지 않는 간단한 물체를 접착할 때 사용한다. 충분한 예열을 한 뒤 접착해야 하며, 화상을 조심해야 한다.

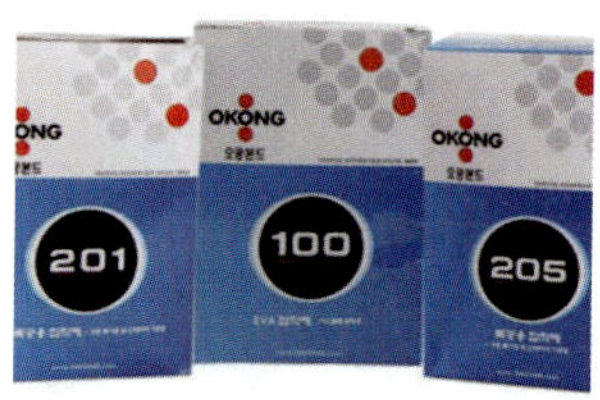

▼ 목공본드

종이나 목재용 접착제이다. 각종 목재나 종이를 접착할 때 주로 사용한다. 목공본드를 겉에 바른 뒤 말리면 코팅 효과를 낼 수 있어 교구를 오래 보관할 수 있다.

재료탐색

▼ 접착고무

큰 팬시점이나 인터넷 쇼핑몰에서 구할 수 있다. 탈부착과 재사용이 가능한 접착 고무이다.

▼ 마스킹테이프

색깔이 다양한 테이프이다. 가장자리를 깔끔하게 만들어주거나 신체활동 및 활동을 할 때 교실 바닥에 붙여놓기도 한다. 교구를 만들 때도 유용하게 쓰인다.

▼ 양면테이프

우드락 위에 머메이드지와 같은 종이를 붙일 때 등 활동자료를 만들 때 많이 쓰인다. 굵기 별로 판매하기 때문에 용도에 따라 골라서 사용할 수 있다.

❹ 점토

▼ 천사점토

건조시킨 후에는 솜처럼 가벼워진다. 부드럽고 촉촉하며 보송보송한 촉감을 가지고 있다. 물감이나 펜 등으로 색을 혼합할 수도 있다.

▼ 지점토

모양을 만든 뒤 굳히면 견고해지며, 조각도 등으로 자유로운 표현이 가능하다. 굳은 상태에서 새로운 점토를 부착할 수도 있다. 또한, 물감으로도 쉽게 채색할 수 있다.

▼ 아이클레이

밝고 선명한 색상으로 이루어져 있으며, 쉽게 마르지 않아 매끄러운 작품을 만들 수 있다. 다른 색을 혼합하여 새로운 색을 표현하기도 한다.

재료탐색

⑤ 기타자료

▼ 색깔 고리

묶음으로 만들고 싶을 때 유용하게 사용된다. 다양한 색상에 쉽게 여닫기 편하다. 활동 책자를 만들 때도 쓰인다.

▼ 벨크로

붙였다 떼는 것을 반복할 수 있으며, 접착 벨크로와 바느질 벨크로로 나뉜다. 펠트지나 부직포 소재의 교구에서 많이 사용된다.

▼ 단추

단추는 구멍 수, 색깔, 무늬, 크기 등이 다양하다. 수교구나 인형, 미술활동에 많이 사용된다.

▼ 색볼

말랑거리는 동그란 솜뭉치의 촉감은 흥미와 호기심에 자극을 주는 역할을 한다. 크기와 색이 다양하여 여러 용도로 쓰인다.

▼ 나무집게

일반적으로 환경을 구성할 때 쓴다. 유아의 작품을 전시하거나 사진을 줄에 걸어 놓을 때 전시 효과를 준다.

▼ 투명반구

행성을 나타내거나 둥근 모양의 작품을 만들 때도 사용하기 좋다. 가벼워 모빌로도 사용된다.

재료탐색

▼ 스팽글

반짝반짝하고 알록달록한 것을 표현하고자 할 때 사용한다. 가면 만들기, 인형, 의상 등을 제작할 때 많이 사용된다.

▼ 할핀

돌림판이나 인형을 만들 때 유용하게 쓰인다. 종이와 종이 사이에 약간의 공간을 남긴 뒤 할핀을 꽂아 고정시키면 움직이는 자료를 만들 수 있다.

▼ 플레이콘

칼이나 가위로 잘리며, 물로 쉽게 접착할 수 있는 옥수수 전분으로 만들어진 친환경 교구이다. 플레이콘끼리도 잘 붙으며, 종이, 천, 우드락에도 접착된다.

▼ 우드락 물감

스티로폼, 우드락 등에 사용하는 물감이다. 사용방법은 일반 수채화 물감과 같지만, 일반 물감과 달리 스티로폼 위에 착색이 잘 되어 폼아트 또는 소품 만들기에 쓰인다.

▼ 스티로폼 공

애벌레, 사람 얼굴, 동물 등 다양한 표현이 가능하며, 크기별로 있다. 반으로 잘라서 사용하면 더 다양한 용도로 사용할 수 있다.

▼ 손 코팅지

코팅기가 없어도 손 혹은 다리미를 이용하여 코팅할 수 있다. 급하게 코팅을 해야 할 때 유용하지만 기포가 생기는 것을 조심해야 한다.

2) 교재교구 제작의 이해

(1) 종이를 활용한 제작의 기초

종이를 활용하여 교재교구를 제작할 때에는 한지, 하드보드지, 색지 등이 많이 활용된다. 특히, 한지는 잘 찢어지기 쉽고 보풀이 생기기 쉬우므로 한지를 활용한 기본 제작 방법에 대한 이해가 필요하다. 이에 아래에서는 한지를 활용한 제작 방법의 이해를 돕기 위해 기초적인 제작방법을 소개하였다. 또한, 교재교구 제작 시 재료로 많이 사용되는 하드보드지를 활용하여 상자 만드는 방법에 대해 제시하였다.

① 한지 쉽게 자르기

준비물 | 칼판, 한지, 스카치테이프, 칼, 자

❶ 바닥에 흠집이 나지 않도록 칼판 또는 평평한 판을 깔고 위에 한지를 깐다.

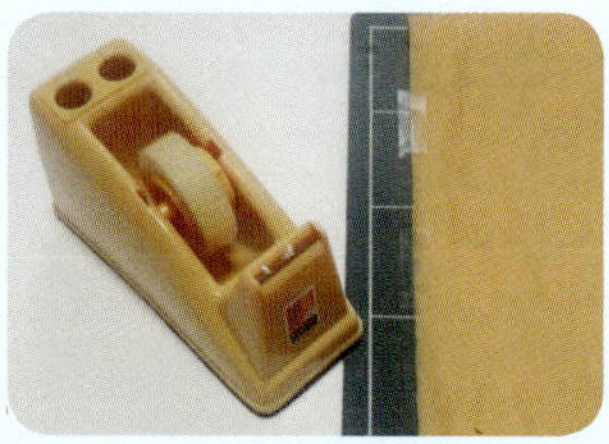

❷ 한지 테두리에 스카치테이프를 붙인다.

❸ 그 상태에서 칼로 자르면 깨끗하게 잘린다.

② 목공본드로 한지 붙이기

준비물 | 넓은 붓, 목공본드, 한지, 우드락

❶ 목공본드를 그릇에 덜고 붓에 물을 묻힌 후 함께 섞는다.

❷ 바를 부분에 목공본드를 칠한다. 이때 골고루 얇게 펴 바른다.

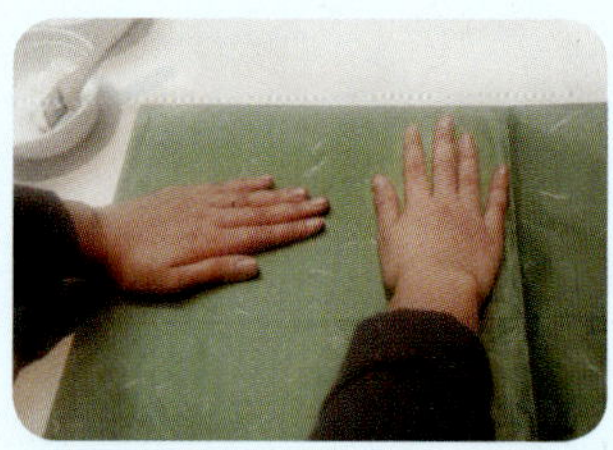

❸ 한지가 접히지 않도록 살짝 당기며 한지를 붙인다.

TIP! 넓은 면을 바를 때, 한지 사이에 공기가 들어가기 쉬우니 조금씩 바르고 붙이기를 반복한다.

③ 둥근 모서리에 한지 붙이기

준비물 | 붓, 한지, 우드락, 목공본드

❶ 한지의 겉에 목공본드를 바른다.

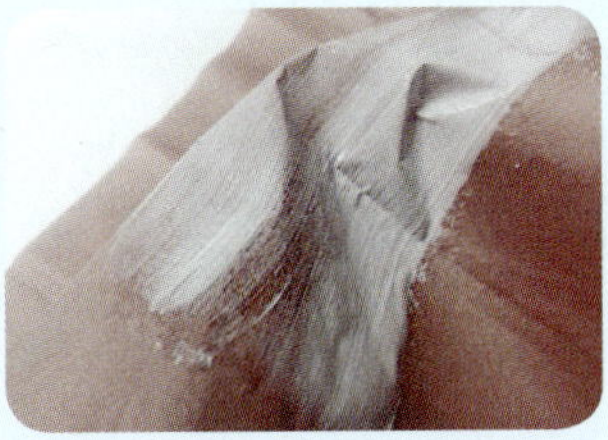

❷ 약 10초 후, 빳빳했던 한지가 흐물흐물해진다.

❸ 한지가 찢어지지 않도록 손으로 조금씩 잡아당기며 붙인다.

TIP! 한지를 너무 세게 잡아당기면 쉽게 찢어진다. 찢어진 부분은 한지로 다시 붙이면 된다.

④ 목공본드로 한지 바르기

준비물 | 한지, 목공본드, 우드락, 붓

❶ 목공본드로 한지를 붙인 후 통풍이 잘되는 곳에서 말린다.

❷ 다 마른 한지 위에 목공본드를 얇게 펴 바른다. 이때 목공본드에 물을 약간 섞어 바를 수도 있다.

❸ 목공본드가 묻은 부분이 바닥에 닿지 않게 잘 받힌 후, 투명해질 때까지 건조시킨다.

TIP! 목공본드는 통풍이 잘되는 그늘에서 충분히 말려야 한다.

5 프린트 된 종이 위에 목공본드 바르기

준비물 | 하드보드지, 자, 연필, 칼, 글루건, 칼판

❶ 프린트 된 종이와 우드락, 목공본드를 준비한다.

❷ 우드락 위에 프린팅 된 종이를 붙인다.

❸ 그 위에 목공본드를 사용하여 얇게 펴바르면 코팅효과가 난다.

TIP! 잉크젯 프린트 위에 목공본드를 바르면 잉크가 번질 수 있어, 레이저 프린트를 사용하는 것이 좋다.
프린트마다 인쇄 상태가 다를 수 있으므로 전체를 바르기 전에 부분에만 발라 상태를 사전에 점검한다.

6 하드보드지로 상자 만들기

준비물 | 하드보드지, 자, 연필, 칼, 글루건, 칼판

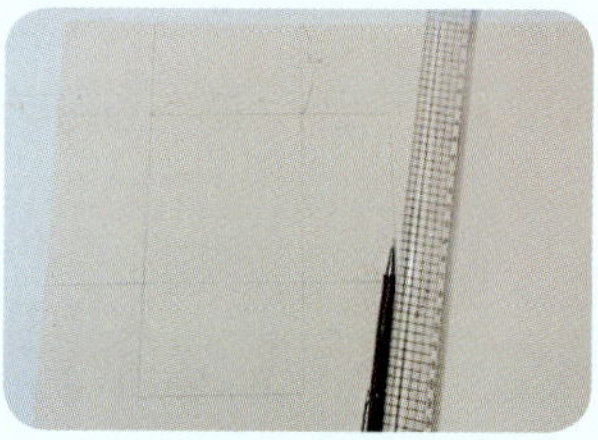

❶ 만들고 싶은 상자의 도안을 하드보드지에 그린다.

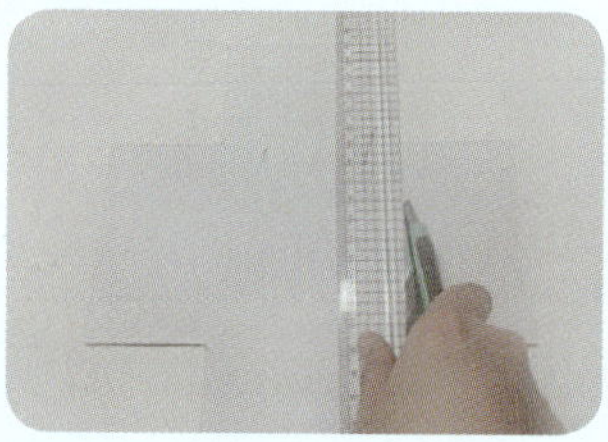

❷ 칼로 모서리 부분만 자른 후 접히는 부분에 칼집을 살짝 낸다.

❸ 글루건으로 양옆 모서리를 이어 붙이면 간단한 상자가 된다.

TIP! 하드보드지 상사 위에 한지를 붙여 목공본드로 마감해주면 더욱 견고하고 깔끔한 상자가 완성된다.

(2) 펠트지를 활용한 제작의 기초

펠트지를 활용하여 교재교구를 제작할 때에는 바느질 방법이 많이 활용된다. 특히, 버튼홀 스티치, 홈질, 감침질 등 기본적인 바느질 방법을 잘 알고 있으면 편리하다. 아래 내용에서는 버튼홀 스티치하는 방법과 홈질을 사용하여 물고기 인형 만드는 방법을 제시하였다. 또한, 펠트지에 글씨를 넣을 때 편리한 전사지 사용방법을 소개하였다.

① 버튼홀 스티치하기

준비물 | 펠트지, 실, 바늘, 가위

❶ 매듭이 보이지 않게 펠트지 안쪽에서부터 바늘을 꿰맨다.

❷ 바늘만 앞으로 가져와 한 장만 통과시킨 후 실을 길게 잡아당긴다.

❸ 바늘 머리 앞으로 실을 가져와 당겨주면서 바늘을 통과시킨다.

❹ 같은 방법으로 펠트지 '바깥쪽에서 뒤쪽' 방향으로 바느질을 이어서 한다.

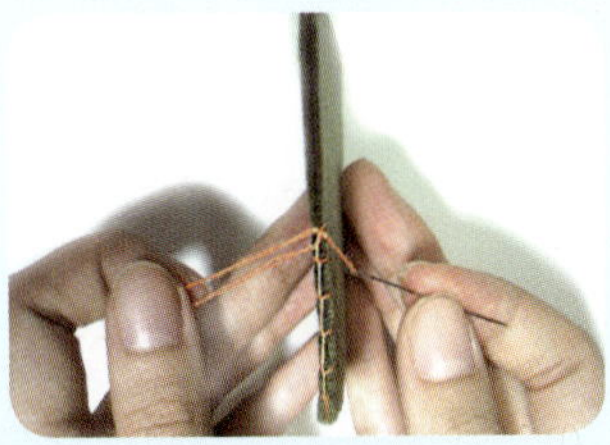

❺ 실이 조금밖에 남지 않으면 위에서 지은 매듭을 펠트지에 딱 붙인다.

❻ 매듭지은 후, 안쪽에서 바깥쪽으로 바늘을 뺀 뒤 가위로 자른다.

② 홈질하기(물고기 만들기)

준비물 | 펠트지, 실, 바늘, 가위, 기화펜, 피그마펜

❶ 몸통 두 장, 윗지느러미 두 장, 아래 지느러미 두 장을 준비한다.

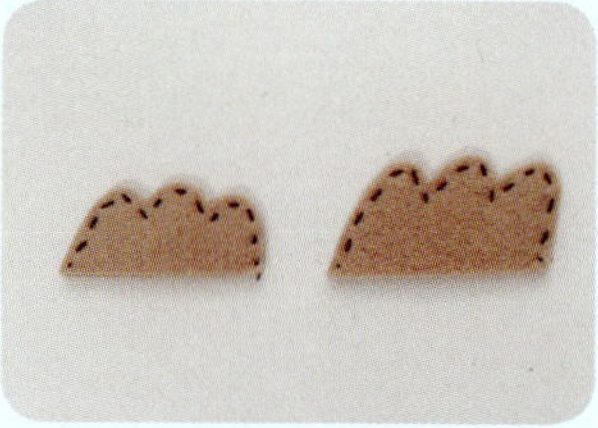

❷ 지느러미를 홈질한다.

❸ 솜을 조금 넣는다.

❹ 몸통 두 장 사이에 위, 아래 지느러미를 끼워준 후 테두리를 홈질한다.

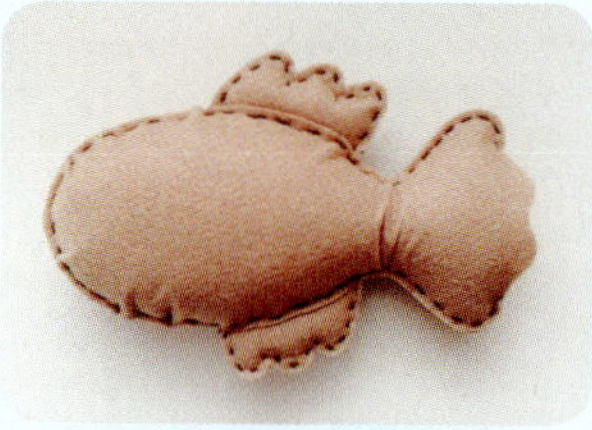

❺ 몸통에 솜을 넣은 후 테두리 바느질을 마무리한다.

❻ 기화펜으로 비늘과 얼굴을 대략 스케치한다.

❼ 선을 따라 홈질한다.

❽ 피그마펜으로 눈을 그려 완성한다.

3 펠트지에 글씨 넣기

준비물 | 전사지, 가위, 펠트지, 다리미

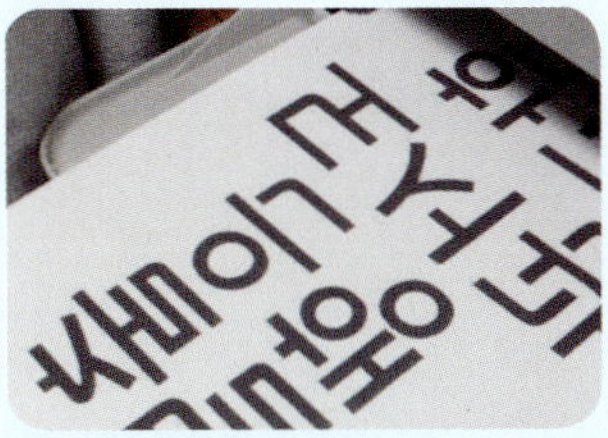

❶ 전사지에 그림이나 글씨를 좌우 반전하여 인쇄한다.

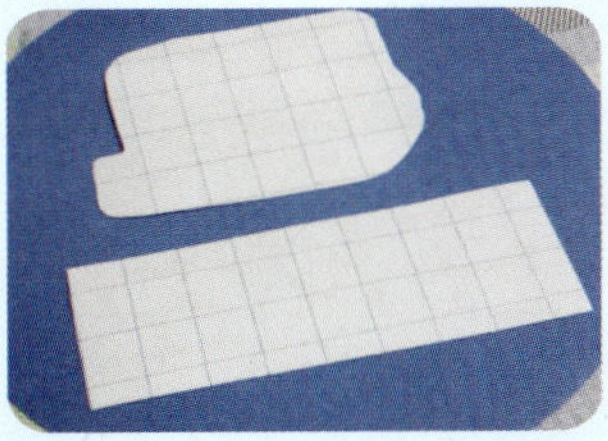

❷ 자른 펠트지에 전사지를 배치한다.

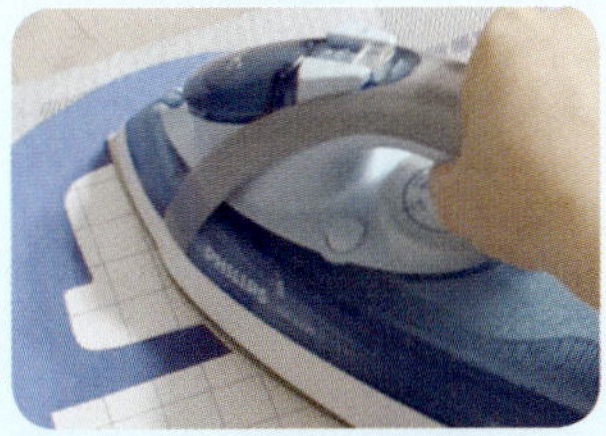

❸ 펠트지 위에 다리미질을 한다.

❹ 열기가 식으면 전사지 종이를 살살 벗겨낸다.

〈전사지를 활용한 교구〉

(3) 자석을 활용한 제작의 기초

자석을 활용하여 교재교구를 제작할 때에는 자석의 특징을 잘 이해해야 한다. 자석의 종류, 붙이는 판을 적절한 것으로 선택하고 자석을 매체에 잘 붙이는 것도 필요하다. 다음의 내용에서는 우드락에 자석을 넣어 카드 만드는 방법과 함석판을 이용하여 판을 만드는 방법, 칼심이나 클립을 활용하는 방법을 제시하였다.

1 우드락에 자석 넣기

준비물 | ND자석, 우드락, 글루건, 한지

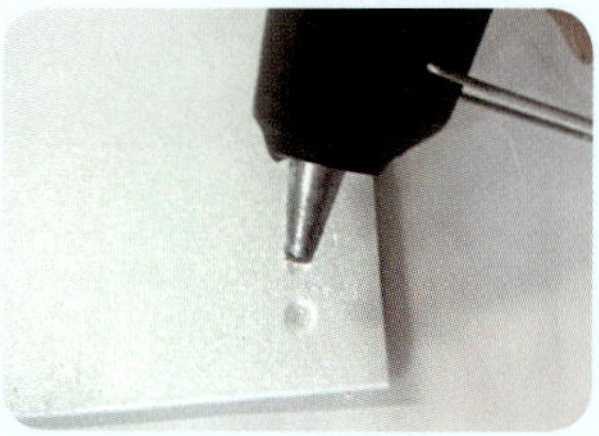

❶ 글루건을 예열한 후 우드락을 살짝 눌러 자석 넣을 부분을 녹인다.

❷ 자석을 넣을 부분에 글루건을 살짝 쏜 후 자석을 넣는다.

❸ 자석을 넣은 후 한지로 마감한다.

TIP! 시간이 지남에 따라 자석이 떨어질 수 있으므로 한지 두세 겹 정도를 사용하여 꼼꼼히 마감한다.

2 함석판을 이용한 판 만들기

준비물 | 함석판, 함석가위, 하드보드지, 폼보드, 양면테이프

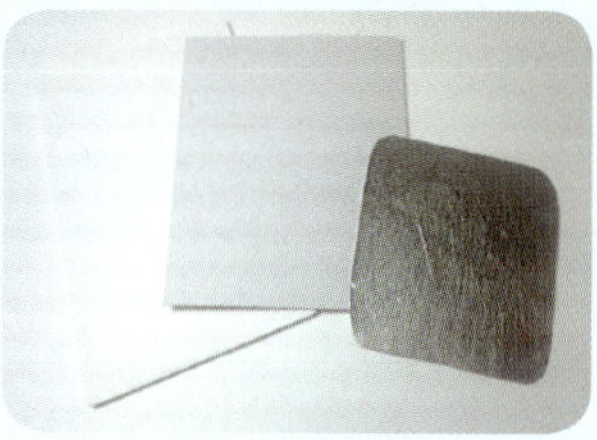

❶ 함석판 모서리를 둥글게 자른 뒤 함석판 모양을 따라 하드보드지 틀을 만든다.

❷ 양면테이프를 이용하여 함석판과 하드보드지를 폼보드에 붙인다.

❸ 그 위에 목공본드를 사용하여 한지를 두 겹 정도 붙인다.

TIP! 일반 가위로 함석판을 자르기는 쉽지 않다. 함석판을 자를 때는 손을 다치지 않도록 조심한다.

③ 칼심이나 클립 활용하기

준비물 | 칼심이나 클립, 하드보드지, 한지

❶ 폼보드를 가사판 크기로 자른 뒤 칼심을 붙인다.

❷ 칼심 위에 종이를 덧대고 한지를 붙인다.

〈칼심 활용한 가사판 만들기〉

(4) 다양한 방법을 활용한 제작의 기초

그 밖에도 교재교구를 제작할 때에는 다양한 방법이 많이 활용된다. 그중에서도 평면동화나 동시에서 많이 활용되는 낚싯줄로 움직이는 자료 만드는 방법과 돌림판 만드는 방법, 열선 커터기로 우드락 오리기 등의 방법을 제시하였다.

① 낚싯줄로 움직이는 자료 만들기

준비물 | 낚싯줄, 배경판, 송곳, 색지, 글루건, 가위

❶ 움직임을 주고자 하는 시작점과 끝점에 송곳으로 구멍을 낸 뒤 낚싯줄을 넣는다.

❷ 낚싯줄에 움직이고자하는 그림의 뒷면에 테이프를 이용하여 낚싯줄에 붙인다.

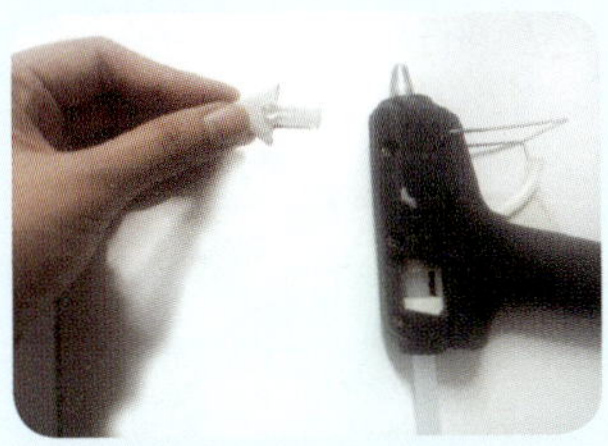

❸ 낚싯줄을 그림 자료 뒷면에 묶어 연결한다. 매듭 부분을 잡고 움직여본다.

TIP! 낚싯줄을 뒤에서 묶은 매듭에 클립이나 단추, 색테이프를 이용해 손잡이를 만들어주면 조작이 더욱 용이하다. 움직이는 방향성을 화살표로 표시해두면 좋다.

② 돌림판 만들기

준비물 | 할핀, 송곳, 하드보드지 또는 우드락, 화살표

❶ 돌림판 중심에 할핀 아랫부분이 들어갈 수 있는 만큼의 구멍을 낸다.

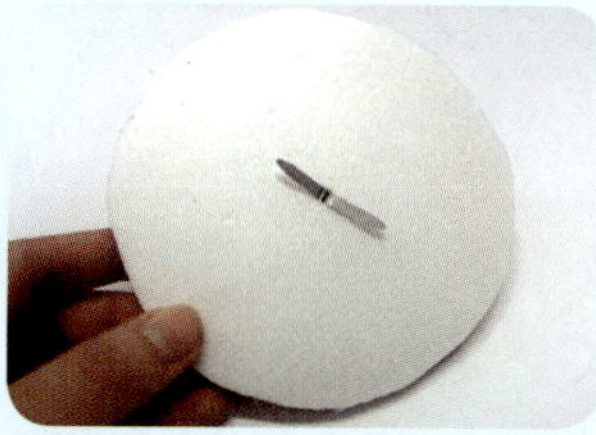

❷ 화살표를 끼운 할핀을 돌림판에 꽂아 고정시킨다.

〈돌림판〉

TIP! 화살표와 돌림판 사이에 얇은 두께의 하드보드지 등을 끼워 화살표가 잘 돌아갈 수 있도록 한다.

③ 열선 커터기로 우드락 오리기

준비물 | 우드락, 오려야 하는 글자 또는 그림, 열선 커터기

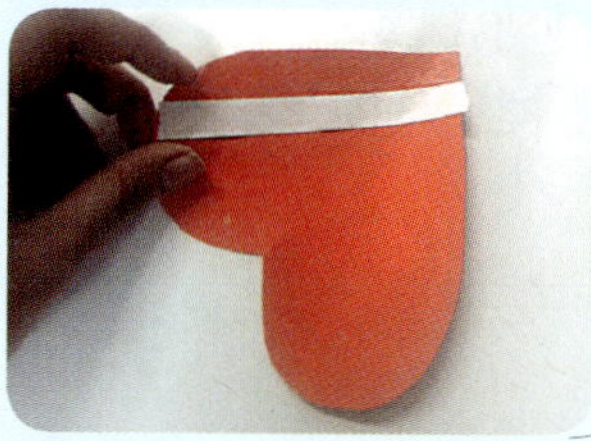

❶ 글자 또는 그림 뒤에 양면테이프를 꼼꼼히 붙인 후 우드락에 접착한다.

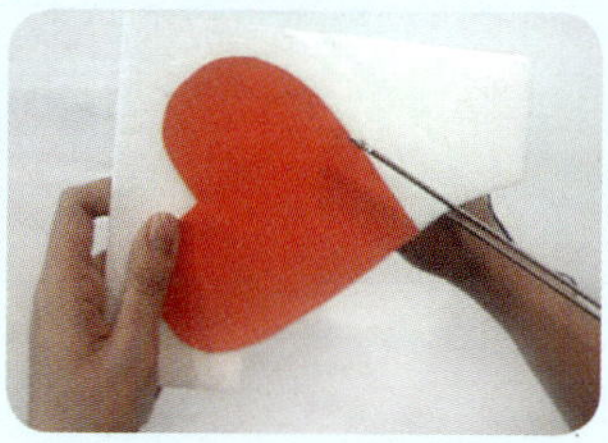

❷ 열선 커터기를 살짝 예열한 후 직각으로 세워 모양대로 우드락을 자른다.

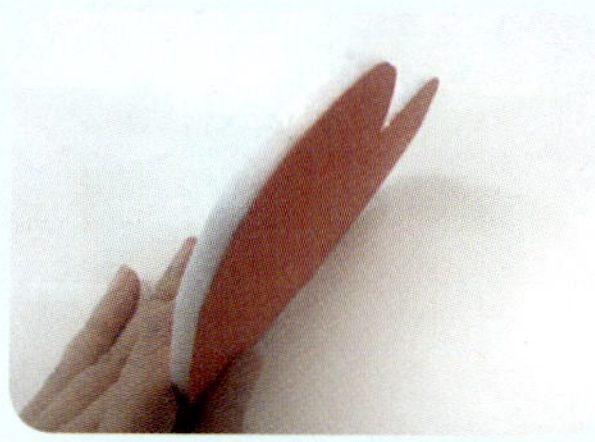

❸ 중간에 멈추면 우드락이 빠르게 녹으니 한 번에 오리는 것이 깔끔하다.

(5) 디지털을 활용한 제작의 기초

최근 유아교육 현장에서 디지털을 활용한 교수매체들이 제작되고 있으며 디지털 기반의 놀이지원도 활발히 이루어지고 있다. 유아교육 현장에서 디지털 활용은 유아의 놀이지원을 위한 중요한 수단이 되고 있으며, 디지털 활용을 통해 일상생활, 놀이, 활동 전반에 걸쳐 유아들의 능동적이고 주도적인 참여를 높일 수 있

다. 앞으로 디지털 시민으로 성장하는 유아들에게 디지털 환경 마련 및 디지털 역량 강화를 위한 지원이 필요하다(교육부, 2021).

유아의 디지털 기반 놀이란 디지털 기반 놀이환경에서 유아가 디지털 기기나 매체, 앱 또는 디지털화 된 자료(글, 그림, 사진, 영상 등), 온라인 콘텐츠 등을 활용하여 스스로 놀이하며 배우는 경험을 의미한다(교육부, 2021). 또한, 온라인 교육 콘텐츠는 유아교육기관에서 유아를 대상으로 놀이와 배움을 지원하기 위해 인터넷을 기반으로 개발된 이미지, 소리, 동영상, 문자 등의 모든 교육용 자료이다(교육부, 전국 시도교육청, 2022). 이러한 디지털 놀이활동을 지원하기 위해서는 유아가 능동적으로 참여할 수 있는 환경이 마련되어야 하며, 활동 내용이나 방법, 유아의 발달에 적합한 디지털 기기를 선택해야 한다. 또한, 유아들의 일상생활과 탐색적 놀이와의 연계성을 고려한 디지털을 활용한 놀이 지원이 필요하다. 디지털 기기 활용에 대한 유아들의 개인차를 인정하고 존중해 줄 수 있도록 하며 디지털 격차로 인해 차별받지 않도록 해야 한다.

① 미디어북 만들기

파워포인트를 활용하거나 영상 촬영 앱을 활용하여 미디어 동화를 제작할 수 있다. i-누리 사이트의 교육부(2021) 자료에도 디지털 그림책을 소개하며 e-book 만들기, 스톱모션 애니메이션으로 이야기 만들기, 북트랩스 활용 방법 등을 구체적으로 소개하고 있다.

그림책 디지털(i-누리

[그림 3-34] 영상촬영과 편집 앱을 활용한 미디어동화 예시

동영상 편집앱 등을 활용하여 미디어 동화만들기의 제작과정 사례는 다음과 같다.

❶ 동화 내용을 구성하고 필요한 등장인물과 배경을 자른다.

❷ PPT나 앱을 활용하여 표지를 제작한다.

❸ 인물의 움직임을 크로마키로 활용하여 표현한다.

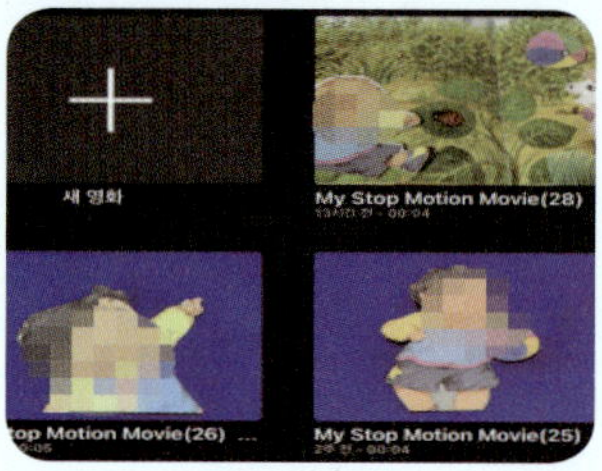

❹ Stop Motion 앱으로 인물의 움직임을 촬영한다.

❺ VLLO, cap cut 등의 앱으로 자막과 음향 효과를 넣어준다.

❻ 완성된 동화 영상 QR 코드를 만든다

2 디지털 놀이 지원하기

구글아트앤컬쳐

국립중앙박물관 VR체

디지털 놀이 지원을 통해 물리적인 공간과 시간의 제한이 없어졌으며 시간과 공간을 초월한 놀이 확장이 가능해졌다. 직접 가지 않아도 공간에 대한 다양한 체험이 가능해짐으로써 경험을 풍부하게 제공하고 놀이로의 연계성을 높일 수 있으며 디지털 놀이환경을 통해 유아들의 능동적인 참여와 주도적인 놀이의 확장이 지원될 수 있다. 예를 들어 구글 아트 앤 컬쳐(https://artsandculture.google.com) 등을 통해 누구나 원하는 장소에서 무료로 전 세계 유수의 미술관과 박물관이 소장하고 있는 작품을 감상할 수 있다.

또한, 디지털 놀이 지원을 통해 유아들은 생동감 있는 풍부한 자료를 활용하여 능동적으로 활동에 참여할 수 있으며, 다양한 디지털 기기를 활용하여 보다 창의적이고 예술적인 표현이 용이해 졌다. 예를 들어 크롬뮤직랩(https://musiclab.chromeexperiments.com) 등을 활용하여 다양한 음악놀이 활동을 지원할 수 있다.

디지털 매체제작을 위한 참고자료

플랫폼	특징	사용 방법 및 QR코드
파워포인트 (PPT)	• 파워포인트 녹음·녹화 기능 등을 사용하여 영상을 만들 수 있음	
캔바 (Canva)	• 저작권 걱정 없이 무료로 디자인 템플릿을 사용할 수 있음 예 PPT, 로고, 배너, 카드뉴스, 유튜브 썸네일 등	
미리캔버스	• 저작권 걱정 없이 무료로 디자인 템플릿을 사용할 수 있음 예 PPT, 로고, 배너, 카드뉴스, 유튜브 썸네일 등	
블로 (VLLO)	• 무료 영상 제작 어플로 스마트폰을 사용하여 쉽게 영상을 제작할 수 있음	
곰캠	• 화면 캡처 및 녹화 프로그램인 곰캠을 이용하여 간단하고 편리하게 플립영상 제작할 수 있음	
클로바 더빙	• 텍스트를 입력하면 음성으로 변환하여 동영상·오디오 파일로 다운로드할 수 있는 TTS(Text to Speech) 서비스임	

출처: 교육부(2020).

소프트웨어 종류	내용
블로	스마트 폰을 사용하여 쉽게 영상을 제작할 수 있는 영상제작 앱이다. 무료로 저작권 문제없는 배경음악과 효과음, 스티커 등을 활용할 수 있으며 워터마크가 남지 않는 장점이 있다.
파워포인트	마이크로 소프트에서 제공하는 시각적 보조 자료를 제작하기 위한 PC용 소프트웨어로, 다양한 목적으로 활용도가 높은 편집 툴이다. 교수 자료로 활용 시 유아들의 이해와 시각적 효과를 높일 수 있는 장점이 있어 유치원에서 많이 활용되고 있다.
키네마스터	스마트폰으로 쉽게 영상을 제작할 수 있는 동영상 편집 어플이다. 무료버전으로도 전문가 수준의 영상편집을 할 수 있으나 추출된 영상에 워터마크가 입력된다.
클로바 더빙	동영상 또는 이미지에 인공지능(AI)기술을 활용하여 자막에 따라 여러 가지 목소리로 더빙할 수 있는 PC용 프로그램이다.
캔바	무료로 다양한 그래픽, 포스터 도안 등을 이용할 수 있는 온라인 디자인 제작 툴이다. 전문가가 아니라도 여러 유형의 디자인을 손쉽게 만들 수 있어 활용도가 높다.
미리캔버스	캔바와 함께 많이 사용되는 무료 온라인 디자인 제작 툴이다. 저작권 문제없이 여러 유형의 디자인을 손쉽게 만들 수 있어 활용도가 높다.

출처: 교육부(2021).

4장
교재교구의 활용

1 놀이지원을 위한 교재교구

1) 유아를 위한 놀이자료

개정 누리과정에서는 유아가 자신의 흥미와 관심에 따라 자유롭게 참여하고 주도하는 놀이를 강조한다. 유아가 주도하는 놀이는 유아가 자신만의 방식으로 자유롭게 이끌어가는 놀이를 의미한다. 교사는 놀이에 대한 이해를 바탕으로 유아가 주도하는 놀이를 지원할 수 있어야 한다.

유아는 또래들과 놀이하는 가운데 자신의 유능감도 드러내고 즐겁게 배우며 그를 통해 성장해 나간다. 유아는 놀이를 통해 자신이 경험한 세상을 재구성하며 세상에 대한 이해를 넓혀 나간다.

유아가 주도하는 놀이는 성인의 간섭과 통제가 최소화되고 유아가 다양한 놀이 환경과 만날 때 활발하게 나타난다. 따라서 실내의 제한된 흥미영역에서 교사가 미리 준비한 놀이를 선택하게 하는 방식보다는 유아가 자유롭게 놀이를 즐기는 방식으로 바꾸어 갈 필요가 있다. 교사는 유아가 주도하는 놀이에서 내재된 의미와 가치를 파악하고 그것을 이해하는 과정에서 유아에게 무엇을 지원해 줄 수 있을지 발견 할 수 있다.

[그림 4-1] 유아 주도적 놀이가 가능하도록 지원해 주는 소품들

교사는 다양하고 안전한 실내외 공간을 구성하고 변형해 나가며 유아의 자유로운 놀이를 지원해 줄 수 있다. 교실의 흥미영역은 유아가 가장 좋아하는 놀이를 중심으로 구성하는 것이 좋으며, 유아들이 흥미를 보이지 않는 영역은 다른 영역과 통합하여 재구성하거나 다른 영역으로 대체하는 것이 좋다. 또한 유아의 관심이나 흥미요구에 따라 새로운 영역을 구성할 수 있으며 이때 유아가 주도적으로 놀이영역을 창조할 수 있도록 지원해 주기도 한다. 교실 밖의 복도나 계단, 구석진 공간 등 유아가 놀이할 수 있는 실내 공간은 안전에 문제 없는지 확인 한 후 놀이 공간으로 구성할 수 있다.

[그림 4-2] 다양한 실내 공간 구성(출처: 양재유치원)

[그림 4-3] 계단 밑의 공간을 적절히 활용한 교실 구성(출처: 부암어린이집)

놀이자료는 유아가 놀이에 사용할 수 있는 놀잇감, 매체, 재료와 도구 등을 포함한다. 유아에게 놀이자료는 자신의 감정과 생각, 상상 등을 자유롭게 표현하는 수단이자 세상에 대한 이해를 넓혀 가는데 중요한 역할을 하는 매개물이다. 교사는 유아에게 일상의 평범한 사물, 자연물, 악기, 미술재료, 그림책, 재활용품 등을 적절히 제공할 수 있으며, 또한 비구조적인 열린 자료를 제공해주어 자신만의 방식으로 놀이할 수 있는 기회를 제공해 주어도 좋다. 놀이자료를 제공할 때는 유아가 충분히 탐색하고 자유롭게 놀이자료를 사용하도록 해주어서 창의적인 놀이가 일어나도 인정하고 존중하는 자세가 필요하다.

유아들은 바깥놀이나 산책을 나갔다가 돌멩이나 나뭇가지, 솔방울 등을 주워 주머니에 담아오기도 한다, 꽃냄새도 맡아보고 곤충을 보며 놀라기도 하고 그림자, 구름 등과 같은 자연현상도 놀이매개체가 될 수 있으므로 매일의 삶 속에서 느끼고 즐기는 부분은 모두 놀이로 연결되기도 한다.

비구조화된 일상용품도 놀이자료 충분히 활용 할 수 있다. 상업적으로 제작되어 판매되는 놀잇감도 많지만 일상생활 속에서 사용되어지는 다양한 소품들도 놀이자료가 될 수 있다. 물질 고유의 색, 형태, 모양 등 다양한 감각도 중요하지만 다른 용도로 제작되어 쓰이는 물건 중에서도 유아들의 놀이에 활용 가능한 트럭덮개용 그물망이나 가방끈으로 쓰이는 대형 고무밴드, 밧줄 같은 느낌의 굵은 노끈, 색깔이 다양한 털실 등도 좋은 놀이자료가 될 수 있다.

[그림 4-4] 비구조화된 일상용품 놀이자료

2) 자유놀이를 위한 놀이영역 구성

유아교육기관은 초등학교와 같이 교과서에 의해 교육이 이루어질 수 없으므로 감각 활동이나 직접이 가능하도록 구체적인 교육자료를 유아들에게 제공해 주어야 한다. 교사는 이를 토대로 발달수준, 특성, 교육과정의 내용에 적합한 교재교구를 제공함으로써 유아에게 보다 교육적으로 적합한 환경을 만들어 주어야 한다. 유아교육기관에서 유아는 제공된 교재교구를 활용하여 또래, 교사, 교구와 함께 상호작용하면서 다양한 경험을 통해 새로운 지식을 형성해 나간다.

흥미영역별 교재교구는 자유놀이에 따라 쌓기놀이, 역할놀이, 언어, 수 · 조작, 과학, 미술, 음률 등 각 영역에서 필요로 하는 자료 등을 준비해 준다. 자유놀이가 이루어짐에 따라 놀잇감이나 놀이자료를 준비해 주지만 유아들의 놀이가 진행되어가는 흐름을 보면서 필요에 따라 영역을 넓혀주기도 하고 다른 영역과 연결시켜 놀이가 이루어지도록 하며 2-3개 영역만 두고 나머지 공간은 자유놀이가 일어나도록 교실 공간을 여유있게 구성해 주어도 좋다.

[그림 4-5] 자유놀이를 위한 다양한 놀이자료

적절한 교재와 교구가 갖추어진 유치원과 어린이집의 물리적 환경은 프로그램의 질적 수준에 영향을 미치는 중요한 요인이다. 유아의 교수-학습을 지원하기 위해 실내에 쌓기놀이 영역, 언어 영역, 역할놀이 영역, 수 · 조작 영역, 과학 영역, 음률 영역, 미술 영역 등의 흥미 영역을 구성하여 신체운동 · 건강, 의사소통, 사회관계, 예술 경험, 자연탐구 등을 다양한 활동으로 전개할 수 있도록 한다. 흥미 영역에 제시되는 활동이나 자료는 주간 및 일일 주제와 관련되도록 한다. 또한, 게임, 발표, 토의, 관찰, 실험, 조사, 현장 체험 등 다양한 유형의 활동과 연계되도록 하여 유아의 놀이를 심화시킬 수 있도록 운영한다. 흥미 영역 구성과 배치는 1년에 3~4회 위치를 바꾸어 변화를 유도할 수 있으며, 유아들과 의논하여 자율적으로 정할 수 있다.

반일제 프로그램인 경우에는 유아들이 도착하여 한 시간 정도 자유놀이를 하는 경우가 많으며, 방과후 과정을 운영하는 기관에서는 좀 더 시간적 여유를 가지고 오전 활동과 반복되지 않도록 효율적으로 운영하기도 한다.

따라서 자유놀이는 주제를 연계하는 또 하나의 활동이라고 볼 수 있으며, 자유놀이를 하는 동안 유아는 유아 스스로 자신의 흥미에 따라 활동을 계획하게 된다. 어느 누구에게도 방해받지 않고 자신의 선택에 의해 계획하고, 실행하고, 평가하는 과정이 이루어지는 시간이다. 또한, 또래의 다른 유아들과 상호작용을 해가면서 인간 관계에 필요한 기술도 익히게 된다.

자유놀이에 제시되는 교재 · 교구는 개별적으로 활동하거나 2~4명 정도의 유아들이 함께 사용하기에 적합한 크기여야 한다. 주제에 맞게 새로 제작한 교구나 구입한 교구가 있으면 유아가 모두 모여 대집단활동을 할 때 소개한 후 자유놀이 영역에 비치해준다. 유아들이 다루기에 주의를 요하는 교육자료나 게임의 방법이 독특하여 사용법이나 교구 활용법에 대해 소개가 필요한 경우 간단하게 소개하여 자유놀이를 계획할 때 사용해보도록 유도한다. 자유놀이용 교구는 유아 혼자서도 사용할 수 있도록 활동방법, 정리용 바구니 등이 포함되도록 제작한다[그림 4-6].

[그림 4-6] 자유놀이를 위한 조작놀이용 교구

자유놀이를 위한 교구는 교사의 도움 없이 유아가 혼자 혹은 친구들과 함께 교구를 사용하거나 판게임을 하고 놀게 되는 경우가 많다. 그러므로 교사가 각 영역에 비치할 목적으로 교구를 제작할 경우에는 교사의 도움 없이 교구를 사용할 수 있도록 세심한 주의를 기울여야 한다. 즉, 글자를 모르는 유아를 위해 글자 밑에 그림을 그려주던지, 게임 교구일 경우에는 단서가 될만한 부분에 같은 색의 배지를 대주어서 힌트를 줄 수도 있다. 보충 설명이 필요하거나 자세한 자료가 필요한 경우에는 소책자 등을 만들어 함께 제시해 주면 좋다. 글자와 그림이 함께 들어가게 만들거나 소책자도 같이 구비해주면 좋다.

(1) 쌓기놀이 영역

쌓기놀이 영역은 여러 가지 크기와 모양, 다양한 재질의 블록과 소품을 이용하여 어떤 사물을 구성하거나 구조물을 쌓거나 꾸며보는 등의 과정을 경험하는 영역이다. 유아는 쌓기놀이를 통해 다양한 구성 활동을 하면서 관찰력, 측정 기술, 원인과 결과에 대한 사고력 등을 기를 수 있다. 쌓기놀이 영역은 활동적이고 소음이 발생하는 영역이므로 언어나 과학 등 정적인 영역과는 떨어져서 배치하는 것이 좋으며, 소음 방지를 위해 바닥에 카펫을 깔아준다.

쌓기놀이 영역		
블록류	소품류	
	각종 모형 및 보조자료	기타
유니트 블록, 우레탄 블록, 종이 벽돌 블록, 나무 블록, 스펀지 블록, 탑 블록, 헝겊 블록, 끼우기 블록, 코코 블록, 레고 블록	교통기관, 사람, 식물, 동물, 지역 사회기관 모형류, 교통표지판, 운전대, 수레, 널판지류	책, 화보, 활동카드 등

[그림 4-7] 쌓기놀이 영역의 다양한 소품류을 활용하여 놀이하는유아들

(2) 역할놀이 영역

역할놀이 영역은 유아가 가족이나 성 역할 뿐 아니라 우리 사회의 다양한 직업이나 구성원의 역할을 상상놀이 및 사회 극놀이 등을 통해 경험하는 영역이다. 유아는 역할놀이를 통해 자기중심적인 사고에서 벗어나 자신과 다른 사람의 생각과 감정을 더 잘 알고 적절하게 상호작용할 수 있으며, 주변 사람이나 공동체에서 함께 살아가는 방법을 익힌다. 역할놀이 영역은 동적인 영역에 배치하는 것이 좋으며, 진행되고 있는 생활주제와 관련된 소품을 제공하여 활동이 더욱 흥미롭고 풍부하게 이루어지도록 한다.

역할놀이 영역
각종 주제별 역할놀이 교구
가족놀이, 병원놀이, 미용실놀이, 은행놀이, 가게놀이, 소방관놀이, 교통기관놀이, 음식점놀이, 결혼식놀이, 방송국놀이, 우주선놀이, 주유소놀이, 우체국놀이 등

[그림 4-8] 역할놀이에 열중하는 유아들과 역할놀이 소품들

일상생활에서 자주 접하는 장소를 나타내는 간판, 역할에 따른 소품과 장치가 함께 제공되면 다양한 구성원의 역할을 해보고 싶은 욕구를 자극할 수 있다[그림 4-8]. 따라서 다양한 실물자료나 주변에서 구하기 쉬운 소품들을 적절히 활용할 수 있도록 한다.

역할놀이 영역은 특별한 주제와 관련한 활동이 전개될 때를 제외하고는 역할놀이 영역에 맞는 교구를 준비해 주지 않고 프린트된 천을 이용하여 특별한 공간을 마련해주면 스카프, 긴 천 조각 만으로도 다양한 활동을 이끌어 내어 자연스러운 놀이가 이루어진다[그림 4-9].

[그림 4-9] 프린트된 천을 역할놀이 소품으로 활용하여 놀이하는 유아들

쌓기놀이 영역과 역할놀이 영역을 가까이에 배치하고 두 영역을 오가며 놀이가 이루어지도록 놀잇감을 제공해주면 공간 활용과 놀이의 풍성함 면에서도 효과적이다. 예를 들어, 목욕탕놀이의 경우 나무 블록이나 종이벽돌 블록으로 냉탕, 온탕, 찜질방 등을 구성하여 공간을 넓게 배치한 후 목욕놀이에 적합한 소품 등을 준비해주면 활동이 풍부하게 이루어질 수 있다.

(3) 언어 영역

언어 영역은 듣기, 말하기, 읽기, 쓰기와 관련된 활동을 경험하는 영역이다. 유아는 언어 영역의 활동을 통해 일상생활에 필요한 언어능력을 향상시키고 올바른 의사소통 능력 및 태도를 기를 수 있다. 언어 영역은 주변의 자극으로부터 격리될 수 있도록 조용하고 안정된 공간에 배치하는 것이 좋으며, 활동주제와 유아의 흥미에 따라 다양한 언어 활동 자료를 비치하고 안락한 의자나 쿠션 등을 두어 편안하게 언어 활동에 몰입하도록 한다.

언어 영역				
말하기 자료	듣기 자료	읽기 자료	쓰기 자료	게임 자료
인형극 틀, 이야기 꾸미기 자료, 동화 자료(막대, 융판, 자석 등), 융판자료, 인형류	다양한 종류의 녹음테이프 또는 듣기자료	각종 도서류(동시, 전래동화, 창작동화, 위인전, 사진류)	칠판,화이트보드, 자석판, 글자 카드, 쓰기도구	언어관련 게임교구, 카드류

[그림 4-10] 언어 영역에서 교구놀이를 하거나 벽면에 붙은 재미있는 글자 찾아보기를 하는 유아들

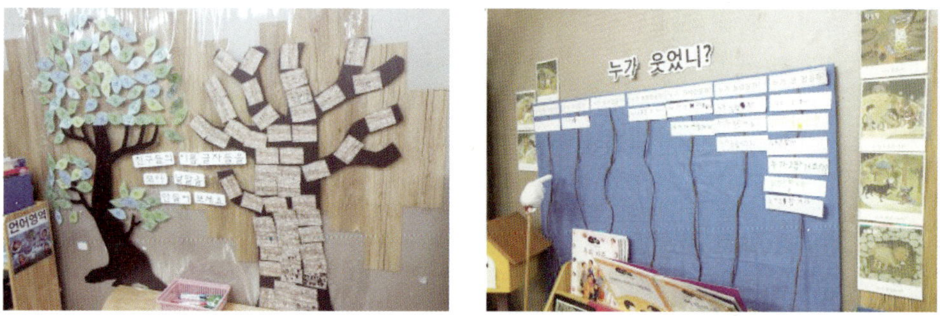

[그림 4-11] 글자를 활용한 벽면 구성

자유놀이를 위한 언어 영역은 주제에 맞는 언어 교구를 제시해주기도 하지만 유아들이 쓴 글을 교사가 꾸며놓은 환경게시판 위에 붙여주어 유아와 교사가

함께 구성하는 환경게시물의 역할도 충분히 할 수 있다. [그림 4-11]은 생활 주제에 맞는 활동을 한 후 유아들의 반응을 글로 써 붙여준 경우이다.

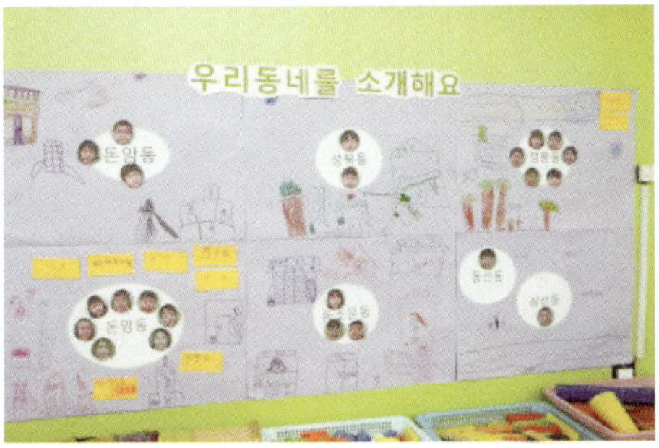

[그림 4-12] 유아들이 쓴 글로 만든 환경게시판

[그림 4-13] 역할놀이와 연계한 언어 놀이자료

[그림 4-12]는 '우리 동네' 주제가 진행될 때 우리 반 친구들이 살고 있는 동네명을 붙여주고 사진이나 글씨는 유아들이 써서 붙여 만든 언어 영역 환경게시물이다. [그림 4-13]과 같이 음식과 관련된 주제를 할 때는 테이블보를 덮은 탁자를 준비해주고 잡지에서 오린 음식 사진이나 글자 카드로 손님상을 차려보게도 하여 언어 교구 중심의 놀이가 아닌 다양한 실생활 중심의 언어 영역으로 변화를 준 자료이다.

(4) 수·조작 영역

수 · 조작 영역은 일대일 대응, 분류, 비교, 서열 등의 수 활동이나 퍼즐 맞추기나 끼워서 구성하기, 간단한 게임 등 논리적 문제 해결, 소근육 조작 등과 관련된 활동을 주로 하는 영역이다. 유아는 수 · 조작 활동을 통해 눈과 손의 협응력과 소근육 발달, 논리 수학적 개념 발달, 문제해결력과 집중력을 향상시킬 수 있으며, 문제를 탐색하고 해결해가는 과정에서 자신감과 자율성을 기를 수 있다. 수 · 조작 영역은 개별적 탐색활동이 많이 이루어지는 곳으로 주의집중이 잘 되도록 조용한 곳에 배치하며, 난이도가 다른 다양한 놀잇감을 준비하여 유아의 발달 수준과 흥미에 따른 수 · 조작 활동이 이루어지도록 한다.

수 · 조작 영역				
조작놀이 자료		수놀이 자료	도형놀이 자료	게임 자료
그림 맞추기 자료	일상생활 자료			
퍼즐류, 도미노 카드류	일상생활 훈련 자료(벨크로 붙이기, 단추 끼우기, 지퍼 올리기), 바느질 하기	분류, 비교, 순서짓기, 측정, 시간, 공간, 도형, 통계, 대응, 수 세기 관련 자료	동그라미 · 세모 · 네모 등 모형류, 입체 도형류, 칠교 놀이류 등	게임도구(판, 주사위, 말 등),카드류, 민속놀이자료(윷, 고누, 오목)

[그림 4-14] 수 · 조작 영역에서 유아들이 놀이에 열중하고 있는 모습

① 조작놀이 교구

조작놀이용 교구는 퍼즐류, 자물쇠 맞추기, 볼트와 너트 맞추기, 도미노 카드류, 일상생활 훈련교구 등이 있다. 퍼즐류는 연령이 어릴 때는 5~10조각 정도의 퍼즐 조각이 좋으며, 차츰 익숙해지면 15~30조각 정도의 퍼즐 맞추기도 할 수 있도록 준비한다.

작은 블록류, 지퍼 올리기, 단추 끼우기 등 일상생활 훈련교구도 마련해주어 소근육을 사용하도록 해준다.

[그림 4-15] 조작놀이용 소품과 놀이에 열중하는 유아들

② 수놀이 교구

수놀이 교구는 수 활동을 위해 1~10가지 셀 수 있는 구체물이나 솔방울 등의 자연물, 크기를 비교할 수 있는 놀잇감, 주사위, 큰 글자로 된 시계 등을 제시해 준다. 개별 활동용 놀이나 소집단 놀이용 놀잇감도 같이 제시해줄 수 있으며, 색깔이나 형태, 크기가 다른 끼우기 블록이나 수 막대기 등도 준비해 준다. 일대일 대응, 분류, 비교, 서열, 부분과 전체, 무게와 부피, 길이 측정, 공간개념에 도움이 되는 자료를 준비해준다.

[그림 4-16] 측정도구로 물건을 측량하거나 물건의 길이를 재고 있는 모습

③ 도형놀이 교구

동그라미, 네모, 세모 등의 도형을 이용한 놀이로 색깔이 선명한 우레탄 소재를 사용해서 도형 모양을 만들거나 하얀색 천 위에 다양한 도형이 들어간 생활용품 그림을 그린 후 같은 도형을 찾아서 판 위에 올려보게 하면 재미있게 도형놀이로 확장할 수 있다.

[그림 4-17] 도형놀이 교구

④ 게임 교구

기억하기 게임이나 색깔 맞추기와 같은 간단한 게임, 생활 주제에 맞춘 판게임 교구 등을 제시해 줄 수 있다. 생활 주제가 교통기관이라면 택배놀이 교구나 지하철놀이 교구 등을 마련해줄 수 있으며, 함께 읽은 그림책의 배경그림으로 교구판을 만들면 손쉬우면서도 유아의 흥미를 유발하기에 좋다.

[그림 4-18] 수 · 조작 영역의 다양한 교구

수 · 조작 교구는 교사가 제작하거나 상품화된 교구를 교실의 영역에 비치하지만, 재활용품을 사용하여 유아가 직접 교구를 만든 것과 함께 영역에 준비해주면 새로운 즐거움이 된다. [그림 4-19]와 [그림 4-20]은 유아가 만든 것이라 견고하지도 않고 색감도 단순하지만, 유아는 자신이 만든 교구라는 점에 의미를 두고 더욱 흥미롭게 활용할 수 있다.

[그림 4-19] 유아들이 만든 길 찾기 놀이교구

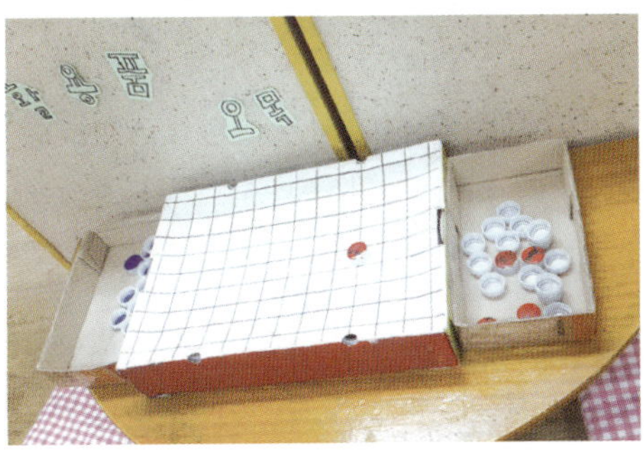

[그림 4-20] 병뚜껑을 이용하여 만든 재활용품 오목

(5) 과학 영역

과학 영역은 여러 가지 과학 기자재를 활용하여 생물과 무생물, 물질의 성질, 자연현상 등 유아가 접하는 자연환경을 관찰 · 실험 · 탐구 · 감상하는 활동을 하는 영역이다. 유아는 과학 영역의 활동을 통해 주변의 환경이나 사물, 생명체에 대해 알고 지속적으로 탐색하고, 과학적인 사고를 형성할 수 있다. 과학 영역은 곤충이나 작은 동물, 식물을 기를 경우 조용하고 햇볕이 잘 드는 안정적인 장소로 물 공급을 쉽게 받을 수 있도록 수도 가까이에 배치한다.

과학 영역		
실험 및 관찰 도구	측정 도구	동식물 관련 도구
돋보기, 거울, 손전등, 프리즘, 확대경, 자석, 비커, 감각상자, 절구 및 절구공이, 핀셋 등	길이, 양, 시간, 온도 측정 도구	동물 사육 도구, 식물 재배 도구

[그림 4-21] 과학놀이 영역

교사는 유아가 좋아하는 동물에 대해 자주 이야기할 기회를 제공하고 작은 곤충에서 큰 동물까지 직접 또는 비디오나 사진 그림책으로 자주 경험할 수 있도록 준비해준다. 자연과 관련된 그림책을 식물과 함께 비치하고 벽면에는 사진 등을 부착할 수 있게 작은 게시판을 마련해준다.

[그림 4-22] 다양한 자료와 연계하여 게시한 과학 영역

관찰과 탐색을 할 수 있도록 관찰대나 자석, 현미경, 확대경, 낙엽, 씨앗, 조개껍데기 등을 계절에 맞게 제시해주면 유아가 자유롭게 탐색해 볼 수 있다.

(6) 미술 영역

미술 영역은 자연과 사물의 아름다움을 체험하고 그리기, 만들기, 꾸미기, 구성하기 등의 활동을 하고 자신의 느낌이나 생각을 자유롭게 표현하며 미적 아름다움을 감상하는 경험을 하는 영역이다. 유아는 미술 영역의 활동을 통해 미술적 아름다움의 요소를 이해하며, 자신의 생각이나 느낌을 표현하면서 성취감을 얻고 정서적인 긴장감도 해소한다.

미술 영역		
그리기 도구	만들기 도구	기타
크레파스, 색연필, 싸인펜, 파스텔, 연필, 붓, 매직, 스탬프, 물감	가위, 접착제류, 테이프류, 펀치, 스테이플러, 글루건, 점토놀이 세트	작업복, 건조대, 이젤

[그림 4-23]처럼, 유아들이 미술 영역에서 공동 작업하여 만든 동물을 어떻게 하면 좋을지에 대해 서로 의견을 나누며 발표하는 시간을 가진 후 바깥 영역에 갖다 놓은 후 보살피는 활동으로까지 연결하여 미술 영역, 이야기 나누기 활동, 바깥놀이 등이 동시에 연결되게 활동을 계획할 수도 있다.

[그림 4-23] 공동 작업한 동물을 실외에 전시하고 즐기는 장면

[그림 4-24] 미술 영역에서 놀이하는 유아들

미술 영역에서 사용하는 재료 중에 종이가 많이 이용되고 있다. 같은 활동이라도 종이가 아닌 석회보드판으로 재질만 바꿔서 제공해주면 그림 그리는 활동이 훨씬 색다른 느낌으로의 작업이 가능해진다.

[그림 4-25] 주워온 솔방울로 미술작업 후 전시하여 감상하게 만든 영역

[그림 4-26] 나비 사진을 활용하여 만든 미술 영역

[그림 4-26]은 유아들과 함께 읽은 그림책에 나오는 나비 그림이나 사진을 모아 '내가 디자인한 천사 날개'라고 제목을 붙인 후 미술 영역에 환경 게시한 형태이다. 미술 영역에서 만든 작품이 그대로 환경게시자료로 활용하여 유아의 미적 감각을 일깨우는 좋은 자료로 활용되고 있는 경우의 예이다. 유아가 사용하기 편하게 색테이프를 준비[그림 4-27]해주면, 투명한 유리병에 색테이프만 감아도 훌륭한 미술 작품이 되며, 멋스럽게 전시해주면 미술 감상의 효과도 얻을 수 있다[그림 4-28].

[그림 4-27] 유아가 사용하기 편하게 준비해놓은 색테이프

[그림 4-28] 병에 색테이프를 감아 만든 유아들 작품을 전시한 형태

다양한 미술활동을 할 수 있도록 선반에 미술용 소품을 마련해 두고[그림 4-29], 미완성 미술 작품은 따로 놓아두는 장소를 마련해 주면[그림 4-30], 나중에 다시 와서 작업을 완성할 수 있게 도와줄 수 있다.

[그림 4-29] 다양한 미술활동을 할 수 있도록 준비해놓은 소품용 병

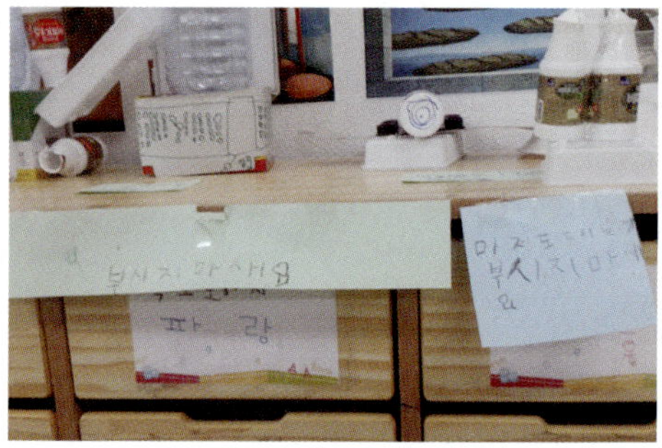

[그림 4-30] 미완성 미술 작품을 모아두어 나중에 완성하도록 배려한 공간

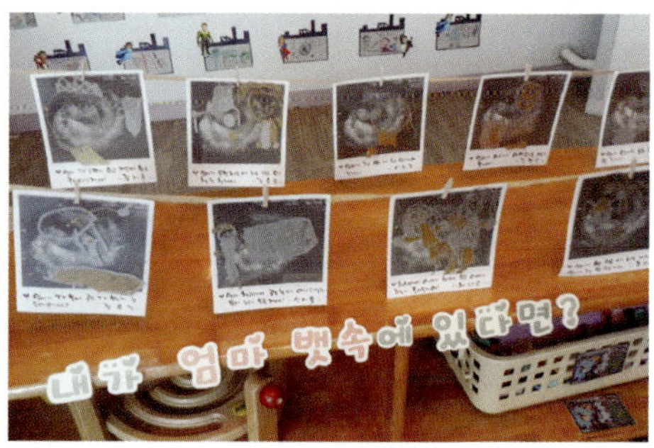

[그림 4-31] 자연물이나 사진 자료를 활용하여 만든 유아용 작품

[그림 4-32] 폐품으로 만든 유아들 작품

[그림 4-33] 유아 신체 그림자를 모아 만든 나무 작품

[그림 4-34] 유아들이 만든 미술 작품의 창의적인 전시 형태

(7) 음률 영역

음률 영역은 생활주변에서 듣는 다양한 소리에 관심을 가지고 탐색하고, 음악을 듣고, 노래 부르고, 여러 가지 악기를 다루어 보고, 음악에 맞추어 자유롭게 몸을 움직이거나 창의적인 신체 표현 활동을 경험하는 영역이다. 유아는 음률 영역의 활동을 통해 음악적 아름다움의 요소를 찾아보며, 음악이나 움직임과 춤으로 표현하고, 음악을 감상하는 능력을 키운다. 다양한 장르의 음악을 듣고 자유롭게 표현해보는 활동이 가능하도록 리듬악기나 교사가 만든 악기, 녹음기 등을 비치하여 원할 때 활용할 수 있도록 한다. 유아들이 직접 만든 마라카스와 수술, 리본 막대, 우드 블록, 핸드벨, 실로폰, 소고 등을 준비해줄 수 있다.

음률 영역		
악기류	감상활동 자료	신체표현 자료
리듬악기류(트라이앵글, 탬버린, 우드 블록, 마라카스, 캐스터네츠 등), 가락악기류(실로폰, 피리, 하모니카, 핸드벨 등), 국악기류(장구, 소고, 북, 꽹과리, 징)	카세트, 음악CD 및 테이프(동요, 고전음악)	리듬막대, 리본막대, 스카프

[그림 4-35] 악기와 가사판으로 전시한 음률 영역

[그림 4-36] 상품화 악기와 함께 전시된 유아들이 만든 재활용 소품 악기

음률 영역에 악기와 가사판을 함께 배치해주면 유아 혼자서도 악기 활동을 해 볼 수 있다[그림 4-35]. 상품화된 악기 이외에 유아들이 재활용품으로 만든 악기도 함께 제시해주면[그림 4-36] 창의적인 음악 활동에 도움을 줄 수 있다.

2 활동지원을 위한 교재교구

활동지원을 위한 대 · 소집단활동은 한 반의 유아 모두를 한 집단으로 모아서 활동을 진행하거나 혹은 2~3개의 소집단으로 나누어 실시하는 집단활동을 말한다. 대 · 소집단활동에서 대집단으로 활동하는지, 소집단으로 활동하는지에 따라 유아의 자리배치와 활동 특성이 달라진다. 특히, 대집단활동은 교사중심으로 진행하는 특성이 강하므로, 교사의 입장에서 준비하는 다양한 교수 매체와 교사의 언어 등 교사중심의 교수학습이 중요하게 고려되어야 한다. 대 · 소집단활동은 교사와 유아가 함께 모여 활동하는 시간으로 이야기 나누기, 동화 · 동시 · 동극, 음악, 신체, 게임, 요리, 현장체험 등의 활동이 이루어진다.

대 · 소집단활동에서 사용되는 교재교구는 교사가 수업을 위한 목적으로 사용하는 경우가 많다. 교사가 유아의 흥미를 돋우고 이해를 돕기 위해 사용하는 교구이므로 교육자료는 유아의 입장에서 보기 편한 크기나 부분적인 움직임도 고려되어야 한다. 교사가 주로 조작하고 사용하므로 낚싯줄, 할핀이나 칼집을 넣어 부분적인 움직임이 있게 하거나, 융판이나 자석판을 사용하여 제작하면 유아의 주의집중을 높이는 데도 도움이 된다. 융판이나 자석판을 교육자료로 활용할 때에는 융판에 붙이는 융판자료나 자석자료의 전체 크기를 고려하여야 한다. 한꺼번에 모두 붙이기보다는 한 번에 하나씩 붙여가며 이야기를 들려주면 붙일 때마다 집중하게 되며, 어느 자리에 붙이고 뗄지 미리 생각해야 전체적인 균형감을 가지고 자료를 붙일 수 있다. 제시된 자료가 많거나 순서가 있는 경우라면 융판자료나 자석자료 뒷면에 스티커로 순서 번호를 붙여두면 수업을 진행할 때 당황하지 않게 된다. 자석자료의 경우 자력이 약하면 떼고 붙이는 중간에 바닥으로 떨어져서 주의를 산만하게 할 수 있으므로 미리 확인해 두어야 한다.

실물자료나 모형자료는 대 · 소집단활동 시 많이 사용하는 자료이다. 학기 초에 기본생활습관 형성을 위해 신발장 사용법을 가르친 후 모형 신발장과 신생아용 신발로 유아의 흥미를 유도하여 활동으로 전개시킬 수도 있다. 견학이나 야외 학습 시에는 실물을 직접 보고 체험하게 되며, 유아가 경험하거나 관찰한 내용을 신문기자활동처럼 구성하여 이야기 나누기 자료를 유아가 만들어 온 것으로 수업에 활용할 수도 있다.

OHP, 슬라이드, 실물화상기, 컴퓨터 등 다양한 교수 매체도 대 · 소집단 수업에 활용하면 효과적이다. OHP나 슬라이드를 활용하여 역할극이나 간단한 막대인형극을 하기도 하고, 실물화상기를 이용하면 보통 크기의 그림책을 크게 확대하여 볼 수 있으며, 나뭇잎이나 칫솔 등 작은 자료도 크게 확대되어 보이므로 유아 전체가 보기 적합하다. 친구들 앞에서 자신이 그린 그림이나 발표 거리를 소개할 때 직접 자료를 들고 말하기에는 어려움이 있거나 부담스러워하는 유아에게는 실물화상기를 활용하면 좋다. 자신의 발표 거리를 실물화상기 위에다 올려놓으면 텔레비전 화면에 크게 보여 이야기를 듣는 친구들이 화면에 집중하게 되므로 발표에 부담을 느끼는 수줍은 유아의 발표에 도움이 되기도 한다.

1) 이야기 나누기

이야기 나누기는 유아교육기관의 교육활동 중의 하나로 교사가 유아들과 대그룹형태로 앉아 이야기를 나누는 것을 말한다. 유아의 경험을 이야기로 친구들에게 들려주거나, 교사가 계획한 이야깃거리를 유아들에게 다양한 매체를 이용해서 정보를 주고받는 시간이다.

이야기 나누기 시간은 교사가 준비한 자료로 수업을 하기도 하고, 유아들이 생활주제에 맞게 이야깃거리를 집에서 준비해 오기도 한다. 유아는 친구들 앞에서 자기가 준비해온 자료를 소개하는 기회를 통해 발표력과 친구들의 이야기를 주의 깊게 듣는 능력도 길러지게 된다.

이야기 나누기 시간은 주로 대집단으로 이루어지는 경우가 많으므로 움직임이 있는 자료나 영상 매체, 광고, 사진 자료 등 유아의 관심을 집중시킬 수 있는 다양한 매체를 사용하는 것이 필요하다. 유아가 이야깃거리를 가정에서 준비해올 때는 가정통신문에 유아의 이름을 넣어서 이번 주에 누가 발표를 담당하는지, 이야깃거리 발표를 위해 어떻게 준비해야 하는지 안내해주면 효과적이다.

[그림 4-37] 이야기 나누기 하는 모습

이야기 나누기 자료는 대집단 수업 시 유아의 참여를 높이기 위해 유아가 나와서 직접 자료를 붙여보게 하는 형식으로 제작된 교구를 활용하면 효과적이다. 건강과 안전 주제에서 다룰 수 있는 내용으로 얼굴 모양을 크게 제작하여 몸에 좋은 음식이나 사진을 붙이면서 이를 튼튼하게 하기위한 방법을 소개할 수도 있다.

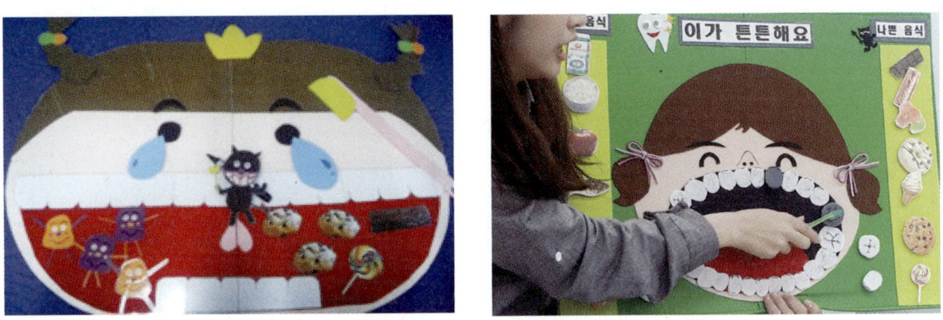

[그림 4-38] 유아들이 직접 붙일 수 있게 제작된 이야기 나누기 자료

2) 동화·동시·동극

유아는 동화나 동시를 듣거나 동극을 해보는 과정을 통해 언어의 울림, 리듬감, 소리의 아름다움을 맛보고 상상력이나 어휘력도 넓힌다. 동화 · 동시 · 동극은 매일의 일과에서 고루 구성되게 생활주제와 관련하여 자주 접하게 하는 것이 좋다.

동화는 유아를 대상으로 한 문학으로 유아는 동화의 주인공을 통해서 간접경험을 하고 상상력도 키우므로 생활주제에 맞게 다양한 동화를 들려주는 것이 좋다. 동화를 들려줄 때는 교사가 직접 구연을 통해 들려주는 것이 좋으며, 컴퓨터 매체를 활용할 경우에는 그림책의 장면에 약간의 움직임을 넣어 제작한 형태나 융판이나 자석판, 낚싯줄 등을 활용하여 움직이는 동화 형태로 제작하여 들려주면 효과적이다.

[그림 4-39] 낚싯줄을 이용하여 부분적으로 움직이게 만든 동화자료와 TV동화

동시는 환경, 인물, 주제, 관점을 가지고 자신의 독특한 어조와 언어적으로 감각적이고 리듬이 있는 운율로 표현한 것으로 동시판을 제작할 때 할핀이나 그림자료 등이 부분적으로 움직이게 제작하여 동시를 들려주기도 한다.

대집단활동을 위한 동시판은 유아가 볼 수 있게 크게 제작하여 반으로 접어 보관하기도 하지만 유아의 주의집중과 흥미를 위해 유아의 창의적인 생각을 교사가 받아써 줄 수 있는 빈칸을 마련하여 동시판을 만들면 수업할 때 유용하다.

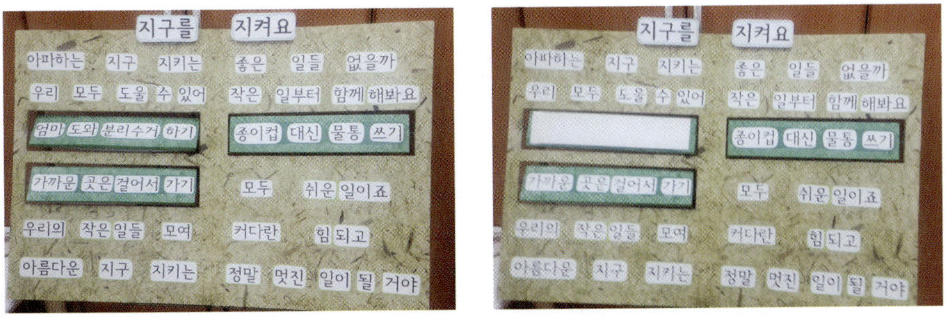

[그림 4-40] 동시의 내용을 바꿔서 적어볼 수 있게 돌림판 형태로 제작된 동시판

[그림 4-41] 3단으로 접을 수 있게 제작한 동시판과 입체감이 느껴지는 동화자료

[그림 4-42] 그림과 모양을 넣어 만든 큰 동시판

[그림 4-43] 보관을 위해 반으로 접어지게 만든 동시판

대 · 소집단으로 동화 · 동시 · 동극을 할 때는 유아들의 참여를 유도할 수 있고, 직접 체험해볼 수 있게 교육자료를 제작하여 수업에 활용해야 한다.

그림책을 함께 읽은 후 그림책의 내용에 간단한 인형극 공연용 소품을 마련해 주면 유아들끼리 막대인형극 공연을 할 수도 있다[그림 4-46]. 동극은 동화의 내용을 중심으로 극화해 보는 활동으로, 이야기를 중심으로 등장인물을 정하고 소품이나 간단한 무대를 유아들이 직접 만들어 공연할 수 있다.

[그림 4-47]과 같이 동물 가면, 자동차 핸들, 머리띠 등을 준비해주어 교사는 동극의 내용에 맞게 나레이터 역할을 하고 유아는 소품을 이용하여 등장인물이 되어 활동해보게 하면 대집단의 단점도 보완하고 유아의 참여도 높일 수 있다.

[그림 4-44] 유아들이 인형극을 관람하고 있는 모습

[그림 4-45] 준비한 소품으로 동극 공연을 하고 있는 모습

[그림4-46] 동화 내용에 맞는 간단한 인형극 공연을 위해 만든 교구

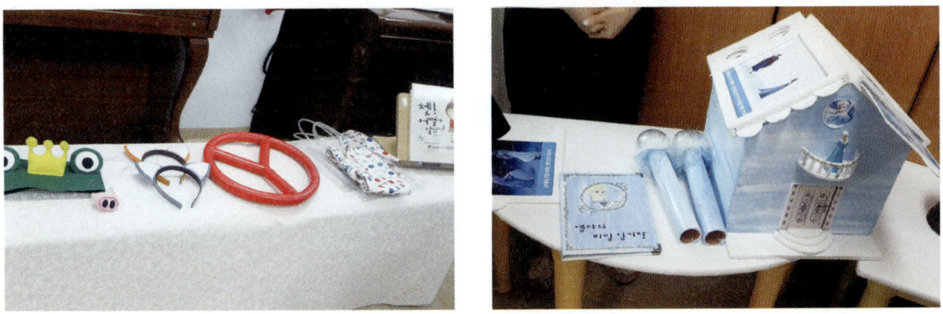

[그림 4-47] 그림책과 연결된 동극 소품들

〈표 4-1〉 교재교구를 활용한 활동계획안의 예

공주의 이는 왜 그렇게 되었을까?			
활동목표	• 이를 건강하게 하는 방법을 안다. • 이야기를 듣고 자신의 생각을 말로 표현한다.		
대상연령	3세	활동유형	대 · 소집단활동 – 동화
활동자료	융판 및 자석그림 이야기판(하얀 이를 가진 공주, 썩은 이를 보이면서 울고 있는 공주), 여러 가지 음식 그림 카드 10장(사탕, 초콜릿, 과자, 아이스크림, 밥, 생선, 멸치, 채소, 과일, 우유)		
사 진			
교구 사용법	① 동화를 들려주며 공주가 먹는 음식 카드를 웃는 얼굴의 입에 붙인다. ② 공주가 먹지 않는 음식은 얼굴 아래쪽에 붙이며 동화를 이어나간다. ③ '검게 썩은 이만 보이고 있었어요.' 의 문장에서는 공주의 입에 붙어있던 음식들을 다 떼고 우는 표정의 얼굴로 바꾼다.		
활동방법	1. 『이빨 썩은 공주』(송경민 글 · 최영아 그림 / 생각자라기)를 들려준다. 2. 이가 썩은 아기 공주에 대해 이야기를 나눈다. – 아기 공주의 이가 왜 썩었을까? – 아기 공주는 어떤 음식을 주로 먹었니? 3. 이가 아팠던 경험에 대해 이야기를 나눈다. – 우리 친구들도 이가 아팠던 적이 있니? – 이가 아팠을 때 어떻게 했니? – 왜 그렇게 이가 아팠을까? 4. 이가 아프지 않게 예방하는 방법에 대해 이야기를 나눈다. – 어떻게 하면 이가 아프지 않게 될까? – 어떤 음식이 이에 좋은 음식일까? – 이는 언제 닦아야 할까? 5. 활동을 평가한다. – 동화를 듣고 어떤 점을 알게 되었니?		
참고사항	– 칫솔 모형과 칫솔을 이용하여 바른 양치법에 대해 이야기 나누고, 점심시간 이후에 직접 양치질해볼 수 있도록 한다. – 실제 음식들을 보며 몸에 좋은 음식과 해로운 음식에 대해 살펴본다.		

3) 음악

음악 활동은 노래 부르기, 음악 감상하기, 악기 연주하기, 소리 탐색하기 등의 활동을 말한다. 유아는 음악 활동을 하면서 새 노래도 배우고, 노래 가사도 바꾸어 부르기도 하며, 노래에 맞춰 율동을 하거나, 다양한 장르의 음악도 감상하고, 음악을 듣고, 신체나 리듬악기로 표현하는 활동을 하기도 한다. 유아가 음악을 감상하고 접하며 심미적 체험을 할 수 있도록 교사는 다양한 매체를 활용하여 계획적이고 체계적으로 준비해야 한다.

대집단으로 새 노래 지도를 할 때에는 컴퓨터 화면을 보며 화면에서 나오는 노래를 그대로 따라 부르게 하는 방법으로 수업하는 경우도 있다. 새 노래 지도를 할 때에는 유아에게 노랫말의 내용을 이야기로 먼저 들려주기 위한 그림 자료가 첨가된 가사판을 만들어 사용하면 유아의 이해를 도울 수 있다. 유아들과 노랫말 내용에 해당하는 그림 자료와 사진 자료를 보며 이야기 나눈 후 그림과 글자가 적당히 혼용된 노랫말이 적힌 가사판을 사용하기도 한다. 일률적으로 내용이 미리 적혀있는 가사판보다는 [그림 4-48]과 같이 유아들과 함께 수박 그림이 그려진 부분은 붙여보고 또 다른 과일로 바꿔서 부를 수 있게 접착식으로 제작하여 활용하면 수업의 참여도를 높일 수 있다.

[그림 4-48] 그림과 글자가 혼합된 형태로 제작한 가사판

대 · 소집단으로 「커다란 무」를 함께 읽고 난 후에 음악을 듣고 신체로 표현하고 음악감상의 즐거움을 느끼게 하는 음악감상 활동을 해볼 수 있다. 준비 자료는 커다란 무 그림 자료, 역할 소품, 「커다란 무」 CD, 카세트 등을 준비하면 된다. 음악감상 활동이라고 음악만 조용히 듣는 것이 아니라, 움직임과 춤을 함께 넣어 음악감상을 즐겁게 하는 것은 물론 음악에 대한 느낌이나 생각을 표현하도록 한다.

[그림 4-49] 「커다란 무」 그림 자료, 등장인물 소품과 CD를 준비한 음악 활동

4) 신체

신체 활동이란 몸을 움직이는 활동으로 크게 기본 운동 활동과 창의적 신체 표현 활동을 포함한다. 유아는 신체 활동을 통해 자신의 신체에 대해 이해하고 주변 공간을 탐색하여 만족감과 성취감을 느낌과 동시에 긍정적 자아개념을 형성하게 된다. 신체 활동은 체계적이고 정확하게 하는 것이 좋고, 창의적인 신체 표현을 위해서는 음악을 사용하거나 적절한 소도구나 소품이 있으면 도움이 된다. 예를 들어, 신체 활동자료로 우리나라 생활주제일 때 상모놀이를 위해 교구를 만들고 신체 활동으로 연결시킬 수 있다.

[그림 4-50] 신체표현 활동을 위한 교재교구에 도움을 주는 소도구나 소품

5) 게임

게임 활동은 주로 편을 나누어서 하는 놀이와 술래를 정해서 하는 놀이로 구분할 수 있다. 편 놀이란 주로 두 집단으로 나누어 정해진 규칙에 맞게 놀이를 한 후 이기고 지는 팀이 생기는 놀이 형태를 말하며, 술래 놀이는 술래로 정한 유아가 다른 유아들을 쫓거나 새로운 술래로 바꾸어가며 하는 놀이를 말한다.

게임 활동이 잘 이루어지려면 교사의 체계적인 준비가 필요하다. 게임방법을 설명할 때 사용하는 자료, 게임을 위한 소도구, 점수판, 스티커, 신체활동을 북돋워 주는 소품, 음악 자료 등 유아의 관심과 흥미를 끌 수 있는 매력적인 교구가 준비되면 놀이 참여가 훨씬 높아질 수 있다.

[그림 4-51] 팀을 나누어 '편지를 배달해요' 게임을 하고 있는 모습

[그림 4-52] 터널을 통과하는 게임을 하는 모습

[그림 4-53] 게임의 흥미를 더해주는 다양한 소품

6) 요리

유아교육기관에서 유아는 '요리'라는 활동을 통해 여러 재료의 질감이나 특성을 탐색하고 요리방법에 따라 재료가 변하는 과정을 보며, 다양한 감각적 경험을 가지게 된다. 또한, 재료를 나누고 수를 세며 양을 비교하고, 분류, 수량화, 순서, 측정 등을 경험하며, 가설 세우기, 실험하기, 새로운 아이디어 내기 등도 경험하게 된다. 예를 들어, 샌드위치 만들기는 비교적 간단해서 어린 유아를 위한 요리활동으로 적합한 활동이다. 이때 샌드위치에 사용되는 실물재료와 요리순서도 등의 매체를 활용하면 좋다.

[그림 4-54] 계란 삶기 활동 후에 직접 계란 껍질을 벗겨 먹어보는 활동

2부

실제편

5장 교재교구의 실제

1. 놀이 흐름에 따른 교재교구의 실제

[활동 1] 뜰채를 활용한 낚시놀이

[활동 2] 고리 던지기를 활용한 자유놀이

[활동 3] 그물망을 활용한 자유놀이

[활동 4] 도로 만들기를 활용한 자유놀이

[활동 1]

뜰채낚시대를 활용한 자유놀이

놀이의 시작

나무 막대와 짚으로 된 그물로 만든 뜰채와 물고기 그리고 다양한 보석들이 있는 부드러운 느낌의 놀이자료를 함께 두었다. 유아들이 처음에는 뜰채와는 상관없이 보석 장식이 있는 놀이자료만을 갖고 놀이를 하였다. 그러다가 뜰채와 놀이자료를 함께 사용하여 놀이하는 모습을 보였다.

놀이 자료 및 제작을 위한 정보

놀이 관찰

재료탐색 거대 물고기 탐색

다양한 색의 천으로 만들어진 물고기의 천을 만지면서 "여기에 있는 천이 부드럽다!"라고 말하면서 웃는다.

재료탐색 물고기와 보물 탐색

남자 유아들은 물고기들과 보석들 중에서 보석 카드를 가지고 "이건 내 보석이야!"라고 말하며 책상에 모아둔다.

자유놀이 뜰채로 물고기 잡기

바닥에 있는 물고기와 보석들을 바다 속에서 잡아 올릴 거라고 말하면서 뜰채로 한 곳으로 모은다. "여기 물고기랑 보석이 엄청 많아 얼른 잡아서 창고로 옮겨야해."라고 말하면서 뜰채로 한 곳으로 모으는 행동을 반복적으로 한다.

뜰채를 넓게 펼치고 천 비늘로 만든 커다란 물고기를 뜰채 위에 올리며 "엄청 커다란 무지개 물고기를 잡았어." 라고 말하면서 교실의 구석으로 가지고 간다.

"이 물고기는 정말 비싸서 어떤 걸로도 못 바꾼데."라고 말하며 보석들과 함께 둔다.

뜰채로 떠올리려고 하는 행동을 반복하다가 잘 떠올려지지 않자 "이건 손으로 잡을 수 있는 거야."라고 말하며 손으로 잡아서 뜰채 위로 올린다.

자유놀이 보물도둑 놀이

한 유아가 구부러지는 뜰채에 보석과 물고기를 담아서 구부린 다음에 어깨에 메고 간다. 뭐하고 있냐는 친구의 말에 유아는 "나는 지금 도둑이야. 보물이랑 물고기를 훔쳐가는 거야"라고 말한다.

한 뜰채 안에 있던 물고기와 보물을 분류한다. 새로운 뜰채에 보물을 옮기고 물고기들은 원래 뜰채에 두고 감싼다. 그리고는 "경찰에게 들키지 않게 잘 숨겨야 해."라고 말하며 역할 영역으로 뛰어가서 구석에 숨긴다.

종합

그동안 낚시와 같은 형식의 물고기 잡이 놀이는 많이 해보았겠지만 뜰채로 떠서 올리는 물고기 잡이 놀이는 처음 해보는 유아들이 관심이 많아 보였다. 놀이를 하면서 뜰채로 잘 퍼지지 않자 유아들이 손으로 물고기를 뜰채에 올리고 뜰채로 밀어서 구석으로 보내는 모습을 보였다. 그리고 뜰채를 뜨는 용도뿐만 아니라 보자기처럼 변형시켜 놀이 하는 것을 볼 수 있었다. 즉, 놀이 하는 방법을 정해주지 않아도 유아 스스로 놀이를 만들 수 있다.

교사를 위한 TIP

- 뜰채에 담을 수 있는 다양한 물품을 교실에 두어서 다양한 놀이가 될 수 있도록 할 수 있습니다.
- 유아들이 놀이를 하는데 한 가지 방법으로만 놀이 하지 않도록 다양한 것을 제공하여 뜰채로 다양한 놀이를 할 수 있도록 해주세요.

[활동 2]

고리 던지기를 활용한 자유놀이

놀이의 시작

일반적으로 볼 수 있는 동그란 고리 뿐만 아니라 여러 가지 모양이 있는 고리와 도넛 무늬로 되어있는 고리를 유아들에게 제공하여 관심을 가질 수 있도록 하고 교실에 두었다. 그러자 유아들은 자신들이 알고 있는 방법대로 놀이 하려고 하는 모습을 관찰할 수 있었다. 시간이 지나면서 다른 놀이로 발전해 갔다.

놀이 자료 및 제작을 위한 정보

놀이 관찰

재료탐색 지지대 퍼즐 맞추기

한 유아가 교실에 놓여있던 커다란 고정 퍼즐을 "와~ 퍼즐이다!"라고 말하면서 퍼즐을 맞추기 시작한다. 퍼즐을 맞추다가 테두리 부분의 색깔 마스킹 테이프를 보고 "아~ 같은 색깔끼리 맞추면 되겠다."라고 말하며 같은 색깔로 맞춘다.

재료탐색 도넛을 냠냠

도넛모양의 고리를 고리던지기에 사용하는 고리로만 보는 것이 아니라 도넛을 먹는 것처럼 "냠냠"소리를 내면서 놀이를 한다. 한 유아가 계속 도넛을 먹으니까 옆에 있던 유아가 "아기야, 도넛을 그렇게 많이 먹으면 배탈나. 그만 먹어."라고 말한다.

재료탐색 도넛이 몇 개 끼워질까?

머리를 동그랗게 묶은 유아가 도넛 모양의 링 하나를 머리에 끼우고 돌려본다. 그 뒤에 "머리에 얼만큼 넣을 수 있을까?"라고 말하며 머리에 계속 끼운다. 머리에 더 이상 들어가지 않자 양팔에도 끼우고 돌리기 시작한다.

자유놀이 도넛 링 던지기

처음에는 위에서 아래로 끼우면서 놀이를 하다가 다른 유아가 와서 끼워져 있던 고리를 빼면서 "여기서 그렇게 넣으면 안돼! 그런 게임이 아니야!"라고 말하며 고리를 모아서 뒤로 간다.

한 유아가 봉 앞에 의자를 가지고 와서 앉아서 "내가 심판이야! 내가 잘 보고 있을 거니까 한번 넣어봐."라고 말하면서 고리를 던지는 유아를 쳐다보고 있다.

놀이확장 봉으로 놀이하기

한 유아가 놀잇감의 봉을 바닥에 짚으며 "할아버지가 지팡이를 짚고 가야해 허허허"라고 말하면서 지팡이 역할로 사용하면서 놀고 있다.

한 유아가 봉을 가지고 놀다가 "이건 기관총이예요. 우다다다다."라고 하며 다른 놀이로 확장하여 놀고 있다.

종합

많이 해보았던 놀이 방법이라서 그런지 유아들이 고리 던지기 놀이를 하는 모습을 볼 수 있었다. 고리가 일반적인 모양이 아니라 도넛이라서 다양한 놀이로 이어질 수 있었다. 같은 놀이 일지라도 자료를 다양한 모양으로 제공해준다면 더 놀이가 확장되어서 나올 수 있을 것 같다.

[활동 3]

그물망을 활용한 자유놀이

놀이의 시작

유아들이 자주 접할 수 없는 재료인 그물을 교실 책상에 펼쳐두었더니 유아들이 그물 주변을 돌아다니며 한 번씩 건들기만 하고 놀이를 해보려고 하지 않는 모습이 관찰되었다. 그러자 한 유아가 "이거 고기 잡을 때 쓰는 그물 같은데?"라고 말하며 자신의 몸에 두르면서 놀이가 시작되었다.

놀이 자료 및 제작을 위한 정보

동대문 시장에서 트럭 덮개용 그물망을 구입하여 그대로 제공해 주어도 좋아요

놀이 관찰

재료탐색 그물 탐색

그물을 넓게 펼치다가 자신의 머리 위로 덮어 쓰면서 "나는 얼굴이 보이는 귀신이다."라고 말하며 친구에게 다가간다.

자유놀이 나는 물고기, 너는 어부

한 유아가 그물을 펼치면서 "OO아, 이리 와서 이것 좀 도와줘."라고 말한다. 그러면서 자신이 생각한 방법을 친구에게 설명하며 놀이를 시작한다. "이렇게 그물을 펼치고 의자에 앉아서 같이 놀이하자!"

놀이 방법을 설명한 유아가 넓게 펼친 그물 위로 올라가며 "내가 물고기니까 얼른 잡아야해."라고 말하자 어부역할을 하는 유아가 온 힘을 다해서 그물을 잡아당겼다. 그래도 끌려오지 않자 "잠깐만 내려와 봐."라고 말하고 그물을 물고기가 된 유아의 몸을 감싸며 "이렇게 잡아도 잡은 거지!"라고 말하며 놀이를 한다. 그러고는 역할을 바꾸어서 놀이를 또 한다.

놀이확장 그물망으로 도넛고리 잡기놀이

뜰채를 가지고 보석을 훔치는 도둑놀이를 하는 유아를 보고 나서는 큰 그물로 물고기 대신 도넛 고리를 그물에 담으며 놀이를 한다.

종합

방법이 정해져 있지 않은 그물을 탐색하며 유아들이 탐색을 통해서 자유롭게 놀이를 만들어가는 것이 돋보였다. 특히 놀이가 진행되며 교실에 있는 놀잇감(예: 도넛고리 등)을 활용하는 모습이 보기 좋았다. 유아들이 자유롭게 놀이를 하면서 친구에게 소개를 하는 모습들 속에서 유아들이 자신의 의견을 표현하고 있는 모습이 자신있어 보였다. 그리고 그물을 이용하여 다양한 놀이를 하는 것을 보고 더 오랫동안 제공했을 때 놀이가 확장될 수 있을 것으로 기대되었다.

[활동 4]

도로 만들기를 활용한 자유놀이

놀이의 시작

흔히 사용되는 펠트지로 만든 도로를 교실의 넓은 곳에 두었더니 유아들이 놀이를 빠르게 시작했고 몰입이 빠르게 이루어졌다. 특히 여자 유아들이 관심을 보이고 놀이를 시작했다.

놀이 자료 및 제작을 위한 정보

도로 뒷면에 미끄럼 방지천을 덧붙이면 자동차를 움직일때 도로가 고정되어 있어 좋아요.

펠트로 모양이 다양한 도로를 만들어 주세요

놀이 관찰

재료탐색 나만의 길을 만들어요

한 유아가 "이건 이렇게 하는 거지."라고 말하며 도로를 연결하면서 놀이를 시작한다. 그러자 다른 유아가 옆으로 와서 "여기는 이렇게 이어볼게."라고 말하며 함께 도로를 만든다. 먼저 만들고 있던 유아가 물웅덩이가 있는 도로를 연결하면서 "여기만 비가 와서 이렇게 젖은 거야."라고 말한다.

도로를 다 이어붙인 후에 한 유아가 교실에 있던 자동차 모형 바구니를 가지고 와서 자동차를 하나씩 꺼내어 도로 위에 자동차를 하나씩 놓는다. 이때 방지 턱이 있는 도로에는 비스듬하게 놓으면서 "여기는 너무 높아서 사고가 날 뻔했데."라고 말한다.

도로에 꽃이 그려져 있자 한 유아가 "여기는 벚꽃 축제를 하고 있어서 차가 막혀."라고 말하면서 자동차를 줄 세운다.

종합

익숙한 형태의 놀잇감이여서 놀이를 바로 시작하는 것 같다. 도로만 제공했던 유아들이 교실에 있던 자동차 모형을 가지고 와서 유아들이 자연스럽게 놀이를 확장 시켜갔다. 뿐 만 아니라 부족한 부분은 사용하지 않는 부분을 가지고 와서 더 연결하여 자신들이 원하는 방향으로 길을 만들어갔다. 놀이 확장을 위한 교실 구성이 매우 중요한 것 같다.

교사를 위한 TIP

- 다양한 놀이로 이어질 수 있도록 다양한 재료들을 준비해 주는 것도 좋습니다.
  ex) 다양한 크기의 자동차 모형, 도시의 느낌을 낼 수 있는 다양한 건물
- 도로의 크기를 크게 하여 유아들이 직접 건너다니며 놀이를 해볼 수 있도록 제공하는 것도 좋습니다.
- 다양한 촉감의 도로를 제공해주는 것도 놀이를 확장이 하는데 도움이 될 수 있습니다.

2. 놀이 지원을 위한 교재교구의 제작 및 활용

1) 유아를 위한 교재교구

[활동 1] 공구놀이
[활동 2] 샌드위치를 만들어요
[활동 3] 옛날 장터 놀이해요
[활동 4] 병원놀이
[활동 5] 땅속에 사는 식물
[활동 6] 씨앗을 모아요
[활동 7] 가족구조를 만들어요
[활동 8] 기쁜 말, 슬픈 말
[활동 9] 모자 쓰고 인사해요
[활동 10] 바르고 고운 말
[활동 11] 세계 모자를 씌워주세요
[활동 12] 무슨 그림일까요?
[활동 13] 풍속화를 만들어요
[활동 14] 같은 과일 찾기
[활동 15] 길을 만들어 슝슝!
[활동 16] 동물 그림자 찾기
[활동 17] 동물 체스 놀이
[활동 18] 북극곰에게 길을 만들어주세요
[활동 19] 완두콩을 세어보아요
[활동 20] 우리나라 밥상차리기
[활동 21] 친환경 자동차
[활동 22] 택배를 배달해요
[활동 23] 자전거를 이용해요
[활동 24] 화전을 접시에 담아요

[활동 1]

공구놀이

기대목표	• 공구에 관심을 가지고 사용법을 알아본다. • 각 도구를 탐색하며 직접 활용할 수 있다.		
대상연령	5세	활동유형	역할놀이
활동자료	드라이버, 망치, 스펜서, 자, 페인트 붓, 톱, 장도리, 공구함		

활동방법

1. 다양한 공구의 이름과 종류, 필요성에 대해 이야기를 나눈다.
   - 집에서 이런 상자를 본 적이 있니?
   - 공구함이라고 쓰여 있네. 공구가 무슨 뜻일까?
   - 이런 도구들이 언제 쓰일까?
   - 왜 필요할까?
2. 교구를 탐색하며 어떤 놀이를 해볼 수 있는지 생각해본다.
   - 이 물건은 어떻게 생겼니?
   - 어떻게 사용할 것 같니?
   - 공구함 안에 다양한 공구들이 있어.
   - 이 공구들로 역할놀이를 한다면 어떤 대화를 할 수 있을까?

   〈게임방법〉
   ① 다양한 공구를 탐색한다.
   ② 공구함 도구의 쓰임을 알고 쓰임에 맞게 놀이한다.

3. 놀이를 통해 다양한 공구의 쓰임을 경험한다.
   - 이런 나사나 못은 이것만 가지고 사용할 수 있을까?
   - 어떤 물건과 함께 사용하면 좋을까?

놀이연계

• 공구를 사용하는 직업과 관련된 역할놀이 소품을 함께 준비하여 다양한 놀이를 지원한다.

준비물 | 펠트지, 심지솜, 솜, 글루건, 바늘, 실, 가위

제작 방법

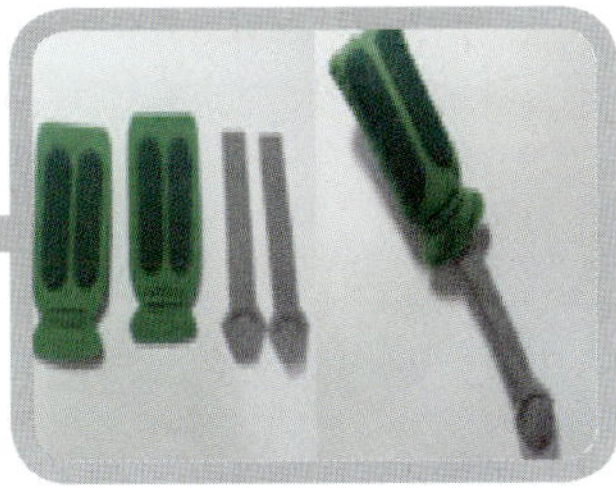

• 드라이버- 펠트지로 도안을 만들고, 조금씩 솜을 넣으면서 꿰맨다.

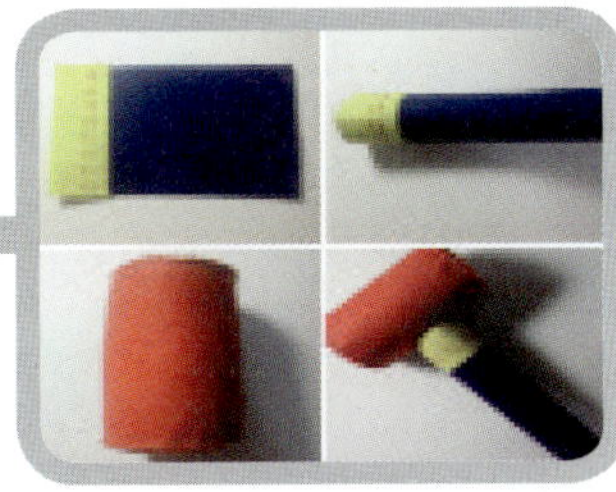

• 망치- 손잡이 부분과 쇠 부분을 따로 만든 뒤 연결한다.

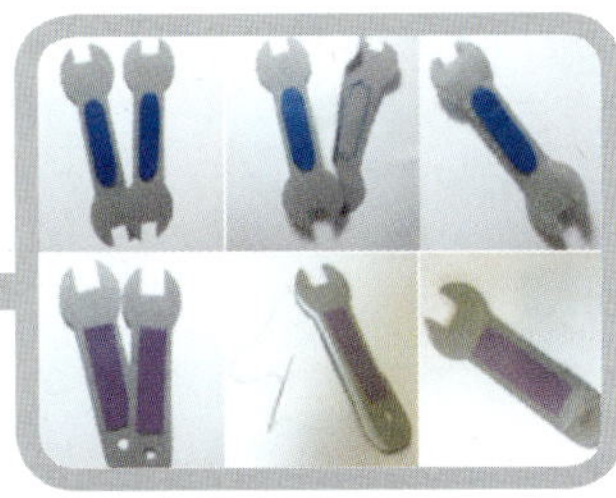

• 스펜서- 심지솜을 스펜서 도안보다 작게 잘라 안에 넣고 꿰맨다.

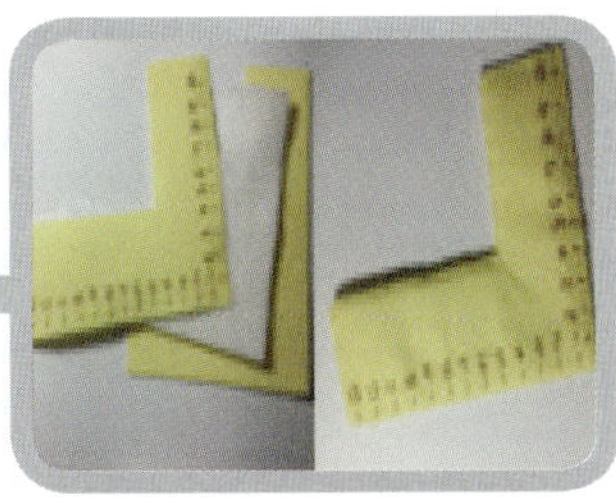

• 자- 스펜서와 마찬가지로 심지솜을 도안보다 작게 잘라 넣고 펜으로 눈금을 그린다.

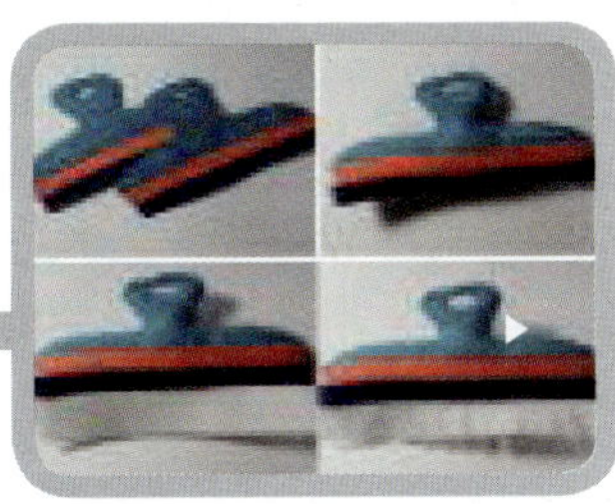

• 페인트붓- 흰색 펠트지를 빗자루처럼 표현해준다.

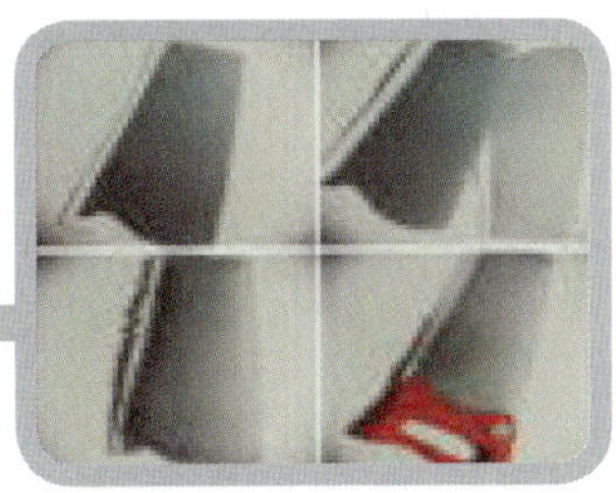

• 톱- 흰색 펠트지를 톱날 모양으로 만든다.

[활동 2]

샌드위치를 만들어요

기대목표	• 활동방법판을 이용하여 자유롭게 샌드위치를 만든다. • 만든 음식으로 음식바구니를 다양하게 꾸며본다.		
대상연령	3세	활동유형	역할놀이
활동자료	빵(밑면, 윗면), 식빵, 양상추, 치즈, 토마토, 고기, 계란, 햄, 피클, 활동방법판, 음식바구니		

활동방법

1. 집 혹은 유치원에서 소풍을 갔던 경험을 이야기 나눈다.
2. 도시락을 쌀 수 있는 음식을 생각해본다.
3. 나만의 샌드위치를 어떻게 만들지 이야기 나눈다.
4. 역할놀이를 한다.

〈게임방법〉
① 활동방법판을 보고 샌드위치를 만들어본다.
② 재료를 가지고 자유롭게 샌드위치를 만든다.
③ 자신이 만든 샌드위치를 가지고 친구들과 놀이한다.

– ㅇㅇ이는 어떤 재료를 넣어 샌드위치를 만들었니?
– 만든 샌드위치로 어떤 놀이를 할까?

5. 활동을 평가한다.

놀이연계

• 내가 만든 음식으로 친구들과 함께 소풍을 가는 놀이를 해볼 수 있다.

준비물 | 펠트지, 심지솜, 솜, 글루건, 바늘, 실, 벨크로,

제작 방법

• 햄버거빵- 뚜껑은 주름을 잡으며 꿰맨다.

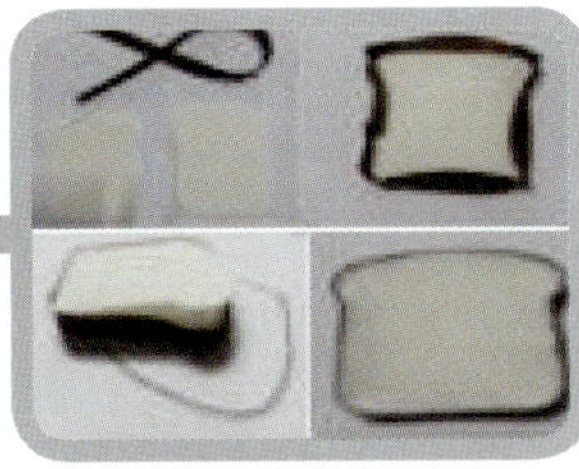

• 식빵- 진한 색으로 테두리를 만들고 솜을 넣어 만든다.

• 양상추- 주름 잡히는 부분을 접어서 꿰맨다.

• 치즈- 같은 모양을 두 장 만들어 꿰맨다.

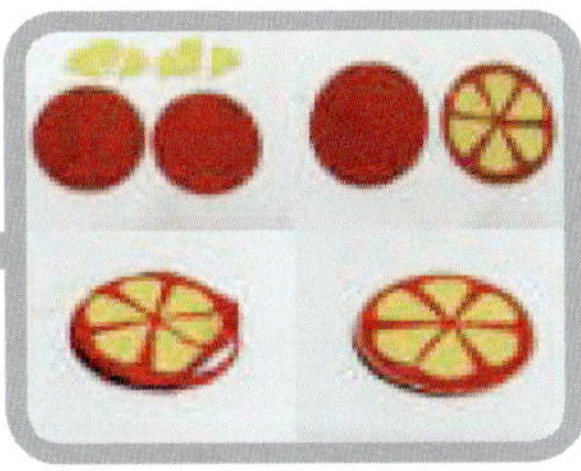

• 토마토- 중간에 심지솜을 넣는다.

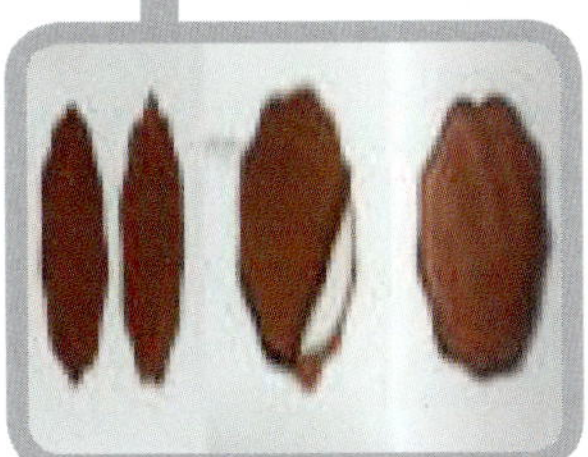

• 고기- 심지솜을 여러 장 넣어 두툼한 고기 패티의 느낌을 살

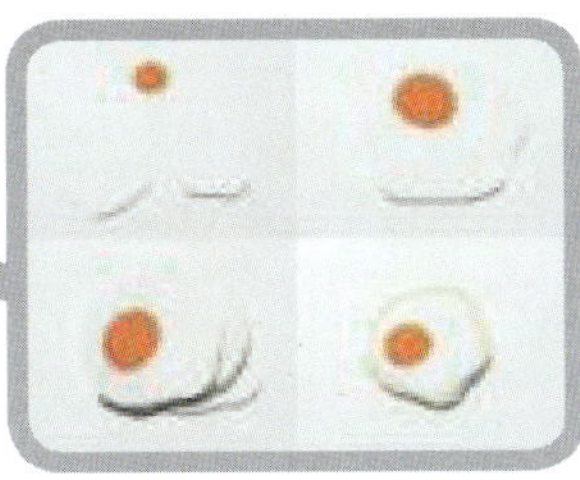

• 계란- 같은 모양을 두 장 만들어 심지솜을 넣고 꿰맨다.

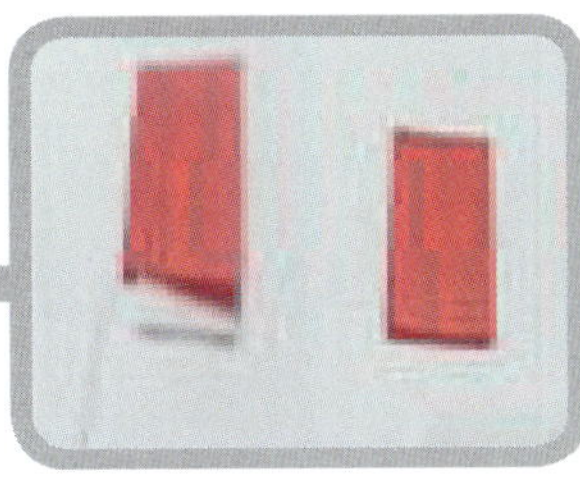

• 햄- 적절한 크기로 재단한 뒤 심지솜을 넣고 꿰맨다.

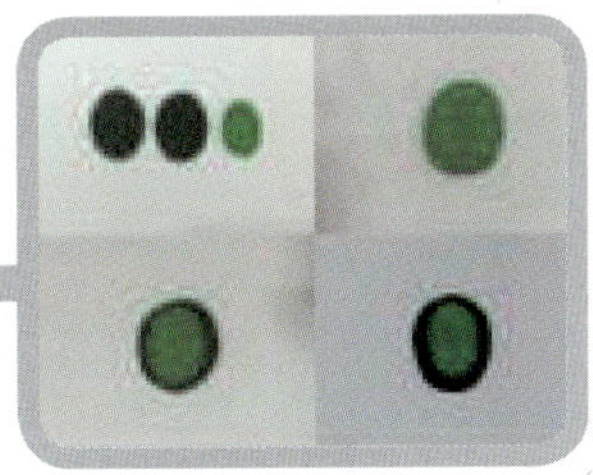

• 피클- 흰색 실로 피클처럼 무늬를 넣는다.

[활동 3]

옛날 장터 놀이해요

기대목표	• 우리나라의 전통과 문화에 관심을 갖는다. • 친구와 함께 역할을 정하고 협력하여 즐겁게 역할놀이를 한다.		
대상연령	5세	활동유형	역할놀이
활동자료	한약방, 비단가게, 떡가게, 장터에 관한 영상자료		

활동방법

1. 옛날 장터와 가게들의 사진을 보며 이야기 나눈다.
   - 시장에 가본 적 있니? 옛날엔 시장을 '장터'라고 불렀대.
   - 아파서 약이 필요할 때 어디를 가니? 옛날에도 약국이 있었을까?
2. 옛날 장터와 지금 시장의 모습을 비교해본다.
   - 현대의 가게와 옛날 가게의 같은 점과 다른 점은 무엇일까?
3. 역할에 맞는 대사와 행동을 생각해본다.
   - 엽전은 어떻게 사용하면 좋을까?
   - 어떤 역할들이 필요할까?
4. 역할놀이를 한다.
   - 필요한 역할을 어떻게 정해볼까?

   〈게임방법〉

   ① 영상자료를 통해 옛날 장터의 모습을 본다.
   ② 역할놀이 교구들을 살펴보며 각 물건의 명칭과 특징을 알아본다.
   ③ 역할놀이를 즐겁게 할 수 있는 방법을 유아들과 함께 생각해본다.
5. 활동을 마무리한 후 평가한다.

놀이연계

- 우리나라 옛 장터의 모습과 현대 시장의 모습을 비교하며 옛날 사람들의 생활에 관심을 가질 수 있다.
- 다양한 역할놀이 소품을 활용하여 옛 장터의 모습을 상상하여 놀이할 수 있다.

준비물 | 광목천, 검은색끈, 폼보드, 페인트, 물감, 아이클레이, 한지, 지끈

제작 방법

• 천을 적당한 크기로 자른다.

• 주머니 모양으로 바느질하고 천을 뒤집는다.

• 한자를 쓴 후, 검은색끈으로 묶는다.

• 폼보드를 알맞은 크기로 자른다.

• 서랍 틀을 완성한다.

• 채색한 후 한자를 써넣는다.

• 항아리에 아이클레이를 덧붙인다.

• 한지를 씌운 후 지끈으로 묶는다.

• 소품을 적절히 배치한다.

[활동 4]

병원놀이

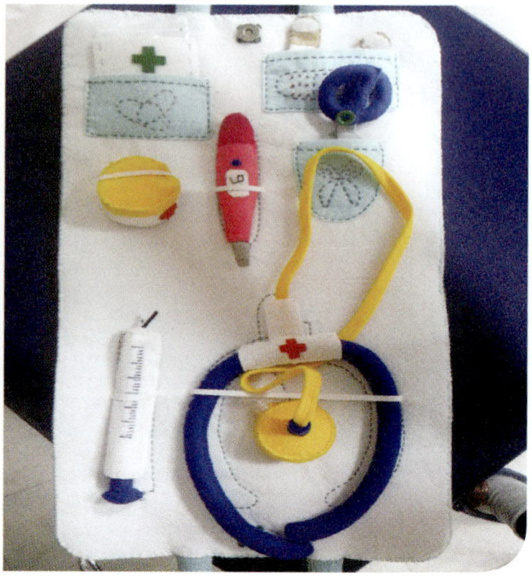

기대목표	• 병원에서 의사와 간호사가 하는 일을 경험한다. • 병원에서 쓰이는 다양한 도구를 사용하여 놀이한다.		
대상연령	3세	활동유형	역할놀이
활동자료	병원놀이 교구(가방, 청진기, 주사기, 체온계, 가위, 약통, 약, 약봉투, 밴드)		

활동방법

1. 병원과 관련된 사진을 보고 병원에서의 경험이나 하는 일에 대해 이야기 나눈다.
   - 병원에 가본 적 있니? 어디가 아파서 갔었니?
   - 어떤 병원에 가보았니?
2. 의사와 간호사가 할 수 있는 말과 행동을 생각해본다.
   - 너희가 의사라면 배가 아파서 온 어린이에게 뭐라고 얘기해줄 것 같니?
   - 간호사는 무슨 일을 할까?
3. 역할놀이의 방법을 유아들이 자유롭게 정한다.
   - 병원놀이를 할 때 어떤 역할들이 필요할까?
   - 의사와 간호사, 환자가 몇 명씩 있는 것이 좋을까?
4. 병원놀이를 한다.

   〈게임방법〉
   ① 병원에서 사용하는 여러 가지 물건을 탐색해본다.
   ② 병원에서 일어날 것 같은 상황들을 생각해본다.
   ③ 환자, 의사, 간호사 역할을 정하여 놀이한다.

5. 활동을 평가한다.

놀이연계

- 역할놀이 영역을 병원처럼 꾸며놓고 다양한 진료 병원으로 확장하여 놀이할 수 있다.
- 의사와 간호사가 되어 직업의 필요성과 구체적인 일에 대해 간접적으로 경험할 수 있다.

준비물 | 펠트지, 심지솜, 솜, 글루건, 바늘 실, 벨크로, 똑딱단추

제작 방법

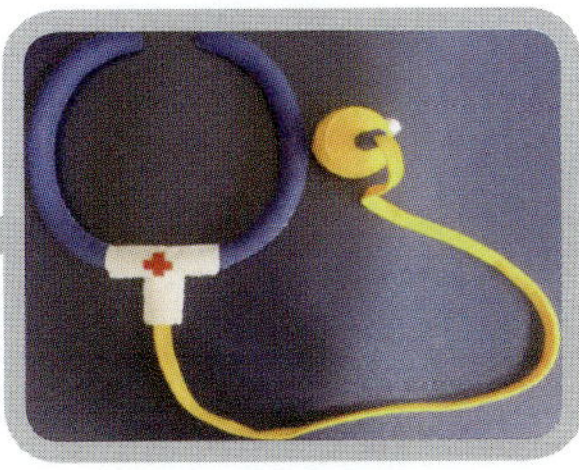

• 청진기- 귀에 걸리는 부분은 솜을 넣어 입체감을 준다.

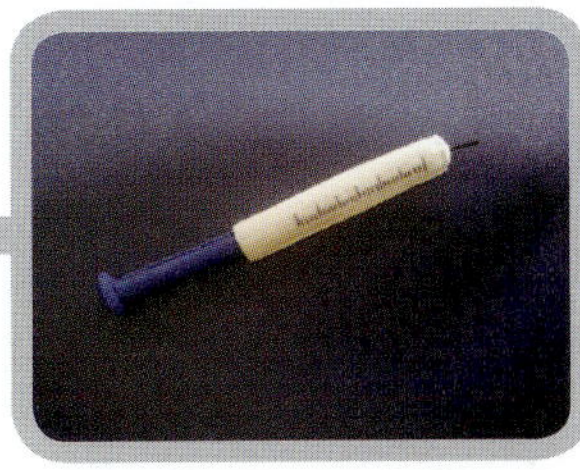

• 주사기- 밀대가 안으로 들어 갈 수 있게 만든다.

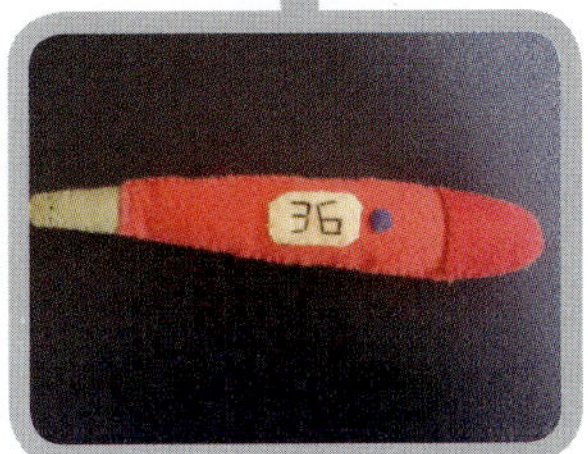

• 온도계- 감침질로 꼼꼼하게 바느질하여 솜이 나오지 않게 한다.

• 약통- 뚜껑이 너무 쉽게 열리지 않도록 딱 맞게 만든다.

• 가위- 손잡이 부분에 솜을 넣어 잡기 편하게 만든다.

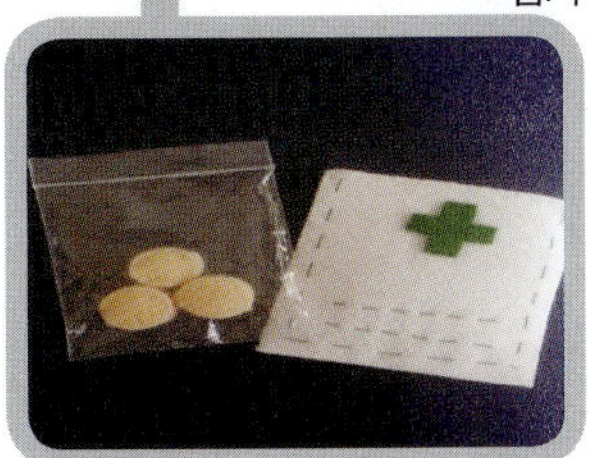

• 약봉투- 실제 약봉투를 인쇄해 만들 수 있다.

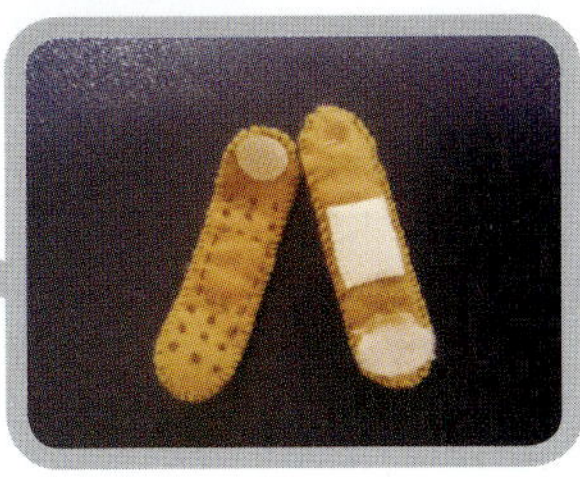

• 밴드- 벨크로를 붙여 접착력을 준다.

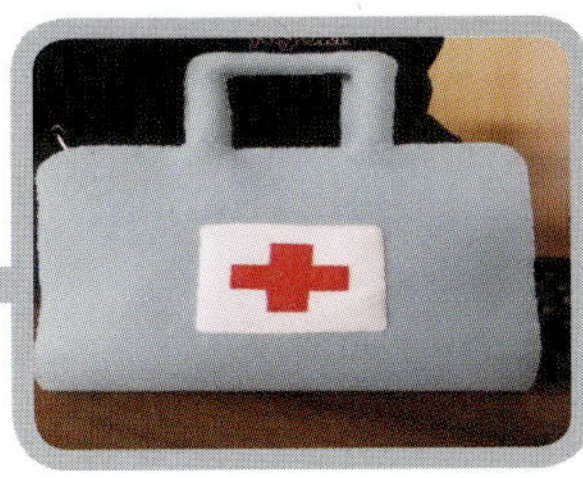

• 모가방- 똑딱단추를 달아 닫을 때 고정되도록 만든다.

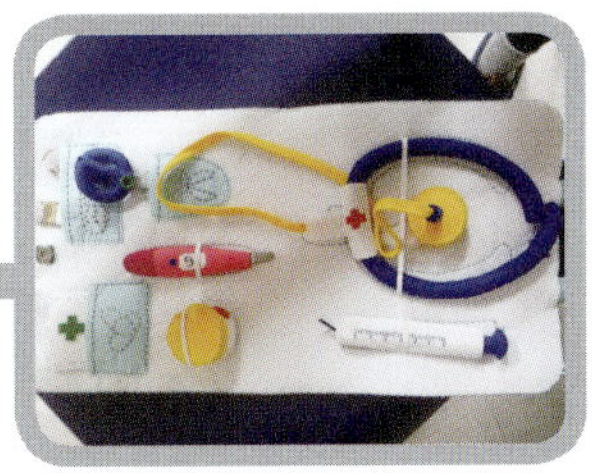

• 흰색 펠트지로 도구들을 넣는 주머니를 만든다.

[활동 5]

땅속에 사는 식물

기대목표
- 땅속에 사는 동물에 대해 알아본다.
- 땅속 동물의 성장 과정에 대해 알아본다.

대상연령 5세 **활동유형** 과학

활동자료 땅속판 교구, 두더지 말, 땅속 동물 공, 성장 과정 카드, 성장 과정 사전

활동방법

1. 땅속 동물에 관한 퀴즈를 푼다.
2. 교구를 탐색한다.
   – 이건 무엇일까? 나무랑 두더지들이 있네. 알 같이 생긴 이 작은 공은 뭐지?
   – (공을 꺼내며) 공을 뒤집어보니 무엇이 있니? 다른 공에도 동물 사진이 있을까?

   〈게임방법〉
   ① 땅속 동물의 공의 색을 두 가지로 정하여 땅속판에 넣어보고, 두더지를 이용해 공을 꺼낸다.
   ② 공 뒷면의 사진을 보고 알맞은 성장 과정판을 찾는다.
   ③ 사전을 보고, 공을 성장 과정 순서대로 나열한다.
   ④ 남은 두 가지 색의 공을 교구에 다시 넣고 같은 방법으로 활동한다.
3. 땅속 동물의 성장 과정을 알아본다.
   – (개미 사진을 보여주며) 개미는 태어날 때부터 이런 모습이었을까?
   – 개미가 애벌레였다가 성충이 되면서 어떤 점이 달라지니?
4. 땅속 동물의 성장 과정을 순서대로 성장카드판에 나열해본다.
   – 땅속에는 또 어떤 동물이 어떻게 자라고 있을까?
5. 활동을 평가한다.

놀이연계
- 땅속 동물에 관련된 서적을 보며 동물이 살아가기 좋은 환경과 성장 과정을 찾아본다.
- 교구에서 볼 수 있는 동물 이외의 땅속 동물을 함께 찾아보고 이야기 나눈다.

준비물 | 펠트지, 부직포, 자석, 아이소핑크, 한지, 스티로폼공, 하드보드지, 아크릴 물감, 우드락, 우드락본드

제작 방법

• 펠트지로 두더지 말을 만든다.

• 아이소핑크로 나무를 조각하여 물감으로 색칠한다.

• 조각한 나무 위에 한지를 말아 붙인다.

• 스티로폼 공에 자석을 붙이고 한지로 감싼다.

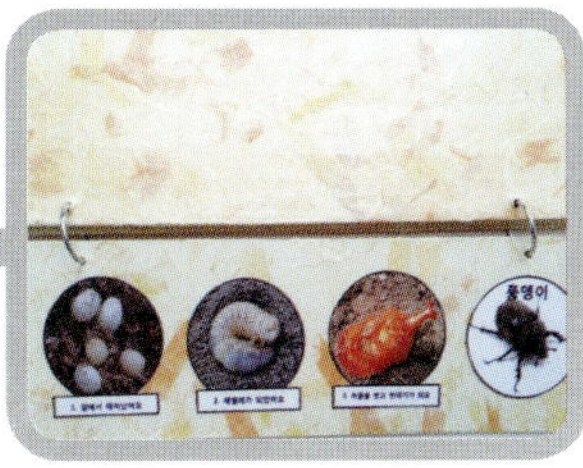

• 하드보드지를 한지로 감싸고 성장 과정 사진을 붙인다.

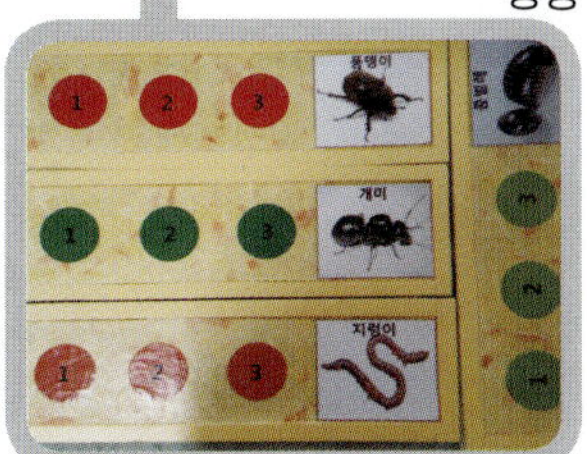

• 하드보드지에 함석판을 대고 한지와 우드락을 붙인다.

• 우드락을 원으로 잘라 5개를 겹친다.

• 구멍을 물감으로 칠하고 한지로 겉을 감싼다.

• 부직포를 원으로 잘라 우드락을 덮는다.

[활동 6]

씨앗을 모아요

기대목표
- 꽃과 씨앗의 특징을 안다.
- 꽃과 씨앗을 연결지어 본다.

대상연령	5세	활동유형	과학

활동자료 씨앗, 씨앗 상자(팔각형 상자), 씨앗 보관함, 꽃 사전, 카드

활동방법

1. 지난 시간에 이야기 나눈 꽃의 특징에 대해 회상한다.
   - 지난 시간에 이야기 나누었던 꽃들의 사진이야. 이름이 무엇일까?
   - 이 꽃의 씨앗이 어떻게 생겼었는지 기억나니?
   - 씨앗을 만졌을 때 느낌은 어땠어?
2. 교구를 탐색한다.
   - 이것들을 가지고 어떤 놀이를 할 수 있을까?
3. 교구의 게임방법을 알아본다.
   - 한 번에 몇 명씩 게임을 할 수 있을까?
   - 게임을 하다가 잘 모르는 경우엔 어떻게 하면 좋을까?
4. 게임을 한다.
   - 게임 순서를 어떤 방법으로 정하면 좋겠니?

〈게임방법〉

① 두 명이 씨앗 보관함을 하나씩 나누어 가지고 게임 순서를 정한다.
② 순서에 따라 카드를 뒤집어서 보고 상대방에게 소리 내어 읽어준다.
③ 카드에 적힌 꽃 또는 씨앗의 특징을 보고, 그 꽃의 씨앗 하나를 자신의 씨앗 보관함에 담는다('한번 쉬세요.'와 같은 지령이 있는 경우 그 지령을 따른다).
④ 카드에 적힌 설명을 잘 모를 경우에는 '꽃 사전'을 보고 찾아볼 수 있다.
⑤ 씨앗 보관함을 먼저 채우는 사람이 이긴다.

5. 활동을 평가한다.

놀이연계
- 유아가 꽃과 씨앗을 비교하며 놀이한다.

준비물 | 폼보드, 한지, 우드락 본드, 나무조각, 씨앗, 꽃 사진, EVA, 머메이드지, 목공본드

제작 방법

- 폼보드를 적당한 크기의 팔각형으로 자른 뒤 한지를 붙인다.

- 상자의 벽, 서랍의 벽이 될 조각을 자르고 그 위에 한지를 붙인다.

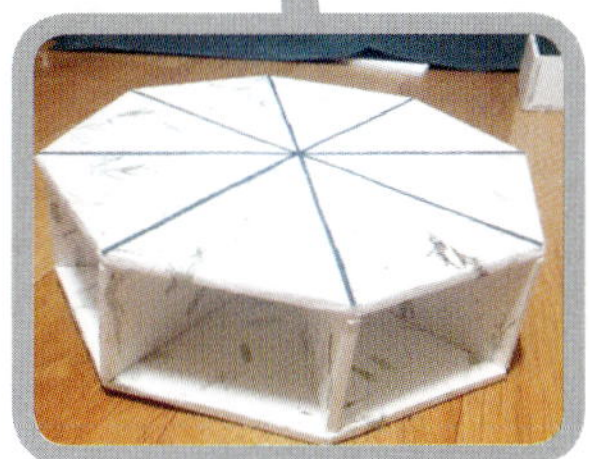

- 두 개의 팔각형 사이에 각 벽조각들을 우드락 본드로 붙인다.

- 상자의 윗면에 꽃 이름, 사진을 붙인다.

- 서랍의 바닥과 앞면을 자른 후 벽면과 붙인다.

- 알맞은 크기의 밑면, 옆면 구간의 벽을 잘라 이어 붙인다.

- 머메이드지에 설명종이를 붙이고 동그랗게 오린 후, EVA 위에 붙인다.

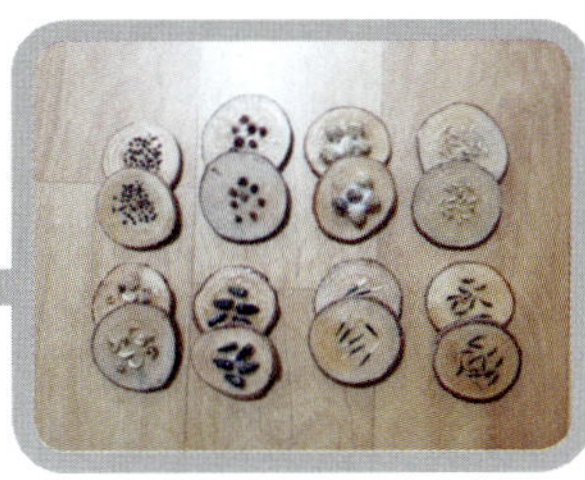

- 나무조각의 한 면에는 씨앗, 반대 면에는 꽃 사진을 붙인다.

- 꽃 사진, 씨앗 사진, 꽃과 씨앗의 특징을 오려 붙인다.

[활동 7]

가족구조를 만들어요

기대목표
- 다양한 가족구성원에 대해서 안다.
- 주어진 카드에 맞는 다양한 가족을 구성하고 게임을 할 수 있다.

대상연령	5세	활동유형	언어

활동자료 뽑기통, 가족구성원 얼굴이 그려진 뽑기공, 가족구성원 그림 카드, 집 모양

활동방법

1. 가족구성원에 대해 이야기 나눈다.
   - 집에서 누구와 함께 살고 있니?
   - 할머니나 할아버지와 함께 사는 친구 있니?
   - 함께 사는 가족은 누구나 같을까?
2. '가족구조를 만들어요' 활동을 해본다.
   - 어떻게 놀이하는 것 같니?
   - 다양한 가족들에 대해서 알아보고 직접 구성해볼 수 있어.

   〈게임방법〉
   ① 가족구성원 그림 카드를 한 장을 뽑는다.
   ② 뽑기통에서 뽑은 카드와 같은 가족구성원을 뽑는다.
   ③ 알맞게 뽑은 공은 집 모양판에 끼운 뒤 뽑은 카드는 가진다.
   ④ 가족구성원을 모두 찾아 집 모양을 완성한다.
   ⑤ 두 명이 함께 놀이할 경우, 카드를 제일 많이 가진 유아가 이긴다.
3. 활동에 대해 평가한다.
   - 가족들을 찾아 집을 완성시키는 놀잇감으로 활동해보니 어땠어?
   - 놀이를 하면서 더 필요하다고 생각된 것이 있었니?

놀이연계
- 가족이 있어 감사한 점에 대하여 '고마운 우리 가족 이야기'로 구성하여 인형극을 한다.
- 유아가 각자 가정에서 가족사진을 가져와 서로의 가족에 대해 소개할 수 있다.

준비물 | 우드락, 한지, 아크릴판, 손잡이, 경첩, ND자석, 스티로폼 공, 아크릴 물감, 목공본드, 열선 커터기

제작 방법

- 우드락을 집 모양판이 될 직사각형과 지붕모양으로 자른다.

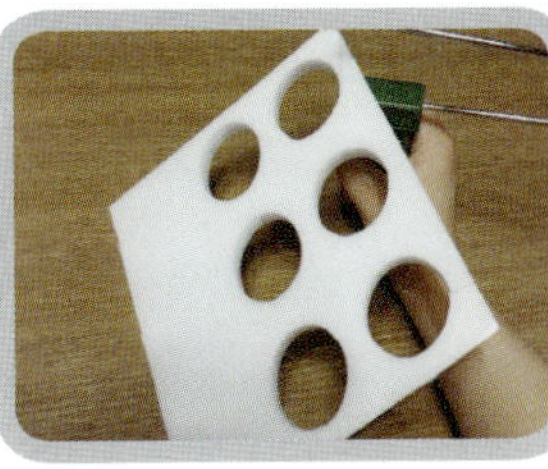

- 열선 커터기로 우드락을 동그란 모양으로 뚫는다.

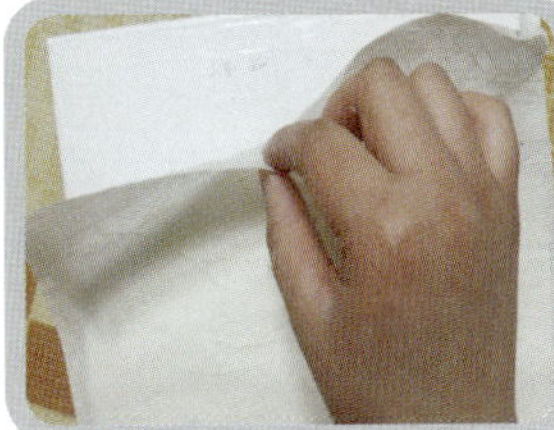

- 한지로 감싼다.

- 집 모양판을 붙인다.

- 뽑기통을 만든다.

- 뽑기통에 한지를 붙인다

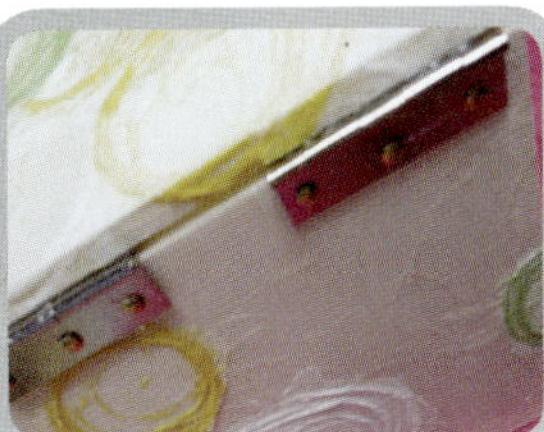

- 경첩과 손잡이를 달고 아크릴판을 붙인다.

- 스티로폼 공을 반으로 자른다.

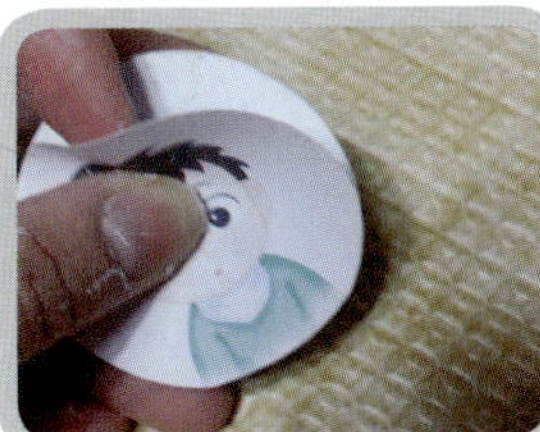

- 구멍을 뚫어 자석을 붙이고 가족구성원 사진을 붙인다.

[활동 8]

기쁜 말, 슬픈 말

기대목표
- 상황에 맞는 바른 말을 안다.
- 대화할 때 바르고 고운 말을 사용하는 태도를 갖는다.

대상연령	4세	활동유형	언어

활동자료 게임판 2개, 주사위 1개, 말 주머니, 카드16장(기쁜 말 카드 8장, 슬픈 말 카드 8장)

활동방법

1. 다양한 상황 그림을 보며 이야기 나눈다.
   - 이 그림을 보니 어떤 상황인 것 같니?
   - 무슨 말을 하고 있을까?
2. 바르고 고운 말을 사용해야 하는 이유에 대해 생각해본다.
   - 친구와 다툼이 생기거나 얼굴 찡그리는 일이 생겼을 때 뭐라고 이야기하니?
   - 우리 반 안에서 친구들과 나눌 수 있는 바른말에는 어떤 것이 있을까?
3. 교구를 탐색하며 활동방법을 알아본다.
   - 이 주머니에 뭐라고 쓰여 있니?
   - 여기에 붙어있는 그림들은 무엇일까?
4. '기쁜 말, 슬픈 말' 활동을 해본다.

   〈게임방법〉
   ① 두 사람이 게임판을 하나씩 나누어 가진다.
   ② 가위바위보로 순서를 정한다.
   ③ 주사위를 굴려 나온 수만큼 말 주머니 카드를 뽑는다(주사위 수 최대 3).
   ④ 상황에 알맞은 그림에 말 주머니 카드를 놓는다.
   (자신의 게임판에 가져간 글자와 맞는 상황 그림이 없으면 말 주머니 카드를 다시 넣는다.)
   ⑤ 게임판에 카드를 먼저 채우면 게임이 끝난다.
5. 활동을 평가한다.

놀이연계
- 상황에 맞는 기쁜 말 등을 역할극으로 놀이해 볼 수 있다.

준비물 | 폼보드, 한지, 마스킹테이프, 방울, 카드 글씨, 붓, 목공본드, 벨크로, ND자석, 스펀지, 접착 펠트지

제작 방법

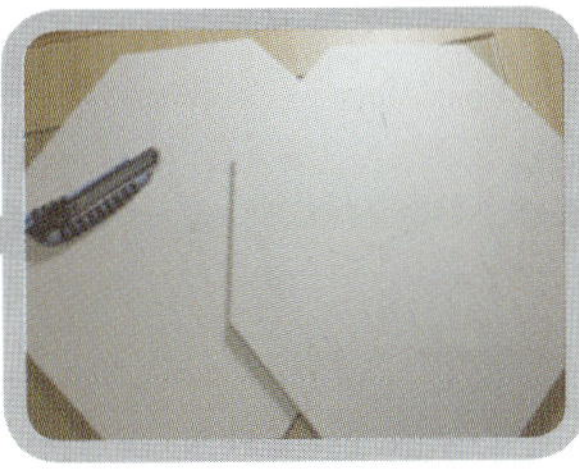

• 폼보드를 정팔각형과 마름모꼴 형태로 자른다.

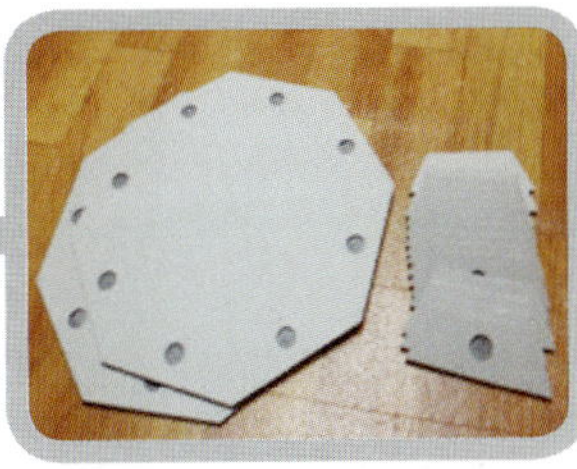

• 폼보드에 조각칼로 홈을 파 자석을 넣어 고정시킨다.

• 마스킹테이프로 구분선을 만들고, 마름모 모양 폼보드는 한지로 감싼다.

• 기쁜 말과 슬픈 말 관련 글을 프린트 하여 붙인다.

• 게임판과 말 카드에 목공본드를 칠한다(앞뒤 두 번 반복).

• 목공본드를 칠한 게임판에 원형 벨크로를 붙인다.

• 스펀지 두 개를 겹쳐 정육면체로 만든다.

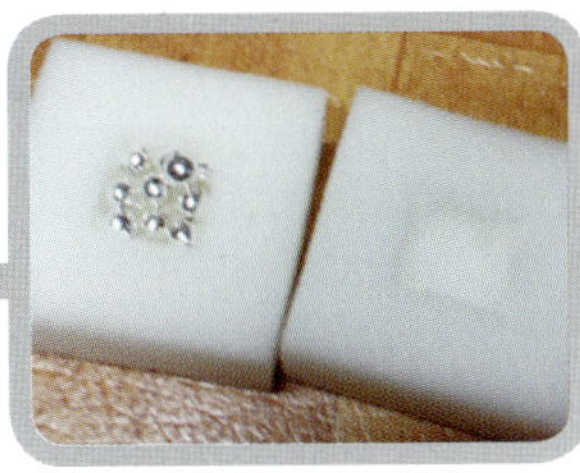

• 스펀지 사이에 방울을 넣고 글루건으로 고정한다.

• 접착 펠트지를 붙이고 감침질하여 마감한다.

[활동 9]

모자쓰고 인사해요

기대목표
- 여러 나라의 다양한 전통 모자에 관심을 가지고 특징을 알아본다.
- 여러 나라의 인사말과 인사예절을 경험한다.

대상연령	5세	활동유형	언어

활동자료 나라별 모자, 인사말 기본판, 나라별 사람, 인사말 막대, 뽑기 통, 여러 나라의 인사 방법

활동방법

1. 세계 여러 나라의 인사말과 예절을 알아본다.
   - 어른들을 만나면 뭐라고 말하며 인사하니? 친구들과는?
   - 인사를 왜 할까? 서로 인사를 안 하면 어떨 것 같니?
   - 다른 나라도 우리나라처럼 "안녕하세요."라고 말하며 인사할까?
2. 친구들과 함께 세계 여러 나라의 인사말을 나눈다.
   - 원하는 나라의 국기를 가져가 보렴.
   - 다 함께 큰 원을 만들어볼까? 이제 비행기를 타고 세계 여러 나라를 여행하면서 만나는 사람들과 인사해보자.
3. '모자쓰고 인사해요' 활동을 한다.

   〈게임방법〉
   ① 인사말 뽑기 통에서 막대를 하나 뽑은 후 어느 나라 인사말인지 확인한다.
   ② '나라별 모자-인사말 책'에서 해당하는 나라의 모자를 떼어, 나라별 전통 의상을 입은 사람 인형에 씌워 준다.
   ③ 그 나라의 인사예절 동작을 재미있게 따라 하며 인사한다.
   ④ 2~3명이 함께하는 경우 순서를 정해 돌아가며 한다.
   ⑤ 8개국 모자를 모두 씌어주고 인사하면 놀이가 끝난다.
   ⑥ 다른 친구들이 놀이할 수 있도록 '나라별 모자-인사말 책'의 모자를 정리한다.
4. 활동을 평가한다.

놀이연계
- 세계 여러 나라 사람들의 의상이나 모자를 다양한 재료를 이용하여 만들어 볼 수 있다.

준비물 | 하드보드지, 막대, 고리, 펠트지, 나라별 인사카드, 리본끈, 레이스, 끈, 인물 그림과 모자 이미지

제작 방법

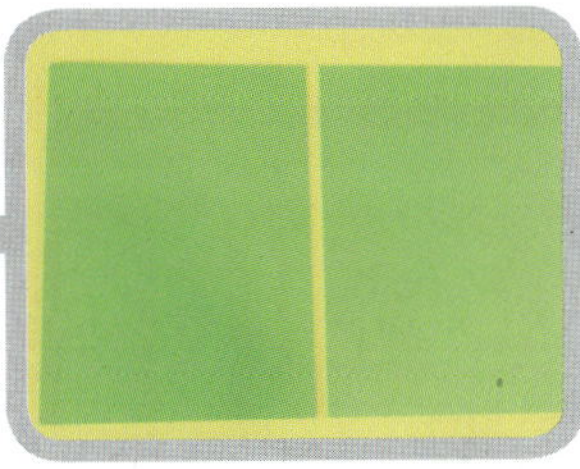

• 하드보드지를 반으로 자른다.

• PPT로 만든 각 나라별 인사카드를 재단한다.

• 나라별 인사카드를 각각 두 개씩 코팅한다.

• 두 개를 겹쳐서 글루건으로 막대에 붙인다.

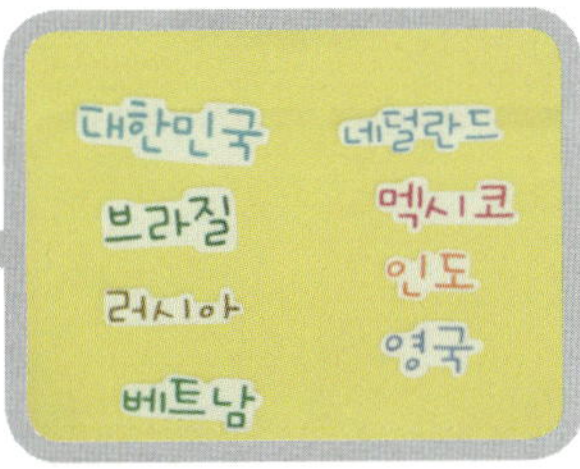

• 나라 이름을 정리한 후 코팅한다.

• 세계 여러 나라의 모자 이미지를 코팅한다.

• 인물 카드에 나라이름을 붙인다.

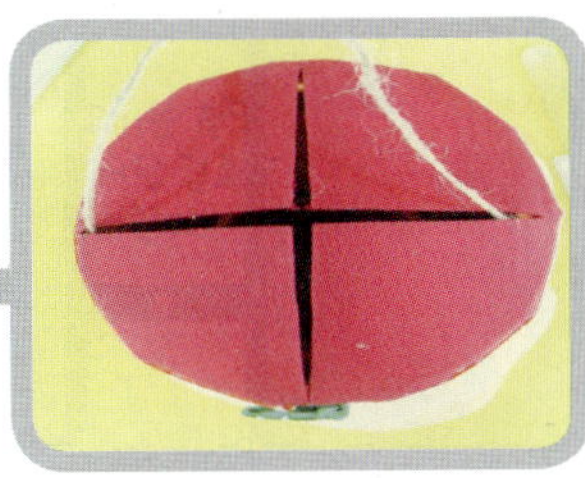

• 펠트지로 뽑기 통의 입구를 가려주는 막을 만든다.

• 뽑기통을 꾸민다.

[활동 10] 바르고 고운 말

기대목표
- 일상생활에서 사용하는 인사말을 듣고 뜻을 이해한다.
- 인사말을 듣고 글자를 찾아 완성할 수 있다.

대상연령	5세	활동유형	언어

활동자료 말하는 로봇, 그림 카드, 글자, 골무

활동방법

1. 인사말에 대해 이야기 나눈다.
   - 인사할 때 무엇이라고 이야기하나?
   - 다섯 글자로 할 수 있는 인사말은 어떤 것이 있을까?
2. 인사로봇을 소개한다.
   - 여기에 여러 가지 색깔의 카드가 있어. 어떤 색깔 카드를 꺼내볼까?
   - 빨간색 카드를 넣으면 로봇이 우리에게 뭐라고 말하는지 잘 들어보자.
3. 로봇이 하는 말과 같은 글자를 찾아본다.
   - 로봇이 방금 뭐라고 했는지 들었니?
   - 여기에 있는 글자들을 가지고 무엇을 할 수 있을까?
   - 먼저 골무를 손가락에 끼고 로봇의 설명을 듣고 나서 해당하는 글자를 찾아본다.

〈게임방법〉
① 카드상자에서 카드를 한 장 뽑는다.
② 로봇의 이야기를 듣는다.
③ 골무를 손가락에 끼고 카드에 해당하는 글자를 찾아 골무에 글자 순서대로 붙인다.

4. 활동을 해본 후 평가한다.
   - 다섯 글자로 할 수 있는 말에는 또 어떤 것들이 있을까?

놀이연계
- 실생활에서 상황에 맞게 인사말을 해본다.
- 여행을 하고 난 후 그림 카드를 단서로 육하원칙에 따른 문장을 만들어 말해본다.

준비물 | 우드락, 녹음칩, 한지, 펠트지, 목공본드, 실, 바늘, 융, 상자, 양면테이프

제작 방법

• 우드락을 상자, 카드, 녹음칩의 크기에 맞게 자른다.

• 로봇 입이 될 부분을 자르고 한지를 붙인다.

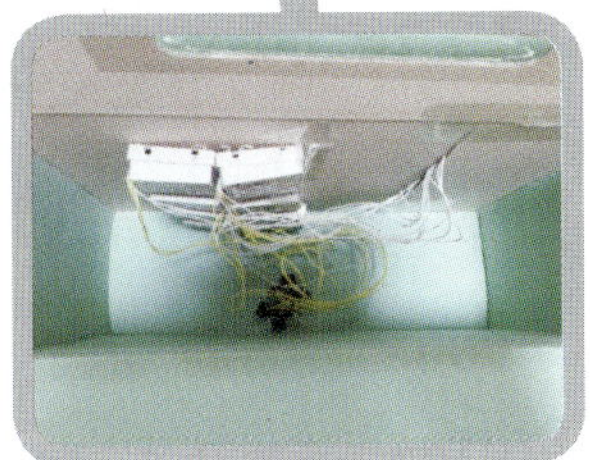

• 상자 안 쪽에 펠트지를 붙이고 녹음칩은 입 부분에 붙인다.

• 펠트지를 잘라 바느질한 후, 로봇을 완성한다.

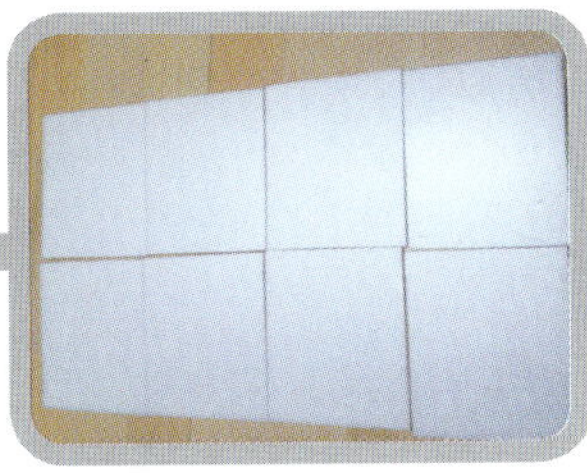

• 우드락을 카드 크기에 맞게 자른다.

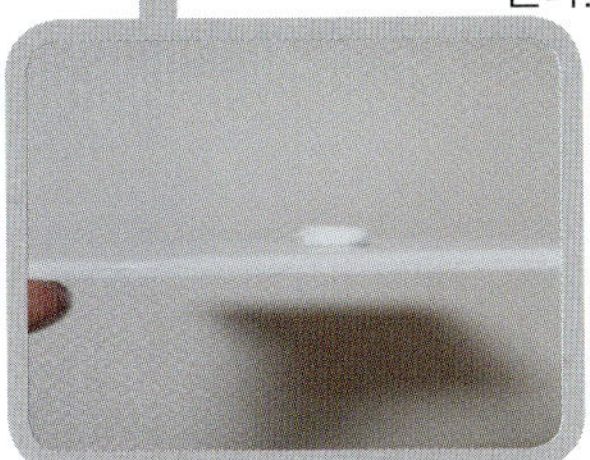

• 칩에 닿을 모서리를 만든다.

• 우드락에 한지와 그림을 붙인 후 목공본드를 칠한다.

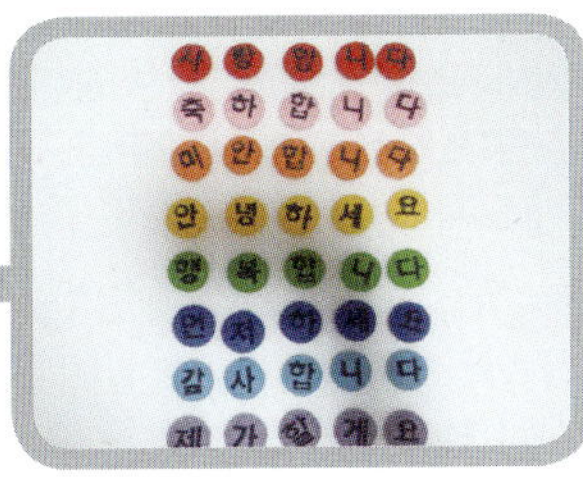

• 자른 글자 앞면에 바느질한 후 솜을 넣고 바느질한다.

• 펠트지를 골무 모양으로 자르고 융을 붙인다.

[활동 11]

세계 모자를 씌워주세요

기대목표
- 여러 나라의 다양한 전통모자에 관심을 갖는다.
- 게임을 통해 각 전통의상에 맞는 모자를 안다.

대상연령	5세	활동유형	언어

활동자료 '세계의 모자' 팝업북, 활동방법판

활동방법

1. 팝업북을 이용하여 세계 여러 나라 모자에 대해 이야기 나눈다.
   - 세계 여러 나라에는 다양한 전통모자가 있어.
   - 어떤 모자들이 있을까?
2. 교구 자료를 보며 게임방법을 알아본다.
   - 이건 어느 나라 모자일까?
   - 언제 쓰는 걸까?
3. '세계 모자를 씌워주세요' 활동을 한다.

> **〈게임방법〉**
> ① 모자게임판 하나를 각자 앞에 놓는다.
> ② 모자게임판 안에 있는 우드락 인형를 꺼내 게임판에 붙인다.
> ③ 작은 모자들을 모자 게임판 뚜껑에 놓는다.
> ④ 가위바위보를 해서 이긴 사람이 돌림판을 돌린다.
> ⑤ 돌림판에 나온 나라의 모자를 찾아 각 나라 사람 머리에 씌운다.
> ⑥ 먼저 모자를 다 붙인 사람이 이긴다.

4. 활동을 평가한다.
   - 여러 나라의 모자를 알아보고 게임을 해보았는데 어땠니?
   - 어떤 점이 재미있었어?

놀이연계
- 여러 나라 모자의 모양, 재료에 대해 알아보고, 각 나라 국기와 전통의상에 맞는 모자를 써보며 다양한 놀이로 확장한다.

준비물 | 로얄 보드지, 철망, 말총, 천, 바니시, 레이스 천, 작은 대나무, 밀짚, 여러 색깔의 깃털, 벨크로, 목공본드

제작 방법

• 로얄 보드지를 도안에 맞게 자른다.

• 로얄 보드지의 아래를 유아 머리 크기에 맞게 자른다.

• 각 나라의 배경이 인쇄된 종이를 붙인다.

• 각 나라의 모자에 해당하는 실제 재료를 붙인다.

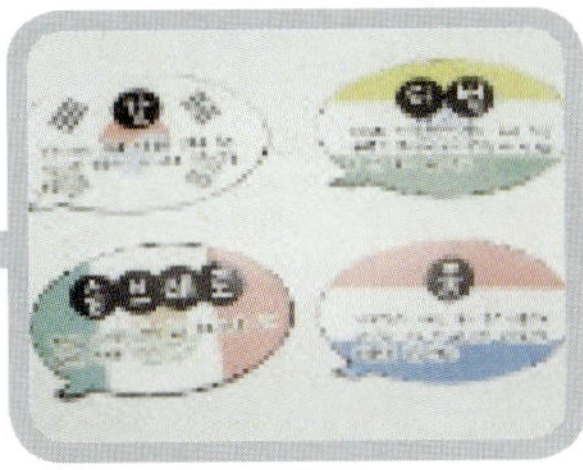

• 제작한 말풍선 종이에 바니시를 바르고 배경에 붙인다.

• 디자인한 도안에 맞게 표지를 자르고 한지를 붙인다.

• 목공본드칠 후 벨크로를 붙여 책 본체와 연결한다.

• 모든 면에 바니시 또는 목공본드를 칠하고 말린다.

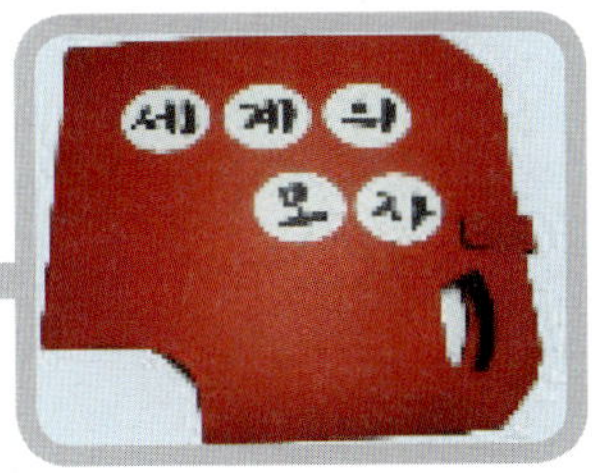

• 완성

[활동 12]

무슨 그림일까요?

기대목표	• 명화에 대해 관심을 갖는다. • 명화를 감상하는 태도를 갖는다.		
대상연령	4세	활동유형	미술
활동자료	종이 돋보기, OHP 명화, 명화 사진		

활동방법

1. 명화에 대해 이야기 나눈다.
   - 이 그림을 본 적이 있니?
   - 무엇을 하고 있는 그림일까?
2. OHP 명화 교구를 살펴본다.
   - 이 그림은 무슨 그림인지 알겠니?
   - 잘 보이지 않지?
   - 어떻게 하면 잘 보이게 될까?
3. '무슨 그림일까요?' 활동을 한다.

   〈게임방법〉
   ① OHP 속에 종이 돋보기를 넣는다.
   ② 종이 돋보기로 OHP 속에 숨겨진 명화가 무엇인지 탐색한다.
   ③ OHP 속 명화가 무엇인지 명화 사진 중에서 찾는다.
   ④ 명화 사진을 감상하고 뒷면에 있는 화가 사진과 설명을 읽어 본다.

4. 명화를 감상한 뒤 느낀 점을 이야기한다.
   - 전체적인 명화 사진을 볼 때와 다르게 종이 돋보기를 이용해 한 부분을 자세히 보면 새롭게 느껴지는 것이 있니?
   - (종이 돋보기로 한 부분을 보여주며) 이 부분을 보면 선의 느낌이 어떠니?
   - 명화를 보며 더 궁금한 내용은 없었니?
   - 내가 이 그림을 그린 화가라면, 어떤 이야기를 담고 싶니?

놀이연계

• 다양한 미술 재료를 준비하여 명화와 연계한 미술놀이 활동으로 전개될 수 있다.

준비물 | OHP 필름에 인쇄한 명화 사진, 검은색 도화지, 흰색 종이, 양면테이프, 마스킹테이프

제작 방법

• 검은색 도화지 한 장의 가운데를 뚫어 틀을 만든다.

• OHP 필름에 인쇄한 명화 사진에 검은색 테두리 틀을 이어 붙인다.

• 검은색 도화지를 뒤에 덧댄 명화의 위아래, 왼쪽 세로를 테이핑 한다.

• 검은색 도화지와 명화 사이에 하얀 종이를 넣어 그림을 확인한다.

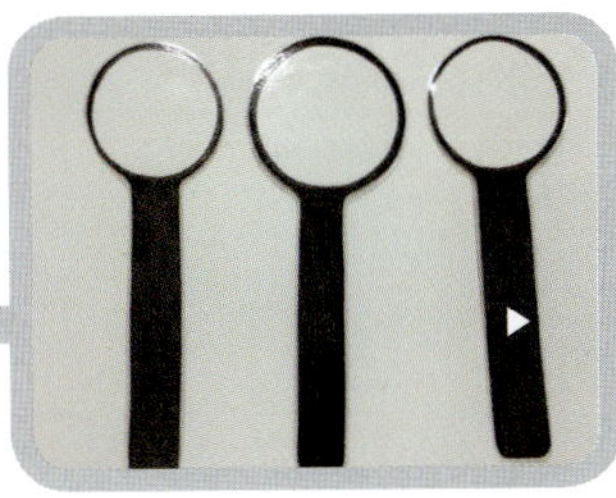

• 흰색 종이로 막힌 종이 돋보기를 만든다.

• 돋보기를 OHP필름과 명화 사이에 넣고 조작해본다.

[활동 13]

풍속화를 만들어요

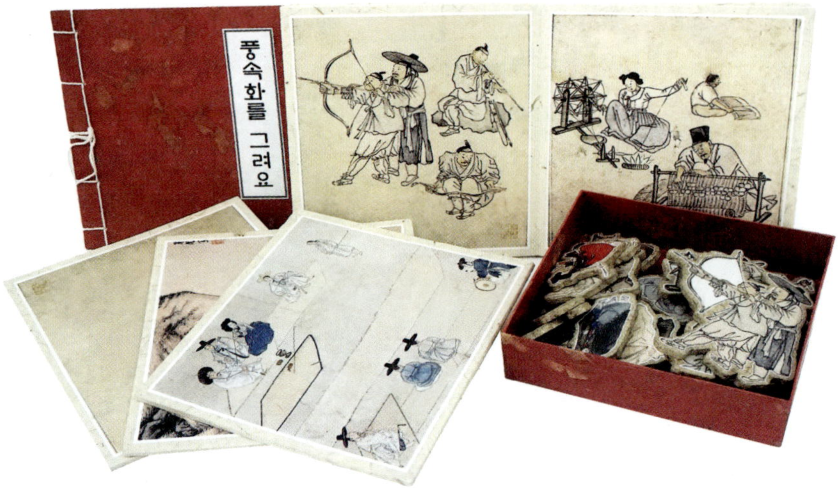

기대목표
- 우리나라 풍속화에 대해 안다.
- 풍속화를 꾸며봄으로써 심미감을 느낀다.

대상연령	4세	활동유형	미술

활동자료 풍속화 책, 풍속화 배경판, 풍속화 조각

활동방법

1. 우리나라 풍속화에 대해 이야기 나눈다.
   - (풍속화 책을 보며) 무엇을 그린 걸까? 이 사람은 뭘 하고 있는 것 같아?
   - 옛날 사람들이 그린 그림과 현대 사람들의 그림을 비교해보면 다른 점이 있니?
2. 다양한 풍속화를 보고 살펴본다.
   - 어떤 것들이 있니?
   - 무슨 일이 벌어지고 있는 걸까?
   - 김홍도 화가가 그린 이 풍속화의 제목은 〈서당〉이야.
   - 그림을 보니 서당이 무엇일 것 같니?
3. 활동자료를 보며 활동방법에 대해 이야기를 나눈다.
   - 풍속화 속에서 사라진 사람들을 찾아서 그림을 완성해보자.

〈게임방법〉
① 풍속화 책을 보며 우리나라 풍속화에 대해 이야기 나눈다.
② 풍속화 책과 풍속화 배경판을 보며 다른 점을 비교해본다.
③ 알맞은 풍속화 조각을 찾아 풍속화를 완성시킨다.
④ 나만의 풍속화를 만들어본다.

4. 활동을 평가한다.

놀이연계
- 풍속화 조각으로 자신만의 풍속화를 만들고 창의적인 제목과 이야기를 지어보는 놀이를 할 수 있다.
- 유아들이 창의적으로 만든 풍속화를 사진으로 남긴 뒤, 각 이야기와 제목을 기록해두어 친구들끼리 이야기를 공유할 수 있도록 전시한다.

준비물 | 우드락, 한지, 함석판, ND자석, 열선 커터기, 목공본드, A4 한지, 마스킹테이프, 양면테이프

제작 방법

- 우드락을 자르고, 책 모양이 되도록 마스킹테이프를 붙인다.

- 우드락에 목공본드를 바르고 한지를 붙인다.

- 책 모양 우드락에 한지를 덮고 건조시킨 뒤 한 번 더 목공본드를 칠한다.

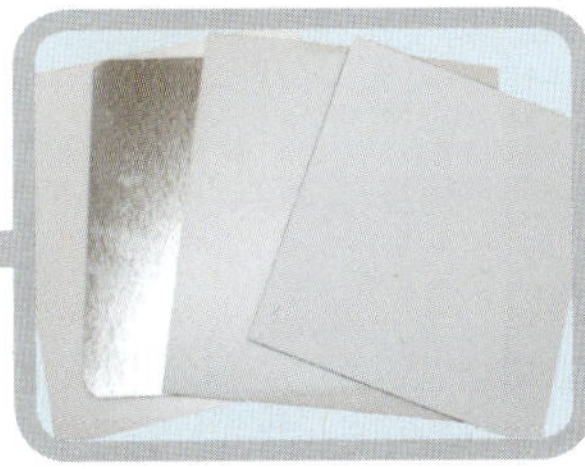

- 우드락, 함석판, 우드락 순으로 붙이고, 한지로 감싼다.

- 포토샵으로 그림 속 인물들을 지우고 A4한지에 인쇄한다.

- 우드락을 한지로 덮은 뒤 인쇄한 풍속화 배경도 붙인다.

- 포토샵으로 작업했던 인물들을 인쇄 후 모양을 따라 오린다.

- 우드락에 붙인 뒤 열선 커터기로 잘라 뒷면에 ND자석을 넣는다.

- 우드락 뒷면에 한지를 붙여 마무리 해준다.

[활동 14]

같은 과일 찾기

기대목표	• 과일의 겉과 속이 다르다는 것을 안다. • 같은 그림을 찾아낼 수 있다.		
대상연령	4세	활동유형	수 · 조작
활동자료	과일 카드, 컵, 게임판, 사과		

활동방법

1. 사과를 보며 이야기 나눈다.
   - 이 과일의 이름은 무엇일까?
   - 사과의 모양과 색은 어떠니?
   - 사과를 반으로 자르면 어떤 모양과 색일까?
2. 과일의 단면에 대해 알아본다.
   - 다른 과일은 반으로 자르면 어떤 모양일까?
   - 과일 카드를 보며 어떤 과일의 속인지 맞춰보자.
3. 게임방법을 알아본다.
   - (교구를 보며) 앞에 무엇이 있니?
   - 이 게임은 어떻게 하면 좋을까?
4. 활동을 한다.

   〈게임방법〉
   ① 활동판 위에 과일 카드를 올려놓고, 컵을 덮는다.
   ② 순서를 정한 후, 한 유아가 컵 두 개를 동시에 들어 올려 같은 과일이 나오면 컵을 가진다.
   ③ 과일이 다르면 다시 그 자리에 컵을 내려놓는다.
   ④ 컵을 많이 가져간 유아가 이기게 된다.

5. 활동을 평가한다.

놀이연계

• 과일의 겉과 속을 탐색해볼 수 있도록 실제 과일을 가로와 세로로 잘라 단면을 볼 수 탐색한다.

준비물 | 하드보드지, 펠트지, EVA, 시트지, 자석, 지퍼, 코팅지, 그림 자료

제작 방법

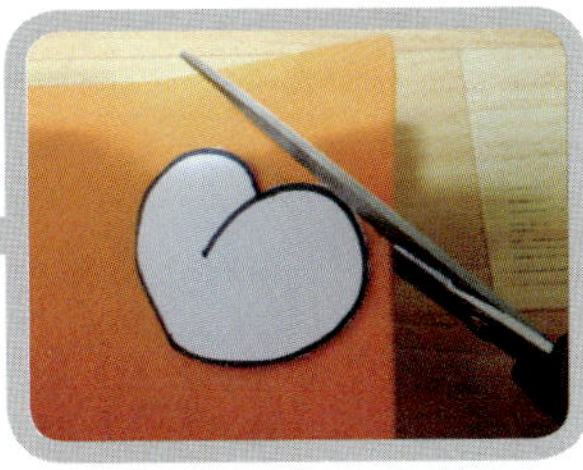

• 출력한 과일 도안에 맞게 펠트지를 자른다.

• 자른 펠트지에 과일 씨나 잎을 먼저 붙인다.

• 버튼홀 스티치로 바느질한 후 솜을 넣는다.

• 도화지에 컵 크기의 동그라미 모양을 자른다.

• 동그라미 모양을 하드보드지에 붙인다.

• 그 위에 시트지를 붙인다.

• 아크릴 물감으로 컵을 색칠한다.

• 그늘에서 30분~1시간 정도 잘 말려준다.

• 과일을 내려놓고 컵을 덮는다.

[활동 15]

길을 만들어 슝슝!

기대목표	• 공구에 관심을 가지고 사용법을 알아본다. • 각 도구를 탐색하며 직접 활용할 수 있다.		
대상연령	4세	활동유형	수 · 조작
활동자료	일자길 블록 18개, 굽은 길 블록 10개, 갈림길 블록 2개, 자동차 2대, 길 블록 놀이판, 표지판 4개, 신호등 1개		

활동방법

1. 표지판 사진을 보며 이야기 나눈다.
   - 이 표지판 본 적 있니?
   - 이 표지판은 무엇을 나타내는 걸까?
2. 여러 가지 길 모양에 대해 이야기 나눈다.
   - 갈림길을 어디서 보았니?
   - 갈림길에서는 어느 쪽으로 갈 수 있을까?
3. 길 구성하기 활동에 대해 이야기 나눈다.
   - 길 블록으로 길을 구성해보자.
   - 갈림길 블록을 사용해서 더 복잡한 길을 만들 수 있을까?
4. 완성된 길 위로 자동차 놀이를 한다.
   - 길 위로 자동차가 지나가고 있네.
   - 갈림길 블록으로 복잡한 길을 만들었구나.

〈게임방법〉
① 여러 가지 길에 대해 알아본다.
② 길 블록으로 길을 구성해본다.
③ 여러 가지 길을 이어지게 만든 후 자동차 놀이를 한다.

5. 활동을 평가한다.

놀이연계

• 유아는 활동을 통해 다양한 모양의 길과 형태가 나올 수 있음을 놀이를 통해 탐색하며 다양한 놀이활동으로 확장한다.

준비물 | 함석판 시트지, 펠트지, 잔디 사진, 벽돌 폼보드, EVA, 바니시, 전사지, 롤자석 테이프, 전기테이프, 단추

제작 방법

• 함석판 모서리는 둥글게 자르고, 초록색 시트지를 앞뒤로 붙인다.

• 놀이판의 가장자리는 날카로우니 초록색 펠트지로 감싼다.

• 잔디 사진을 양쪽에 붙인다.

• 벽돌 폼보드를 자른다.

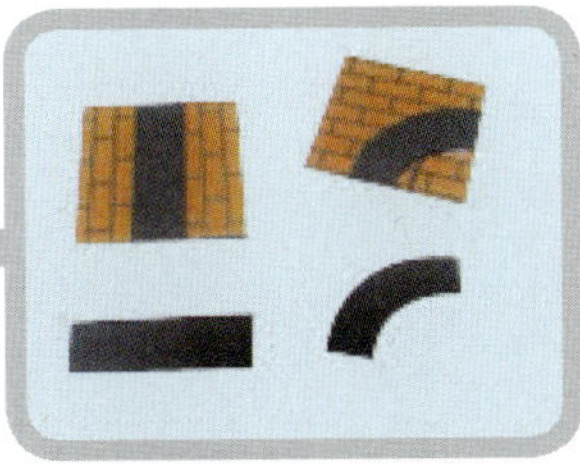

• 벽돌 폼보드 위에 EVA를 직선과 곡선으로 자른다.

• 폼보드 위에 바니시를 바르고 잘 말린다.

• 폼보드 뒷면에 롤자석 테이프를 붙인다.

• EVA 위에 하얀색 전기테이프로 점선을 붙인다.

• 펠트지로 가방을 만든다.

[활동 16]

동물 그림자 찾기

기대목표	• 모양에 따라 그림자가 다르다는 것을 안다. • 동물 모양을 보고 동물과 그림자의 짝을 맞출 수 있다.		
대상연령	4세	활동유형	수 · 조작
활동자료	그림 카드, 상자		

활동방법

1. 그림자에 대해 이야기 나눈다.
   - 그림자가 무엇인지 알고 있니?
   - 그림자는 언제 보였니?
   - 그림자의 모양은 모두 같을까?
   - 그림자만 보고도 무엇인지 맞출 수 있을까?
2. 활동방법을 알아본다.
   - 동물 그림자에 대한 놀이를 해보자.
   - 이 동물 카드와 그림자 카드로 어떤 놀이를 할 수 있을까?
3. 활동을 한다.

   〈게임방법〉
   ① 그림자와 동물 모양 카드를 펼쳐 놓는다.
   ② 그림자를 보고 동물을 찾는다.
   ③ 찾은 동물의 뒷면에 이름을 보고 맞으면 붙인다.

4. 활동을 평가한다.
   - 동물 그림자 맞추기 놀이를 해봤는데 어땠니?
   - 어떤 점이 즐거웠니?

놀이연계

- 바깥놀이 시간에 자신의 그림자를 탐색하고 그림자 밟기 놀이를 한다.
- 다양한 동물 그림자의 실제 모습을 사진이나 동영상을 보며 알아본다.

준비물 | 펠트지, 바느질 도구, 동물 모양 및 상자 도안, 단추, 똑딱단추, 하드보드지

제작 방법

• 상자를 만들기 위해 검은색 펠트지를 모양대로 오린다.

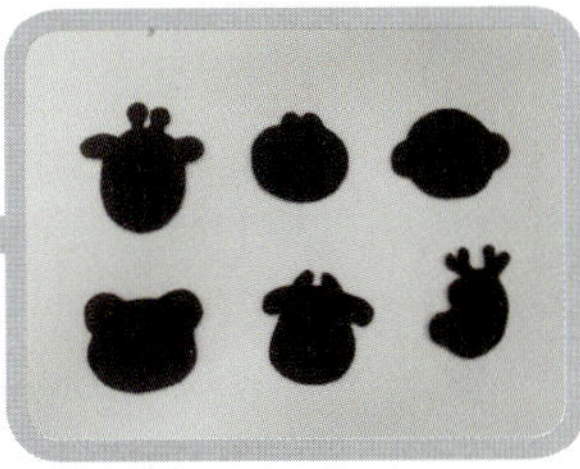

• 동물 그림자를 오린다.

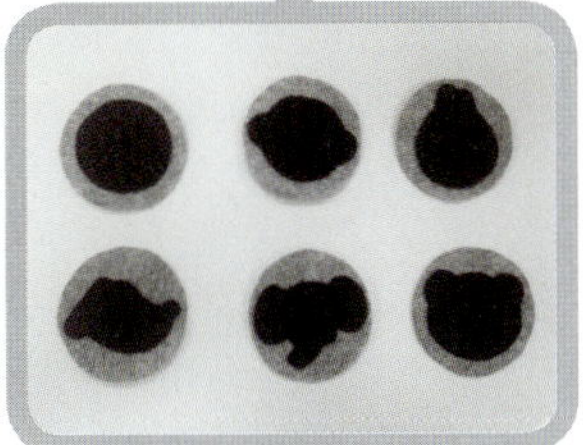

• 동그라미 모양으로 펠트지를 자른 뒤 동물 그림자를 홈질한다.

• 동그라미 모양 펠트지에 동물을 홈질한다.

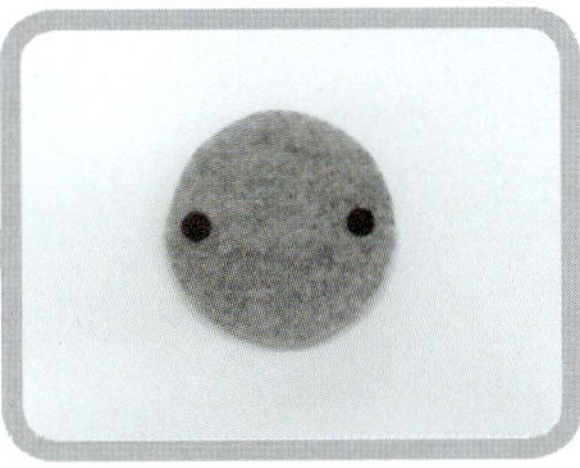

• 동그라미 모양 펠트지 뒷면에 똑딱단추를 단다.

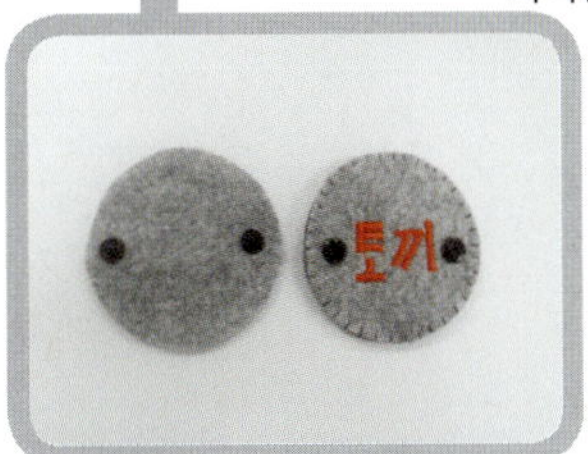

• 그림자 모양에 글씨를 잘라 홈질한다.

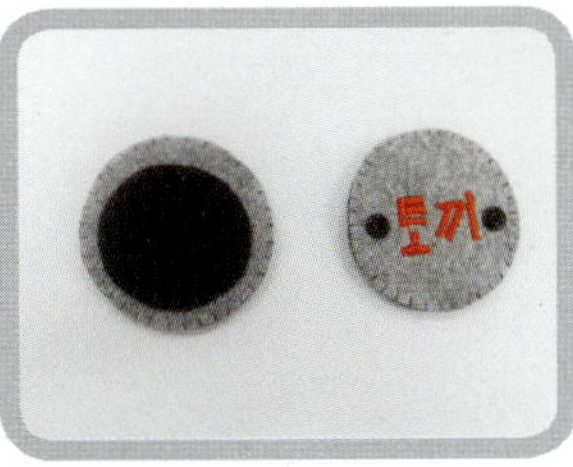

• 펠트지 두 겹을 합쳐 중간에 하드보드지를 넣고 바느질한다.

• 상자에 글씨를 글루건으로 붙인다.

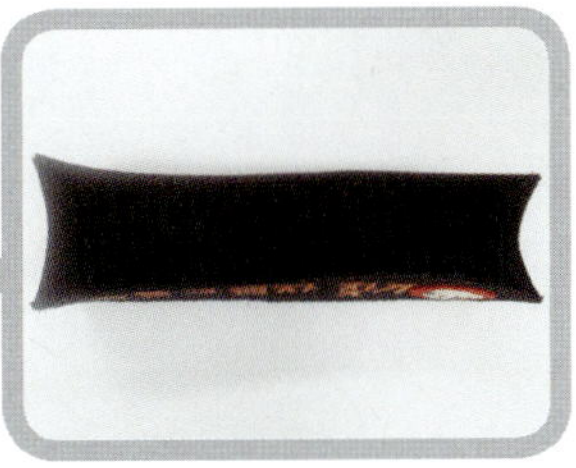

• 상자 안에 동물 카드들을 넣어 주어 완성한다.

[활동 17]

동물 체스놀이

기대목표	• 각 말에 정해진 규칙대로 조작해보며 위치와 방향을 나타낸다. • 게임약속을 지키며 친구와 즐겁게 놀이할 수 있다.		
대상연령	5세	활동유형	수 · 조작
활동자료	게임판, 규칙판, 말		

활동방법

1. 다양한 위치와 방향을 나타내본다.
   - 몸을 움직여 다양한 방향으로 움직여보자.
   - 손을 움직여 다양한 방향으로 움직여보자.
   - 선생님이 가리키는 방향으로 움직여보자.
2. 교구의 게임방법에 대해 알아본다.
   - 각 말에는 어디로 이동할지 위치와 방향이 정해져 있어.
   - 이 말들은 어떤 방향으로 움직일 수 있을 것 같니?
3. 교구를 가지고 놀이한다.

〈게임방법〉

① 판을 가운데 두고 두 명의 유아가 마주 앉는다.
② 각자 서랍 속에 있는 12개의 말을 판 위에 두 줄로 올린다.
③ 번갈아가며 각 말에 정해진 방향에 대한 규칙을 지키며 말을 조작한다.

〈동물 체스놀이〉

- 용, 호랑이: 상하좌우, 대각선으로 한 칸 이동
- 원숭이, 뱀: 좌우로 한 칸 이동
- 젖소, 말: 상하로 한 칸 이동
- 양, 닭, 돼지, 토끼, 개, 쥐: 상으로 한 칸 이동

④ 먼저 상대편의 용과 호랑이를 잡은 사람이 승리한다.

4. 활동을 평가한다.

놀이연계

• 자신이 바라보는 위치에 따른 공간적 차이를 알고 몸으로 공간을 표현하며 놀이할 수 있다.

준비물 | 폼보드, 한지, 원목, 아크릴 물감, 하드보드지, 바니시, 목공본드

제작 방법

• 폼보드를 자른 후 한지로 감싼다.

• 목공본드를 칠한 후, 마르면 폼보드를 조립한다.

• 서랍을 만들 폼보드를 잘라 한지를 감싼다.

• 목공본드를 칠한 후, 마르면 폼보드를 조립한다.

• 한지를 체스모양으로 잘라 하드보드지 위에 붙인다.

• 체스판 모양을 폼보드 위에 덮어 붙인다.

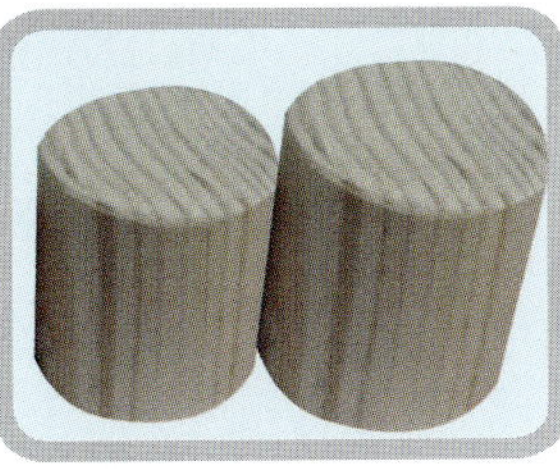

• 원목을 자른다.

• 원목 위에 밑그림을 그리고 색칠한다.

• 원목 위에 동물 그림을 그린 뒤 바니시를 칠한다.

[활동 18]

북극곰에게 길을 만들어 주세요

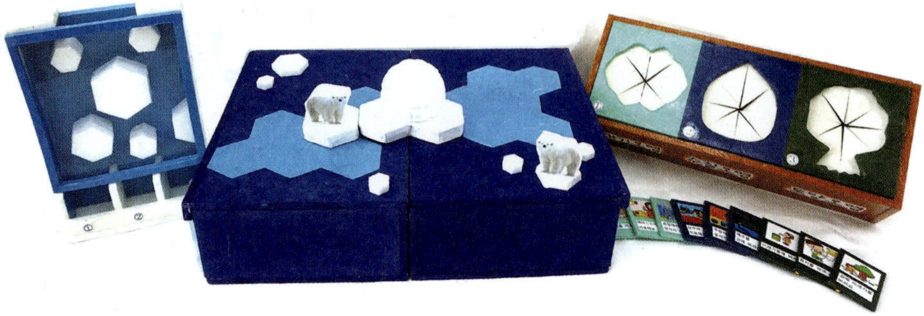

기대목표	• 생명체가 살기 좋은 환경과 나쁜 환경을 만드는 행동에 대해 안다. • 환경 카드를 보고 얼음을 조작할 수 있다.
대상연령	5세 / 활동유형: 수 · 조작
활동자료	바다판, 얼음조각, 뽑기통, 카드, 구슬판, 구슬, 북극곰

활동방법

1. 「북극곰의 눈물」 동화의 내용을 회상하며 이야기 나눈다.
   - 환경이 오염되면 북극곰이 사는 곳은 어떻게 될까?
2. 교구를 이용해 이야기 나눈다.
   - 북극곰이 사는 곳의 환경오염에는 어떤 종류가 있을까?
   - 구름(물, 흙) 그림이 그려진 곳은 어떤 환경오염과 관련이 있을까?
3. 그림 카드를 보며 활동방법을 이야기한다.
   - 북극곰이 살기 좋은 환경을 만들려면 어떤 행동 카드를 뽑아야 할까?
   - 이 교구들과 카드, 구슬판으로 어떤 게임을 할 수 있을까?
4. 활동을 한다.

〈게임방법〉
① 북극곰 말 1개와 얼음을 6개씩 가진다.
② 북극곰 집을 중앙 파란색 바닥에 놓고 한 개의 얼음을 하늘색 바다판에 붙인 후 그 위에 북극곰을 올린다.
③ 가위바위보를 해서 이긴 유아부터 구슬판을 굴린다.
④ 구슬이 떨어진 곳의 글자와 숫자를 보고 뽑기통에 같은 글자와 숫자가 쓰여 있는 곳에서 카드를 한 장 뽑는다.
⑤ 카드에 환경을 위한 좋은 행동이 나오면 얼음을 하나 붙이고 나쁜 행동이 나오면 다음 순서로 넘긴다.
⑥ 먼저 얼음을 다 쓰고 북극곰 집 징검다리를 완성하는 유아가 승리한다.

5. 활동을 평가한다.

놀이연계

• 일상생활에서 생명체가 살아가기 좋은 환경을 만들기 위한 다양한 방법을 탐색한다.

준비물 | 우드락, 양면테이프, ND자석, 아크릴판, 스티로폼 구, 한지, 색상지, 구슬, 아크릴 물감, 네임펜

제작 방법

• 서랍식 상자를 만든다.

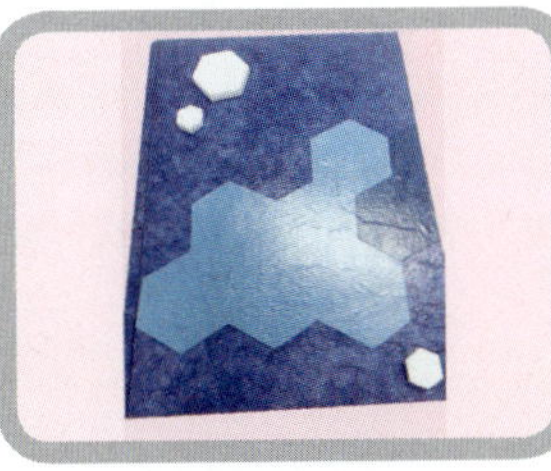

• 하늘색 한지와 파란색 한지를 이용해 바다판을 만든다.

• 서랍을 만들고 한지로 감싼다.

• 우드락에 그림, 글, 정답스티커를 붙여 카드를 만든다.

• 우드락을 육각형으로 잘라 자석을 붙여 한지를 감싼다.

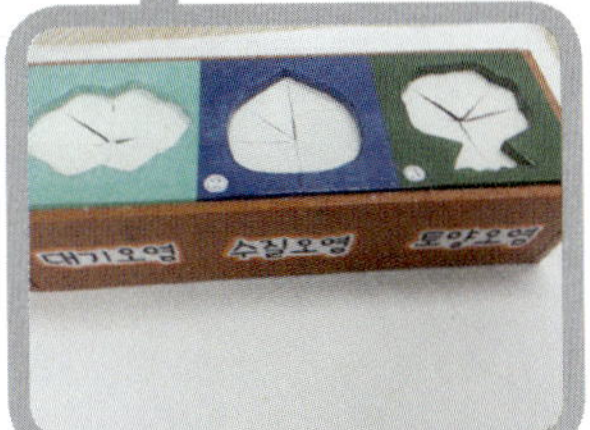

• 상자를 만들어 윗면은 환경 모양으로 자른다.

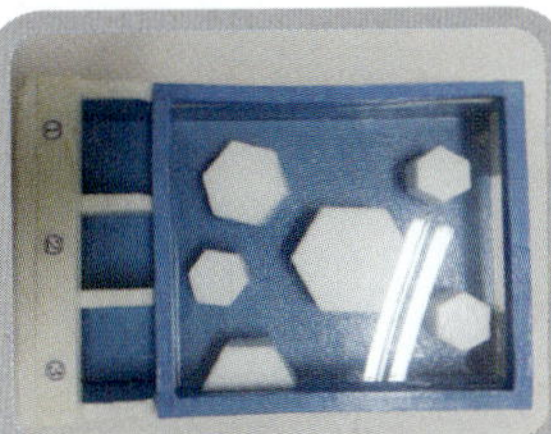

• 상자를 만들어 얼음 장식을 한 뒤 한 면에 아크릴판을 댄다.

• 스티로폼 구를 잘라내어 열선 커터기를 이용해 모양을 낸다.

• 구슬에 흰색 아크릴 물감을 칠하고 네임펜으로 곰을 그린다.

[활동 19]

완두콩을 세어보아요

기대목표	• 콩의 개수를 세보며 10과 10이상의 숫자를 셀 수 있다. • 수 놀이에 즐겁게 참여할 수 있다.		
대상연령	4세	활동유형	수 · 조작
활동자료	1~5까지의 완두콩 두 세트, 완두콩 꼬투리 두 세트, 주사위		

활동방법

1. 완두콩의 개수를 세어 본다.
   - (완두콩을 보며) 얘들아, 이게 뭔지 아니? 이 안에 무엇이 들어있을까?
   - 이 완두콩을 바구니로 옮겨볼게. 몇 개까지 옮길 수 있을지 세어 보자.
2. 활동방법을 알아본다.
   - (교구를 보며) 어떻게 놀이할 수 있을까?
   - 또 다르게 생각한 사람 있니?
3. 활동을 하기 전 약속을 정한다.
   - 활동을 하기 전 어떤 약속이 필요할까?
   - 몇 명이서 놀이하는 것이 좋을까?
4. 활동을 한다.

   〈게임방법〉

   ① 두 명이서 콩이 들어 있지 않은 완두콩 꼬투리를 나누어 가진다.
   ② 가위바위보를 해서 주사위 던질 순서를 정한다.
   ③ 주사위를 던져 나온 수만큼의 콩을 꺼내 자신의 10개의 콩을 채운다.
   ④ 먼저 10개를 완성하거나 10개가 넘으면 게임이 끝난다.

5. 활동을 평가한다.
   - 완두콩 게임을 해봤는데 어려운 점은 없었니?
   - 어떤 점이 재미있었니?

놀이연계

• 완두콩을 숟가락이나 젓가락으로 개수를 세며 옮겨보는 놀이를 한다.

준비물 | 펠트지, 지퍼, 바느질도구, 딸랑이, 스티로폼 공, 아크릴 물감, 사각 스펀지, 바구니

제작 방법

• 사각 스펀지 한쪽 면에 구멍을 뚫어 파낸 후 딸랑이를 넣는다.

• 펠트지를 이어 바느질한 후 스펀지를 넣고 바느질한다.

• 주사위를 완성한다.

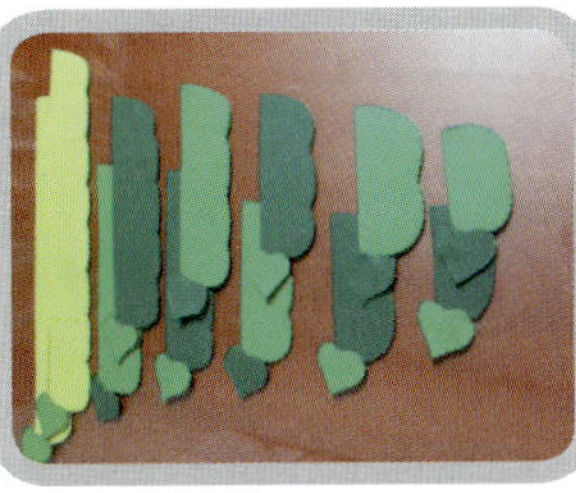

• 펠트지를 공의 크기에 맞게 재단한 후 바느질한다.

• 바느질한 콩 주머니 앞면에 숫자를 붙이고 지퍼를 단다.

• 콩 주머니에 콩을 담고 주사위와 완두콩을 바구니에 놓는다.

[활동 20]

우리나라 밥상차리기

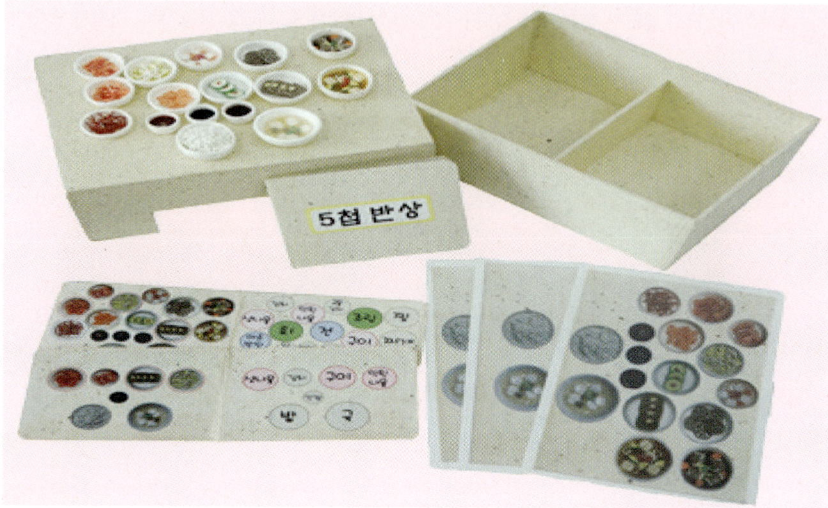

기대목표
- 우리나라 음식에 대해 관심을 갖는다.
- 규칙을 지켜 게임활동에 참여한다.

대상연령	5세	활동유형	수 · 조작

활동자료 밥상, 음식모형, 그림 · 글자 카드(3첩, 5첩, 7첩), 상 차리기 도움판(3첩, 5첩, 7첩)

활동방법

1. 음식을 먹었던 경험에 대해 이야기 나눈다.
   - 오늘 유치원에 오기 전에 밥 먹고 왔니?
   - 밥상 위에 어떤 음식들이 있었어?
2. 상 차리기 도움판을 보며 우리나라 음식문화에 대해 이야기 나눈다.
   - 여기에 어떤 음식들이 있어?
   - 너희가 먹고 온 음식과 비슷한 것이 있나?
3. 그림 · 글자 카드를 보며 밥상에 음식모형을 놓아 밥상을 차려본다.
   - 여기 동그라미는 왜 있을까?
   - 이 카드를 보면서 음식을 밥상에 직접 차려볼까?
   - 카드를 본 후 기억해서 각 음식의 자리에 맞게 밥상을 차려볼까?
4. 활동을 한다.
   - 이번에는 반찬이 더 많은 밥상을 보고 기억해서 차려보자.

   〈게임방법〉
   ① 그림 · 글자 카드를 본다.
   ② 카드에 있는 그림에 맞게 3첩, 5첩, 7첩 반상을 차려본다.
   ③ 그다음엔 카드를 15초 동안 보고 덮은 후, 기억해서 밥상을 차려본다.

5. 활동을 마무리한 후 평가한다.
   - 오늘 우리나라 밥상을 차려봤는데 어땠어?

놀이연계
- 우리나라 음식을 알아보고, 음식모형과 그림 카드를 탐색한 후, 그림 · 글자 카드를 보고 기억해서 밥상에 음식 모형을 놓아본다.

준비물 | 폼보드, 한지, 우드락 본드, 목공본드, 천사점토, 수채화물감, 네임펜, 유광 바니시, 붓

제작 방법

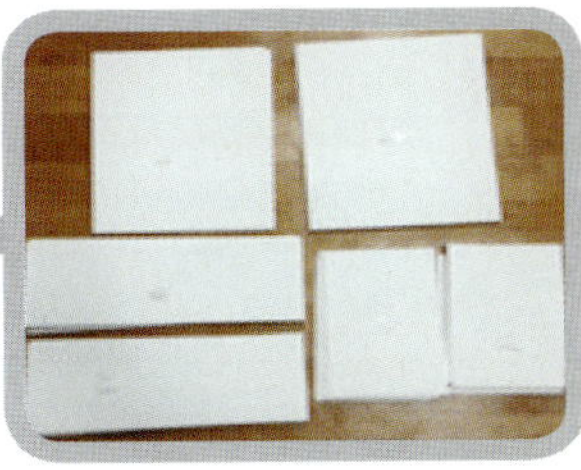

• 폼보드를 자른다.

• 우드락 본드로 붙여 밥상을 만든다.

• 목공본드로 한지를 붙이고, 마무리 목공본드를 칠한다.

• 천사점토를 동그랗게 만든 후 눌러 그릇을 만든다.

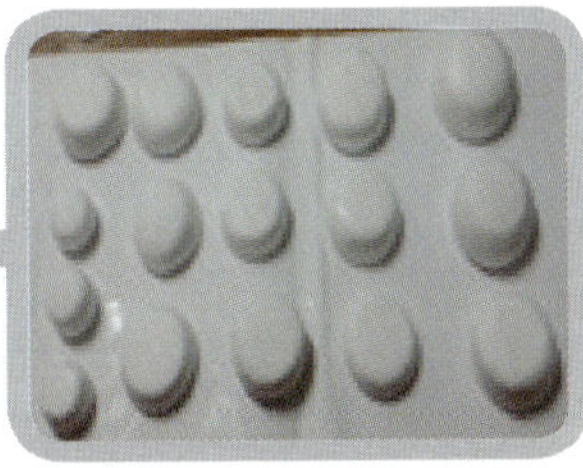

• 천사점토로 만든 그릇에 바니시를 바른다.

• 국물을 만들 그릇에만 우드락 본드에 물감을 섞는다.

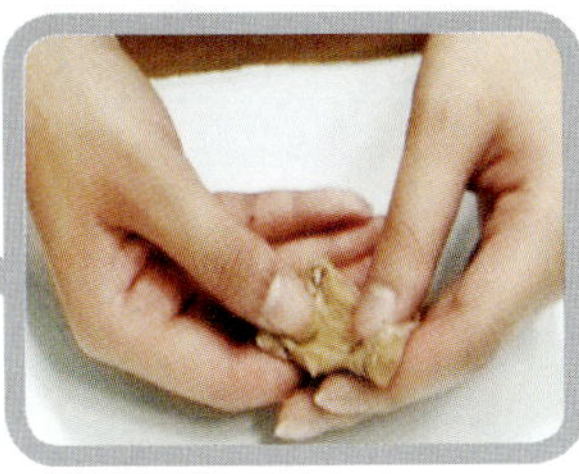

• 물감으로 점토에 색을 낸다.

• 음식모형을 만든다.

• 음식모형을 그릇에 붙이고 바니시를 발라 마무리한다.

[활동 21]

친환경 자동차

기대목표	• 친환경 자동차에 대해 관심을 갖는다. • 놀이규칙을 이해하며 즐겁게 참여한다.		
대상연령	5세	활동유형	수 · 조작
활동자료	친환경 자동차 영상 자료(태양열 자동차, 전기 자동차, 수소 자동차), 친환경 자동차 교구		

활동방법

1. 친환경 자동차 영상 자료를 본다.
   - 친환경 자동차에 대해 들어본 적이 있니?
   - 친환경 자동차는 어떤 자동차일까?
   - 왜 친환경 자동차라고 부를까?
2. 친환경 자동차 교구를 소개한다.
   - 여기 어떤 것들이 있니?
   - 앞에 있는 교구들로 어떤 놀이를 할 수 있을까?
   - 왜 친환경 에너지가 중요할까?
3. '친환경 자동차' 활동을 한다.

〈게임방법〉
① 말을 정하고 구슬을 주사위에 넣는다.
② 나온 숫자만큼 말을 이동시키고, 말판을 뒤집어 본다.
③ 친환경 에너지가 나오면 나무를 한 그루 심고 기름 연료가 나오면 나무를 한 그루 뺀다.
④ 도착지점에 도착하면 게임이 끝나고, 나무의 개수가 많은 유아가 이긴다.

4. 활동을 마무리한다.
   - 오늘 친환경 자동차에 대해 알아보고 놀이해봤는데 어땠니?
   - 새롭게 알게 된 점 있니?

놀이연계

• 지구온난화에 관심을 가지고, 오염된 환경을 깨끗한 녹색환경으로 변화시키기 위한 실천적인 다양한 방법에 대해 탐색한다.

준비물 | 우드락, 하드보드지, 플라스틱 반원, 한지, 색지, 색볼, 나무 막대, 원형상자, 바니시, ND자석, 노끈, 구슬

제작 방법

• 원형 상자 아랫부분을 8개의 반원모양으로 자른 후 꾸민다.

• 받침에 숫자와 노끈을 붙인 후 나무 기둥 모형을 붙인다.

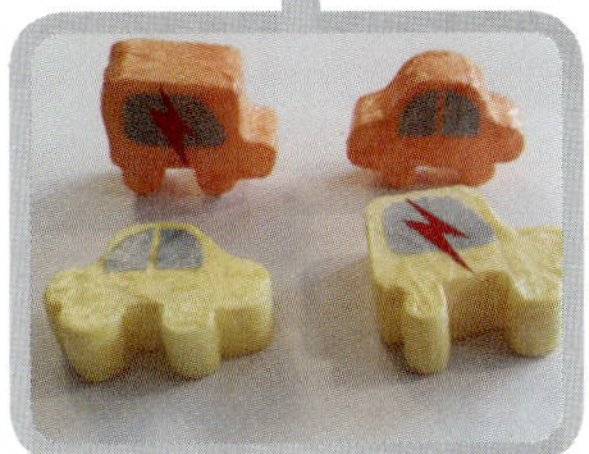

• 우드락을 열선 커터기로 자른 후 한지를 붙여 말을 만든다.

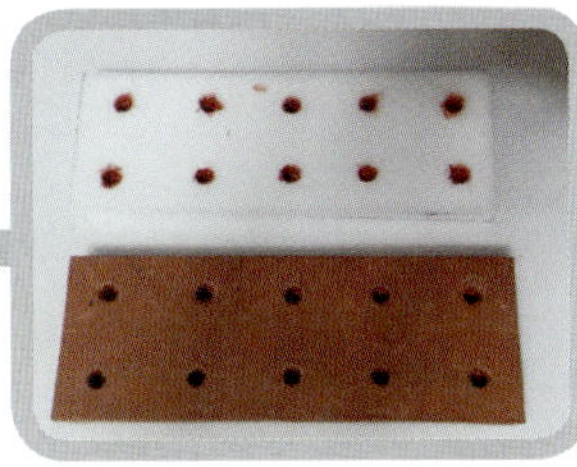

• 구멍을 뚫고 갈색 물감으로 색칠한 후 한지를 붙인다.

• 나무 막대를 자른 후 사포로 다듬고 색볼을 붙인다.

• 우드락에 길 모양을 만들고 18개의 구멍을 만든다.

• 우드락을 네모모양으로 자른 후 막대기를 넣고 판에 고정한다.

• 말판을 한지와 색지를 이용하여 꾸민다.

• 교구를 완성한다.

[활동 22]

택배를 배달해요

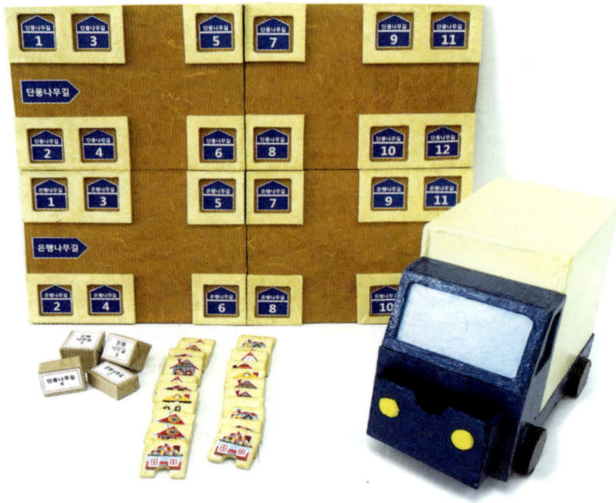

기대목표
- 도로명 주소에 대해 안다.
- 도로명 주소를 이용해 놀이에 참여하며 규칙을 이해한다.

대상연령	5세	활동유형	수 · 조작

활동자료 게임판, 자동차 모형, 택배상자 모형, 게임칩

활동방법

1. 지도를 보며 이야기를 나눈다.
   - 너희 혹시 주소에 대해 들어본 적 있어?
   - (우리 동네 지도를 보며) 우리 유치원은 어디에 있을까?
2. 표지판을 보며 도로명 주소를 알아본다.
   - 이 파란색 표지판에 쓰여 있는 숫자는 무엇일까?
   - 이 주소는 도로명 주소야. 길 이름과 숫자를 이용해서 주소를 나타내는 거야.
3. '택배를 배달해요' 교구를 보며 이야기를 나눈다.
   - (게임칩이 들어간 게임판을 보면서) 어떤 것들이 있니?
   - (자동차를 보면서) 이 자동차 트럭 안에는 어떤 것들이 있니?
   - 이것을 가지고 어떤 게임을 할 수 있을까?
4. '택배를 배달해요' 활동을 한다.

〈게임방법〉
① 게임판에 게임칩을 모두 놓은 후 두 명의 유아가 순서를 정한다.
② 트럭에서 택배 상자를 하나 꺼낸 뒤 쓰인 주소를 찾는다.
③ 칩을 꺼낸 본 뒤 택배 주소와 집 주소에 맞게 배달이 되었는지 확인한다.
④ 주소에 맞게 배달이 되었으면 칩을 꺼낸 자리에 택배 상자를 집에 놓아둔 뒤 게임칩을 가져간다.
⑤ 택배 상자를 다 배달했을 때 칩을 많이 모은 사람이 우승한다.

5. 활동을 마무리한다.

놀이연계
- 우리 주변의 다양한 도로명 주소에 대해 알고 나만의 도로명 주소 이름을 지어본다.

준비물 | 우드락, 한지, 목공본드, ND자석, 열선 커터기, 가위, 바니시, 칼, 집 그림, 크래프트지

제작 방법

- 우드락을 4개로 나눠 자른 후 ND자석을 심는다.

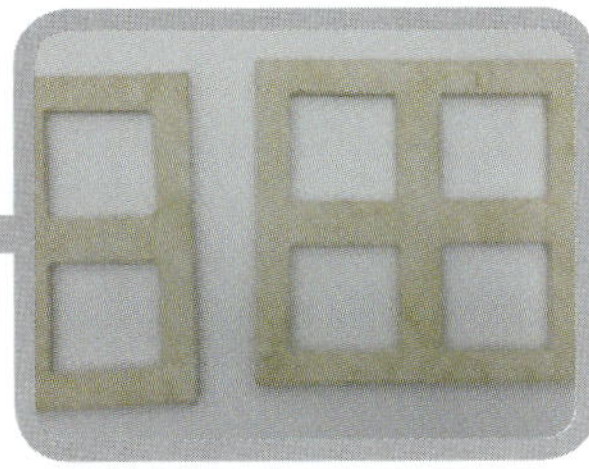

- 집 모양을 자른다.

- 목공본드를 이용해 한지를 감싼 후 표지판을 붙인다.

- 우드락을 자른 후 열선 커터기를 이용해 가운데에 모양을 낸다.

- 목공본드를 이용해 한지를 감싼 후 집 그림을 붙인다.

- 우드락으로 트럭을 만든 후 목공본드를 이용해 한지로 감싼다.

- 우드락과 크래프트지를 이용해 소포를 감싼다.

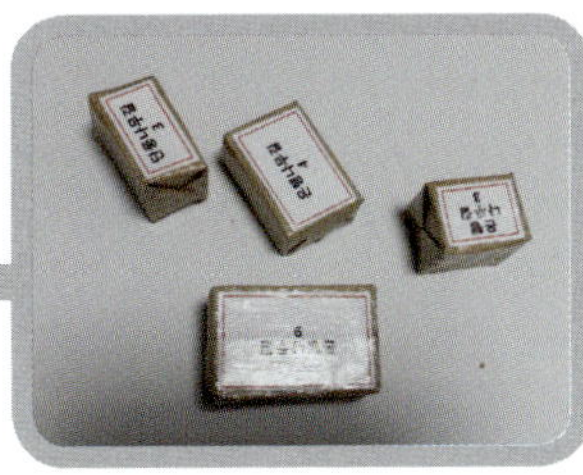

- 주소를 붙인 후 목공본드를 발라 코팅한다.

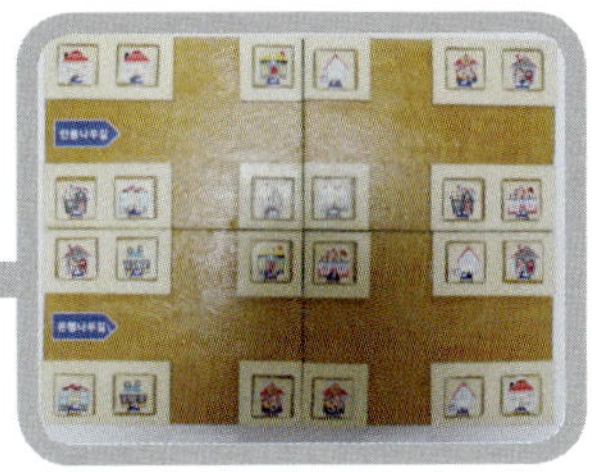

- 게임판 교구를 완성한다.

[활동 23]

자전거를 이용해요

기대목표	• 자전거를 이용하면 대기오염이 줄어드는 것을 안다. • 친구와 함께 규칙을 지키며 게임을 한다.		
대상연령	4세	**활동유형**	수 · 조작
활동자료	자전거길 게임판(주사위), 대기오염판		

활동방법

1. 자전거를 타 본 경험에 대해 이야기 나눈다.
   - 자전거를 타 본 적이 있니?
   - 자전거를 타니 어땠니?
2. 자전거가 환경에 어떤 도움을 주는지에 대해 이야기 나눈다.
   - 자전거가 환경에 어떤 도움을 줄까?
   - 또 자전거를 타면 어떤 것이 좋을까?
3. '자전거를 이용해요' 활동자료를 소개한다.
   - 게임판에는 어떤 것들이 있니?(자전거말, 주사위)
   - 대기오염판에서 서울의 모습이 어떻게 보이니?
   - 그럼 필름을 다 빼면 어떻게 보일까?
4. '자전거를 이용해요' 활동을 한다.

> **〈게임방법〉**
> ① 자전거길판의 가운데에 있는 주사위를 굴린다.
> ② 주사위에 나온 역으로 자전거 말을 움직인다.
> ③ 대기오염판에서 그 역의 필름을 뺀다.
> ④ 모든 필름을 뺄 때까지 ①~③을 반복한다.
> ⑤ 모든 필름을 뺀 유아가 승리한다.

5. 활동을 평가한다.

놀이연계

• 오염된 환경을 깨끗한 녹색환경으로 변화시키기 위해 할 수 있는 일들을 조사하고 실천방법을 찾아본다.

준비물 | 폼보드, 할핀, 한지, 딱풀, 바니시, 붓, 반구, OHP 필름, 자전거 도안

제작 방법

• 폼보드를 지름에 맞춰 자른다.

• 폼보드에 풀로 한지를 붙인 후 바니시를 바른다.

• 홈을 뺀 나머지에 차례대로 폼보드를 붙인다.

• 반구 안에 주사위와 여러 가지 조형물을 넣어서 고정시킨다.

• 자전거 말: 우드락에 한지를 감싼 후 할핀으로 고정한다.

• 1.5cmx4cm 크기로 한지를 감싼 후 역 이름을 붙여준다.

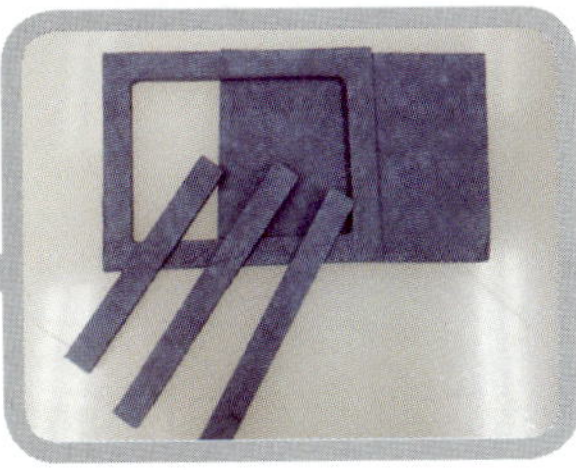

• 대기오염 틀 상자를 한지로 감싼 후 목공본드로 칠한다.

• 맑은 서울 사진을 붙인 상자에 OHP 필름으로 명암을 조절한다.

• 완성된 교구에 전체적으로 바니시를 다시 한 번 바른다.

[활동 24]

화전을 접시에 담아요

기대목표	• 반복되는 규칙성에 대해 이해한다. • 화전을 이용하여 스스로 패턴을 만들 수 있다.		
대상연령	4세	활동유형	수 · 조작
활동자료	화전, 아궁이, 개인용 접시, 3송이 꽃 카드, 4송이 꽃 카드		

활동방법

1. 화전을 먹어본 경험을 이야기 나눈다.
   - 화전을 먹어본 적이 있니?
   - 화전이 무엇인지 알고 있니?
2. 활동자료를 탐색한다.
   - 이것들을 가지고 무엇을 할 수 있을까?
   - ㅇㅇ색 꽃 다음에는 어떤 색 꽃이 있니? 그다음에는?
   - 선생님과 같은 순서로 화전을 놓아볼 수 있겠니?
   - 너희는 어떤 규칙을 만들어보고 싶어?
3. '화전을 접시에 담아요' 활동을 한다.
   - 패턴을 만들고 싶을 땐 어떻게 하면 좋을까?
   - 그래, 접시를 두 개 놓으면 더 긴 화전 패턴을 만들 수 있겠다.

   〈게임빙법〉
   ① 꽃 카드를 고른다.
   ② 아궁이 위에 있는 화전을 꺼낸다.
   ③ 꽃 카드 패턴대로 접시에 화전을 놓는다.
4. 활동을 평가한다.
   - 화전으로 패턴을 만들어 보았는데 어땠니?
   - 어떤 점이 재미있었니?

놀이연계

• 3가지, 4가지 꽃 패턴카드를 보며 규칙을 찾고 스스로 규칙을 만든다.
• 사전에 화전을 만들어 보거나 놀이를 한 후 요리활동으로 화전을 만들어 본다.

준비물 | 펠트지, 방울솜, 똑딱단추, 한지, 폼보드, MK지, 백업, 물감, 목공본드, 일회용 접시

제작 방법

• 보풀방지 펠트지를 꿰매어 방울솜을 채우고 똑딱단추를 단다.

• 꽃 모양대로 펠트지를 오린 후, 한쪽에 똑딱단추를 단다.

• 폼보드로 접시를 만들어 한지로 감싼 후 목공본드를 칠한다.

• 폼보드를 갈색 한지로 감싸고 목공본드를 칠한다.

• 백업으로 장작모양을 만들고 물감을 칠한다.

• 일회용 접시에 한지를 감싼 후 목공본드를 칠한다.

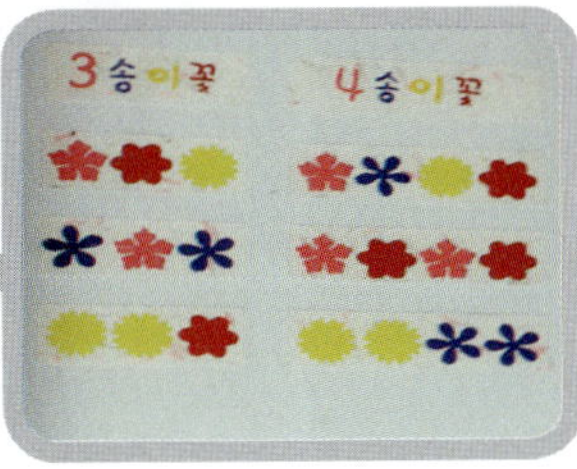

• MK지에 한지를 감싸고 3송이, 4송이 꽃을 붙인다.

• MK지를 한지로 감싸 내용을 붙이고 목공본드를 칠한다.

• 불 모양대로 오린 펠트지를 꿰맨 후 방울솜으로 채운다.

2. 놀이 지원을 위한 교재교구의 제작 및 활용

2) 영아를 위한 교재교구

[활동 1] 모빌을 흔들어봐요
[활동 2] 딸랑이 소리를 들어요
[활동 3] 눈을 맞춰요
[활동 4] 먹이를 줘요
[활동 5] 내가 할 수 있어요
[활동 6] 짝을 찾아주세요
[활동 7] 빵가게 놀이를 해요
[활동 8] 물고기를 잡아보아요
[활동 9] 꽃게 다리를 만들어요
[활동 10] 소풍놀이

[활동 1]

모빌을 흔들어 봐요

기대목표
- 모빌의 움직임에 호기심을 갖는다.
- 모빌 소리에 주의를 기울여본다.

대상월령 0~6개월

활동유형 감각 · 탐색

활동자료 흑백 모빌, 펠트 놀잇감

활동방법

1. 시각과 청각을 이용해 모빌을 탐색한다.
   - 모빌에 인형이 많이 달려있네. 달도 있고, 꽃도 있고, 나비와 병아리도 있어.
   - (모빌을 조금 내려주며) 만져보니 부들부들 부드럽네.
   - ○○이가 모빌을 흔들어보니 딸랑딸랑 소리가 나.

2. 다양한 방법으로 모빌을 탐색할 수 있도록 격려한다.
   - (노래를 부르며) 나비야 나비야 이리 날아오너라. 호랑나비 흰나비 춤을 추며 오너라.
   - 나비가 팔랑팔랑 날아오네. 나비가 ○○ 머리에 앉았어.
   - ○○이가 나비를 잡으려 하니, 또 팔랑팔랑 날아 가버렸네.

3. 모빌을 만지며 놀이한다.
   - 모빌을 흔드니까 딸랑딸랑 방울 소리도 빠르게 들리네.
   - 빙글빙글 돌아가기도 하네. 다 함께 춤을 추는 것 같아.
   - (영아가 모빌을 만지며 탐색하는 것을 돕는다.) ○○이도 흔들어볼래?

4. 놀잇감을 흔들며 놀이한다.
   - 아, 이 나비를 잡고 싶었구나. 어디 한번 떼어볼까?
   - 방울 소리가 여기서 들리네. ○○이가 방울 소리를 찾았어.
   - 다른 인형에서는 어떤 소리가 날까?

놀이지원
- 영아가 모빌을 만지다가 떨어지지 않도록 단단히 고정한다.
- 눈을 마주치며 계속 상호작용을 이어나간다.
- 모빌에 호기심을 가질 수 있도록 계속 유도한다.

<흑백 모빌>

♥ 재료: 펠트지, 낚싯줄, EVA, 글루건

EVA를 대각선으로 고정한 뒤, 펠트지를 덮어 네모난 틀을 만든다. 굵은 실로 펠트지를 꿰매면 더 안정적이고 단단하다.

<펠트 놀이감>

♥ 재료: 펠트지(흰색, 검은색) 방울, 방울솜

만들고자 하는 모양을 펠트지에 그린 후 오린다. 오려낸 모양 펠트지 두 장을 겹쳐 꿰맨 후 방울과 방울솜을 넣어 마무리한다. 만든 모양 가운데에 낚싯줄을 연결한다. 낚싯줄에 색공을 끼거나 인형의 탈부착이 가능하게 만들 수 있다.

[활동 2] 딸랑이 소리를 들어요

기대목표	• 딸랑이 소리에 관심을 갖는다. • 소리를 듣고 반응한다.
대상월령	0~6개월
활동유형	감각 · 탐색
활동자료	동물 모양 딸랑이(병아리, 개구리)
활동방법	1. 딸랑이 소리를 들으며 어떤 소리인지 탐색한다. – (딸랑이를 영아가 안 보이는 곳에서 흔들며) 어? 이게 어디서 나는 소리지? – 무슨 소리일까? 2. 딸랑이를 탐색한다. – 이건 딸랑이라는 놀잇감이야. 어, 병아리(개구리) 모양이 있네? – 딸랑이를 만져볼까? 만져보니 부드럽고 푹신푹신하지? 3. 딸랑이를 가지고 놀아본다. – (흔들리는 딸랑이를 보며) 선생님이 손목을 흔드니까 딸랑이에서 소리가 나네? – (딸랑이를 영아의 손목에 채워주며) 선생님과 함께 딸랑이를 흔들어볼까? – 딸랑이를 흔들어 보니까 어떠니? 4. 활동을 마무리한다. – 딸랑이 소리를 듣는 것이 재미있었니? – 다음에 또 다른 소리를 들어보자.
놀이지원	• 딸랑이를 발목에 채워 발을 움직이며 탐색할 수도 있다.

<딸랑이>

♥ 재료: 펠트지, 실, 바늘, 벨크로, 솜

영아의 손목보다 조금 여유 있게 두꺼운 펠트지를 자른 후 두 겹을 겹쳐 박음질한다. 박음질한 것을 둥글게 말아 벨크로를 붙인 후 바느질한다.

<인형>

♥ 재료: 펠트지, 솜, 방울, 실, 바늘

개구리와 병아리는 먼저 펠트지에 모양을 그려 두 개씩 자른 후 겹쳐 버튼홀 스티치로 바느질한다. 거의 끝까지 바느질했을 때 솜을 넣고 바느질로 마무리한다.

Tip

버튼홀 스티치하기 전에 눈과 입, 병아리 날개 등을 먼저 홈질한다.

[활동 3] 눈을 맞춰요

기대목표	• 가리키는 사물에 주의를 기울인다. • 다양한 모양의 초점책을 탐색한다.
대상월령	7~12개월
활동유형	감각 · 탐색
활동자료	초점막대, 초점책
활동방법	1. 간단한 초점막대로 주의를 끈다. – 여기 검은색 동그라미가 있네? (검은색 동그라미 초점막대를 왼쪽, 오른쪽으로 옮긴다.) – 이번엔 검은색 동그라미를 위, 아래로 볼까? (검은색 동그라미 초점막대를 위, 아래로 옮긴다.) 2. 다양한 색의 초점책을 살펴본다. – 이번엔 검은색이랑 흰색만이 아닌 다양한 색으로 되어있는 것을 보여줄게. – 여기 여러 모양이 있구나. 어떤 모양인 것 같니? – 나무 모양을 만져볼까? 3. 활동을 마무리한다. – 초점책을 보니 어땠니? – 다음에 또 같이 보자.
놀이지원	• 영아의 반응을 천천히 기다린 후 상호작용한다.

<초점책>

♥ 재료: 펠트지, 하드보드지

초점책은 앞뒤로 구성되어 있으며, 다양한 색깔로 된 사물이 있는 책과 흑백으로만 구성된 책이 있어 두 가지 방법으로 볼 수 있다. 초점막대를 이용하여 영아와 함께 책을 가리키며 놀이한다.

Tip

하드보드지를 이용하여 상자 모양을 만든 후 그 위를 펠트지로 덮어 바느질한다. 마지막에는 똑딱단추를 달아준다.

<초점막대>

♥ 재료: 펠트지, 나무젓가락, 하드보드지

나무젓가락을 펠트지로 감싸고 바느질한 후 초첨막대 끝부분에 하드보드지로 세모, 동그라미 모양을 잘라 펠트지로 싼 후 막대와 연결해준다.

[활동 4]

먹이를 줘요

기대목표
- 통의 입구로 사물을 넣거나 빼본다.
- 사물을 주의 깊게 살펴보며 탐색한다.

대상월령 13~18개월

활동유형 신체

활동자료 동물 얼굴(원숭이, 토끼), 음식 모형(바나나, 당근), 손인형

활동방법

1. 자료를 보며 원숭이와 토끼의 이야기를 듣는다.

> 원숭이: ㅇㅇ아, 안녕! 난 원숭이야.
> 토끼: 난 토끼야, 안녕!
> 원숭이: ㅇㅇ아, 만나서 반가워.
> 바나나가 아주 맛있어 보이네.
> 토끼: 난 당근이 정말 먹고 싶어.
> 원숭이, 토끼: ㅇㅇ아, 우리에게 앞에 있는 바나나와 당근을 줄 수 있니?

2. 활동방법을 알아본다.
   - 원숭이와 토끼가 배가 너무 고프대.
   - (바나나와 당근을 보며) 여기 노란색 바나나와 주황색 당근이 있네?
   - 당근과 바나나를 누구에게 줄까?

3. 활동을 해본다.
   - (선생님이 먼저 보여주며) 원숭이에게 바나나를 줘볼게.
   - 그럼 당근은 누구에게 줄까?

4. 활동을 마무리한다.

> 원숭이, 토끼: ㅇㅇ아, 고마워. 덕분에 배가 정말 불러! 우리 다음에 또 만나자. 안녕!

놀이지원
- 영아가 입속으로 던져 보기도 하고 자유롭게 넣고 뺄 수 있도록 옆에서 격려한다.

<동물 얼굴>

♥ 재료: 분유통, 펠트지, 실, 바늘, 솜

펠트지로 동물 얼굴과 몸통 부분을 분유통 크기에 맞게 자른다. 모서리 부분을 따라 분유통에 대고 버튼홀 스티치한다. 귀 부분에는 솜을 넣어준다.

Tip

분유통 뚜껑을 닫고 입 부분에만 구멍을 뚫은 뒤, 펠트지를 크기에 맞게 잘라 버튼홀 스티치한다. 눈과 코는 분유 뚜껑에 바느질하기 전 미리 잘라 바느질한다.

<음식 모형>

♥ 재료: 펠트지, 실, 바늘, 솜

모양에 맞게 바나나와 당근을 두 겹씩 자른 뒤 버튼홀 스티치한다. 거의 바느질을 다 했을 때 솜을 넣어 마무리한다.

[활동 5] 내가 할 수 있어요

기대목표	• 소리와 촉감이 다른 책에 관심을 갖는다. • 사물의 모양과 특성을 교사와 함께 탐색한다.
대상월령	19~24개월
활동유형	감각 · 탐색
활동자료	조작책
활동방법	1. 영아와 그림책을 탐색한다. – 이건 무엇일까? 손가락으로 꾹꾹 눌러볼까? – 푹신푹신하네. OO이도 만져볼래? 어떤 느낌이니? 2. 책을 넘기며 다른 그림을 보여준다. – 꽃봉오리에 꽃잎이 없네? 꽃잎을 같은 색 보석에 끼워주자. 아름다운 꽃잎이 생겼네. – 이 토끼는 배가 고픈가 봐. 당근을 몇 개나 먹는 거야? 하나, 둘, 셋 ……. – ㅇㅇ이가 좋아하는 무당벌레다. 무당벌레의 날개에 지퍼가 있네. 지퍼를 내렸다가 올려보자. 3. 조작책을 이용해 혼자 놀이해본다. – 이번엔 ㅇㅇ이가 혼자 해볼래? – (뒤에서 격려한다.) 사과의 모양대로 똑같이 붙였구나. 사과가 주렁주렁 탐스럽게 열렸네.
놀이지원	• 영아가 책을 만져보며 탐색할 때 적절히 격려하고 지원한다. • 자연스럽게 영아와 상호작용하여 놀이의 흐름이 끊기지 않도록 한다. • 조작책을 만들 때 동물, 물건 등 큰 주제를 생각하여 구성하면 영아와 상호작용할 때 좋다.

<조작책>

♥ 재료: 펠트지, 심지솜, 비즈구슬, 지퍼, 벨크로, 단추, 소리칩(삑삑이)

책자의 크기를 정하고 들어갈 내용을 구성한다. 조작이 간단하며 영아가 흥미를 느낄만한 내용으로 선정한다.

Tip

병아리 안에 동물 소리칩을 넣어 두고 누르면 삐악삐악 소리가 나게 만든다.

Tip

지퍼 안에 작은 주머니를 만들어 놓는다.

Tip

단추 구멍을 살짝 크게 만들어 조작이 용이하도록 한다.

Tip

숫자 뒤에 벨크로를 부착해 숫자를 떼었다 붙여보는 활동을 하도록 돕는다.

Tip

사과를 붙이는 자리에 사과 모양 펠트지를 붙여 놓는다.

[활동 6]

짝을 찾아주세요

기대목표	• 사물의 부분을 주의 깊게 살펴보며 전체를 맞춘다. • 짝 찾기 주사위로 여러 가지 감각을 느껴본다.
대상월령	19~24개월
활동유형	감각 · 탐색
활동자료	짝 찾기 주사위 두 개
활동방법	1. 완성된 사물의 사진을 보고 이야기 나눈다. – 무엇인 것 같니? – 이것의 이름은 무엇일까? – 이 붕붕 자동차는 어떻게 생긴 것 같니? 2. 짝 찾기 주사위 속 다양한 모양과 색에 관심을 갖는다. – 동그란 모양도 있고, 흰색 네모도 있네. 또 어떤 모양이 보이니? – 다른 주사위에서 이것과 짝이 되는 면을 찾아보겠니? – 이 네모와 같은 색을 찾아보면 짝을 찾을 수 있을까? 3. 주사위를 탐색해보는 시간을 가진다. – 주사위를 만져보니 손끝의 느낌이 어떠니? – 주사위를 움직일 때마다 어떤 소리가 나네. 4. 짝 맞추기 활동을 한다. – 이것과 같은 색과 모양은 무엇일까? – 왜 이 두 개가 짝이 맞는 것 같아? – 이번엔 어떻게 해볼까?
놀이지원	• 영아의 흥미를 고려하여 짝 맞추는 그림을 유동성 있게 바꾸어 제공한다. • 완성된 그림 자료를 먼저 보여주거나, 참고할 수 있게 함께 제시해주는 것이 좋다. • 모양 맞추기를 어려워하는 영아에게는 색을 비교하는 방법으로 쉽고 친숙하게 놀이할 수 있도록 돕는다.

<짝 찾기 주사위>

♥ 재료: 펠트지, 스펀지, 실, 바늘, 방울

스펀지는 반으로 잘라 방울을 넣어 다시 붙인다. 스펀지 위에 버튼홀 스티치로 펠트지를 꿰매 튼튼하게 만든다.

Tip

방울을 고정할 때 소리가 제대로 들리는지 확인한다.

Tip

짝이 되는 그림끼리 배경색을 통일하여 색으로 쉽게 비교할 수 있게 만든다.

[활동 7]

빵가게 놀이를 해요

기대목표	• 빵가게 놀이에 관심을 갖는다. • 친구와 함께 놀이하는 즐거움을 느낀다.
대상월령	25~30개월
활동유형	역할
활동자료	다양한 빵 모형(단팥빵 3개, 도넛 5개, 식빵 4개), 제빵사 모자, 바구니, 집게
활동방법	1. 빵 모형을 탐색한다. – 이 빵은 어떻게 생겼어? / 방금 먹은 빵처럼 진짜 먹을 수 있을까? – 그렇구나. ㅇㅇ이가 말한 것처럼 동글동글하게 생겼네? – 여기 있는 빵들로 어떤 놀이를 할 수 있을까? 2. 빵가게 놀이에서 필요한 것을 이야기 한다. – 빵가게 놀이를 하려면 빵 말고도 무엇이 필요할까? – 어떤 것이 필요할까? – ㅇㅇ이는 빵을 골라보고 싶니? 3. 빵가게 놀이를 한다. – 빵가게 놀이를 해보자. – 빵을 골라볼 수 있겠니? 4.활동을 마무리한다. – 어떤 점이 재미있었니?
놀이지원	• 영아의 발달 수준을 고려하여 계산 등의 확장 활동을 하기 보다는 손님, 제빵사 역할을 단순하고 반복적으로 경험하며 놀이할 수 있도록 돕는다. • 다양한 빵의 실물 사진을 붙여 놀이에 활용할 수 있도록 한다. • 영아가 점토, 종이 등으로 직접 만든 빵을 이용해 놀이할 수 있다.

<앞치마 동화>

♥ 재료: 융, 펠트지, 벨크로

영아의 두상에 맞게 유동적으로 모자를 조절할 수 있도록 벨크로의 길이를 길게 재단한 뒤 꿰맨다.

<빵 바구니>

빵을 담아 놓을 수 있는 적당한 크기의 실제 바구니를 사용하여 영아 스스로 정리할 수 있는 기회를 제공한다.

<다양한 빵>

♥ 재료: 펠트지, 실, 바늘, 방울솜, 도안

다양한 빵의 모양을 구상하고 펠트지에 모양을 재단한다. 버튼홀 스티치로 바느질을 하고 솜을 넣어 마무리한다.

[활동 8]

물고기를 잡아보아요

기대목표	• 바닷속 다양한 물고기를 탐색해본다. • 낚시질을 하며 소근육을 조절한다.
대상월령	25~30개월
활동유형	신체
활동자료	낚싯대, 낚시판, 물고기, 바구니
활동방법	1. 다양한 물고기 모양을 탐색해본다. – 어떤 물고기가 있을까? – 상어도 있고 오징어도 있고 꽃게도 있고 해마, 불가사리, 고래도 있네? – 만져볼까? 어떤 느낌이 들어? 부드럽고 폭신폭신하네. 2. 물고기를 잡아보는 놀이방법에 대해 알아본다. – 여기 무엇이 있니? – 이것으로 무엇을 할 수 있을까? – 어떻게 물고기를 잡을까? 3. 낚시놀이를 해본다. – 먼저 낚싯대를 잡아볼까? – 줄로 물고기를 잡아보자. 4. 활동을 마무리하며 정리한다. – 낚시놀이를 해보니 어때? – 물고기는 어떻게 정리할까?
놀이지원	• 영아가 따라 할 수 있도록 교사가 시범을 보여준다. • 영아가 다양한 물고기의 모습을 탐색할 수 있도록 격려한다.

Tip

끝부분에 벨크로를 바느질해 접어 보관할 수 있도록 만든다.

<낚시판>

♥ 재료: 펠트지, 모양 펠트지, 분유통, 솜

두꺼운 하늘색 펠트지에 여러 가지 해초 모양을 접착 펠트지로 잘라 붙여준다. 뒷면에 두꺼운 펠트를 한 겹 더 대어 바느질해준 후 손잡이를 잘라 박음질한다.

<물고기>

♥ 재료: 펠트지, 솜, 바늘, 실, 클립

물고기 모양에 맞게 펠트지를 두 겹 자르고 버튼홀 스티치한다. 눈과 입을 바느질하고 거의 다 바느질했을 때쯤 솜을 넣고 클립을 반 정도 넣어 바느질해준다.

<낚싯대>

♥ 재료: 펠트지, 나무 막대, 솜, 자석, 실

나무 막대에 펠트지를 감싼 뒤 박음질한다. 위에 나뭇잎 모양을 잘라 붙이고 실을 사이에 넣어 바느질한다. 실 끝에는 자석을 넣은 작은 미끼 인형을 연결하여 바느질해 마무리한다.

[활동 9]

꽃게 다리를 만들어요

기대목표
- 빨래집게를 사용하며 소근육을 조절한다.
- 활동에 관심을 가지고 즐긴다.

대상월령 25~30개월

활동유형 신체

활동자료 꽃게 인형, 정리 상자, 빨래집게 24개

활동방법

1. 꽃게 인형을 탐색한다.
   - 꽃게 모양이 어떠니?
   - 이것은 무엇일까? 꽃게 다리구나.

2. 빨래집게를 탐색한다.
   - 이것을 본 적이 있니?
   - 이것은 어떻게 꽂을까?
   - 이것으로 꽃게 다리를 만들어볼까?

3. '꽃게 다리를 만들어요' 활동을 한다.
   - 꽃게 다리를 꽂아보자.
   - 몇 개를 꽂을 수 있겠니?
   - 다 꽂고 나니 어떠니?

4. 활동을 마무리한다.
   - 어려운 점은 없었니?
   - 어떤 점이 가장 재미있었니?

놀이지원
- 빨래집게를 사용할 때 주먹을 쥐듯이 잡는 영아가 손가락에 힘을 주어 집게를 벌릴 수 있도록 도와 격려한다.

<꽃게 인형>

♥ 재료: 펠트지, 실, 바늘, 방울솜

펠트지로 꽃게 모양 도안을 색깔별로 두 장을 만들고, 방울솜을 넣어 꼼꼼히 꿰맨다.

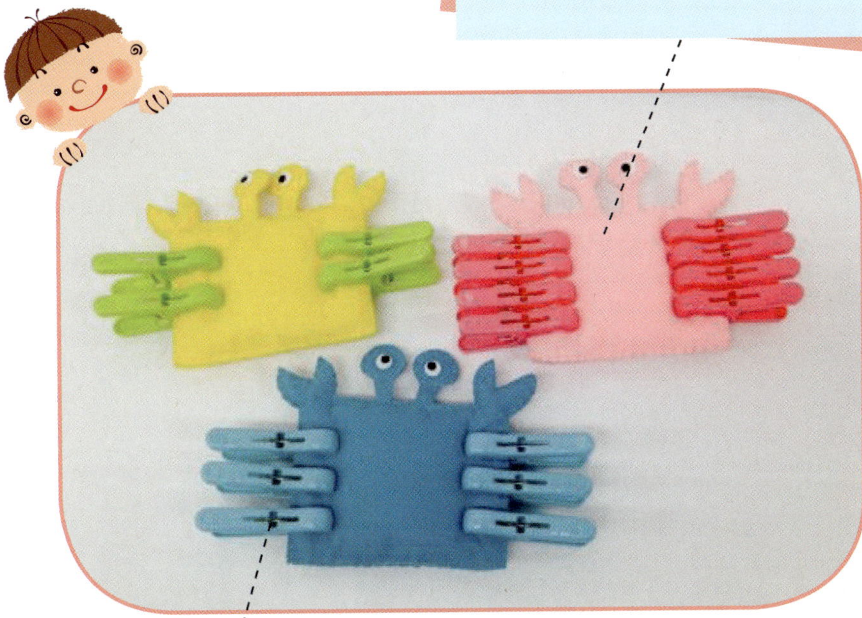

<빨래집게>

완만한 곡선으로 이루어진 집게를 사용하도록 한다. 집게주둥이 안쪽에 펠트지 등을 붙여놓아 살이 집혀도 아프지 않게 한다.

[활동 10]

소풍놀이

기대목표	• 도구를 탐색하고 사용하며 눈과 손의 협응능력을 기른다. • 가상 놀이를 해보며 소풍의 즐거움을 느껴본다.
대상월령	31~36개월
활동유형	역할
활동자료	김밥, 과일, 접시, 칼, 도시락 통, 작은 돗자리, 가방
활동방법	1. 소풍에 대한 경험을 이야기한다. – 소풍을 가본 적이 있니? – 소풍을 갈 때 무엇을 먹었니? 2. 소풍 갈 때 필요한 것들을 준비해본다. – 우리도 소풍을 가볼까? – 소풍 갈 때 무엇이 필요할까? – 소풍 도시락을 싸보자. – 김밥을 어떻게 썰어야 할까? – 김밥을 어디에 담을까? 3. 소풍놀이를 한다. – 소풍을 어디로 갈까? 함께 가보자. – 어디에 돗자리를 펼까? 소풍 오니 마음이 어떠니? – 맛있게 도시락을 먹자. 4. 활동을 마무리하며 정리한다. – 소풍놀이를 해보니 어땠니? – 다음에는 무엇을 가지고 갈까?
놀이지원	• 소풍에 대해 영아들이 잘 모를 수 있으므로 다양한 경험을 떠올려 연관 지어 볼 수 있도록 한다. • 소풍놀이의 소품을 다양하게 준비해줄 수 있다.

<김밥>

♥ 재료: 백업, 벨크로, 절연 테이프

백업을 김밥 크기로 맞게 잘라 테두리를 절연 테이프로 감싸준다. 노란색, 연두색, 빨간색, 주황색 벨크로를 한쪽은 갈고리, 한쪽은 걸림고리를 붙여 다른 김밥과 서로 맞붙게 한다.

<칼>

♥ 재료: 펠트지, 하드보드지, 솜

하드보드지를 칼 모양에 맞게 자르고 펠트지를 조금 더 크게 두 겹 자른다. 하드보드지를 가운데 대고 펠트지를 덮어 버튼홀 스티치한다. 손잡이도 모양을 자른 뒤 바느질한다.

<과일>

♥ 재료: 펠트지, 솜, 실, 바늘

과일의 특성에 맞게 모양을 구성하고 도안한다. 펠트지를 크기에 맞게 자른 후 꿰매고 솜을 넣어 입체감 있게 제작한다. 수박씨는 검은색 펠트지를 이용하여 홈질해준다.

3. 활동지원을 위한 교재교구의 제작 및 활용

[활동 1] 나의 꿈은 무엇일까?
[활동 2] 교통기관을 이용해요
[활동 3] 내 마음
[활동 4] 누가 누구를?
[활동 5] 무지개 물고기
[활동 6] 번쩍이의 여행
[활동 7] 북적북적 우리 동네 이야기
[활동 8] 빨간 모자의 심부름
[활동 9] 빨간 버스
[활동 10] 우리 집의 특별한 날
[활동 11] 자동차도 쉬어요
[활동 12] 코끼리 형님의 나들이
[활동 13] 수박파티
[활동 14] 우리 동네
[활동 15] 오일장에 가요
[활동 16] 공공기관을 찾아요
[활동 17] 동물 과녁 맞추기
[활동 18] 꿀벌이 꿀을 모아요
[활동 19] 동물 고리 던지기
[활동 20] 펭귄에게 먹이를 주세요

[활동 1]

나의 꿈은 무엇일까?

기대목표	• 다양한 직업에 관심과 호기심을 갖는다. • 자신의 꿈에 대해 생각해보고 말로 표현할 수 있다.		
대상연령	5세	활동유형	이야기 나누기
활동자료	나의 꿈 상자, 직업 카드		
활동방법	1. 우리 동네의 다양한 직업에 대해 이야기를 나눈다. – 우리 동네에는 어떤 직업들이 있을까? – 그 직업은 어떤 일을 하니? – 우리가 본 직업 말고, 더 알고 있는 직업이 있니? 2. 꿈 상자를 소개한다. – 이 상자 안에 무엇이 있을 것 같니? – 꿈 상자 안에 있는 직업 카드를 살펴보자. 3. 꿈 상자를 본 후 자신의 꿈에 대해 이야기 나눈다. – 우리가 꿈 상자에서 본 다양한 직업에는 무엇이 있었니? – 이 중에서 너희가 어른이 되어 하고 싶은 일이 있었니? – 나의 꿈을 친구들에게 소개해줄 수 있는 사람 있니? 4. 활동을 평가한다. – 꿈 상자를 보고 꿈에 대해 이야기 나누어봤는데 어땠어? – 나의 꿈을 생각해보니 어떤 느낌이 들었어?		
놀이연계	• 자신이 하고 싶은 직업이나 알아보고 싶은 직업에 대해 알아봄으로써 직업의 다양성을 이해하는 경험을 갖는다. • 유아들이 직접 직업 카드를 만들 수 있다.		

준비물 | 하드보드지, 한지, 목공본드, 벨크로, 펠트지, 직업 카드 프린트

제작 방법

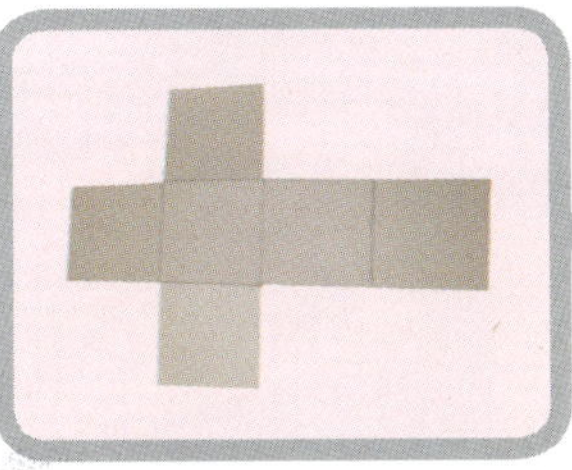

• 하드보드지를 정육면체 전개도로 자른다.

• 자른 전개도를 목공본드를 붙여 상자로 만든다.

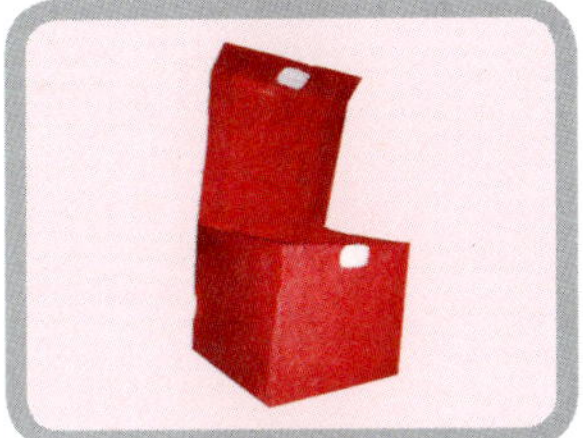

• 상자에 한지를 붙이고 목공본드를 바른다.

• 하드보드지를 자른 뒤 두 장을 합친다.

• 합친 하드보드지에 한지를 붙인다.

• 그 위에 프린트한 것을 붙이고 목공본드를 바른다.

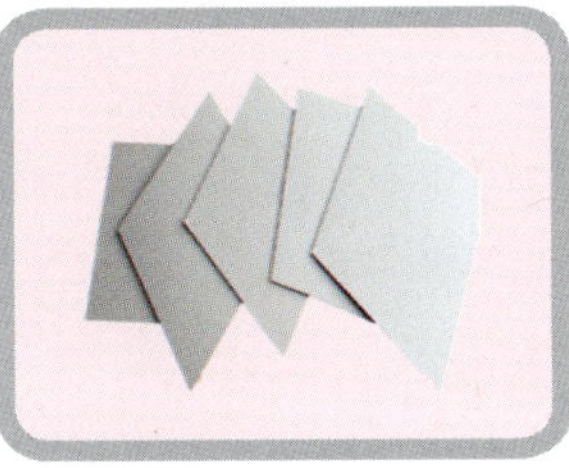

• 교구를 담을 상자를 하드보드지로 자른다.

• 펠트지 두 장 안에 하드보드지를 넣고 바느질한다.

• 바느질한 6개의 하드보드지를 연결해 상자를 만든다.

[활동 2]

교통기관을 이용해요

기대목표	• 교통기관을 이용할 때 규칙이 필요함을 안다. • 교통기관의 규칙에 대해 관심을 가지고 규칙을 지키는 태도를 갖춘다.		
대상연령	5세	활동유형	이야기 나누기
활동자료	택시, 버스, 지하철 모형의 이야기 나누기 자료		
활동방법	1. 교통기관을 이용해본 경험에 대해 이야기 나눈다. – 자동차, 버스, 지하철을 이용해본 적 있니? – 어떤 교통기관을 이용해보았니? – 버스나 지하철을 이용해보니 어땠니? 2. 교통기관 규칙에 대해 이야기 나눈다. – 자동차를 탈 때 지켜야 할 규칙은 무엇이 있을까? – 자동차를 탈 때 안전벨트를 매지 않으면 어떤 일이 일어날까? – 버스를 탈 때 지켜야 할 약속은 무엇이 있을까? – 지하철을 탈 때 지켜야 할 약속은 무엇이 있을까? 3. 활동을 평가한다. – 새롭게 알게 된 점 있었니? – 기억에 남는 점 있니?		
놀이연계	• 교통기관 규칙을 알아보고 자신의 경험을 다양한 낱말을 사용하여 이야기해본다. • 버스나 지하철 외에 다른 교통기관의 약속에 대해 알아본다.		

준비물 | 폼보드, 우드락 본드, 한지, 바니시, 하드보드지

제작 방법

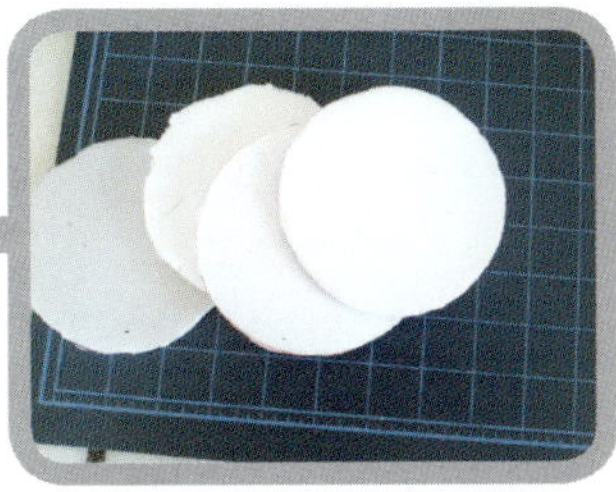

• 폼보드에 각 교통기관의 모양을 그린 후 자른다.

• 이야기 나누기 자료를 놓을 지지대를 만든다.

• 한지를 자른 뒤 붙인다.

• 바니시를 바른다.

• 이야기 나누기 자료를 프린트하고 하드보드지에 붙인다.

• 교구를 완성한다.

[활동 3]

내마음

기대목표	• 나에게 여러 가지 감정이 있다는 것을 안다. • 동시를 주의 깊게 감상한다.		
대상연령	4세	활동유형	동시
활동자료	동시판, 감정카드 (동시 출처: 4세 누리과정 지도서 '나와 가족')		
활동방법	1. 감정카드를 보여주며 여러 감정에 대해 이야기 나눈다. – 이 아이의 기분이 어떤 것 같니? – 어떤 걸 보고 아이의 기분을 알 수 있었어? 2. 동시를 감상한다. – 여러 가지 감정이 들어 있는 동시를 들어보자. 3. 시를 듣고 자신의 생각과 느낌을 말해본다. – 시에 어떤 감정들이 있어? – 너희는 어떨 때 이런 감정이 드니? – 감정을 느꼈을 때 어떻게 행동했어? – 또 어떤 감정들이 있을까? 4. 활동을 평가한다. – 시를 읽고 어떤 감정들이 느껴졌니? – 우리 마음을 동시로 지어보면 어떨까?		
놀이연계	• 거울을 보면서 자신의 표정을 다양하게 지어보며 여러 가지 감정을 알아본다.		

준비물 | EVA, 함석판, 우드락, 한지, ND자석, 실, 열선 커터기

제작 방법

• EVA를 자른다.

• 배지 EVA를 자른다.

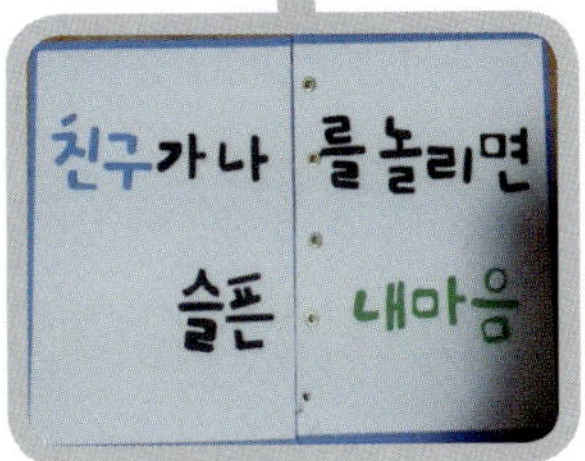

• 글씨를 검은색 EVA로 자른다

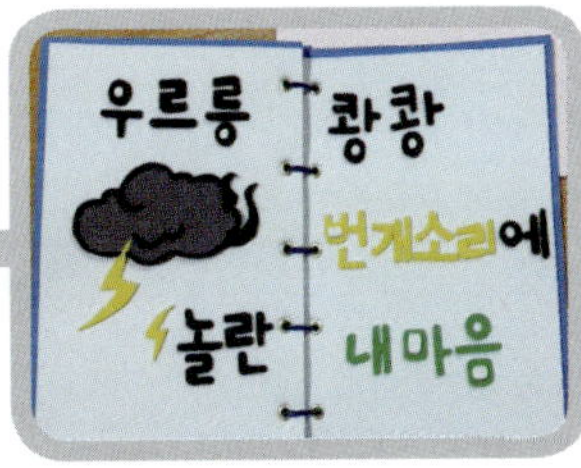

• EVA에 그림을 그리고 잘라 붙인다.

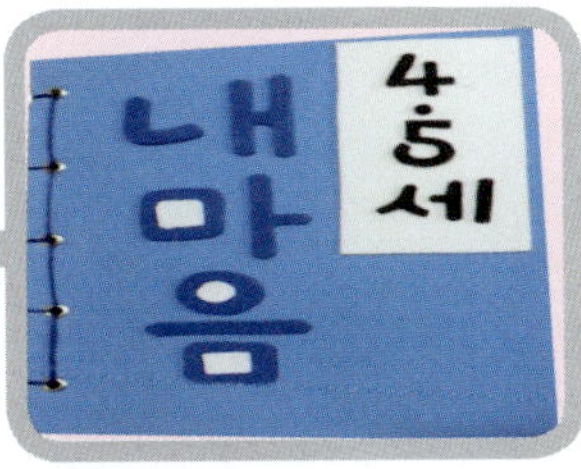

• 실로 엮는다.

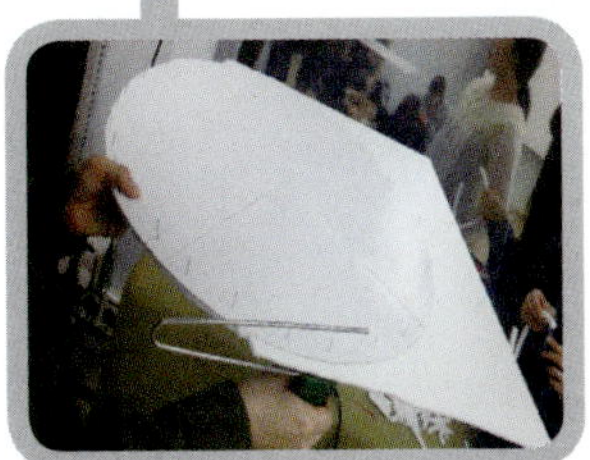

• 우드락을 원 모양으로 자

• ⑥번에 얼굴을 그린 후 얼굴 모양대로 안쪽을 자른다.

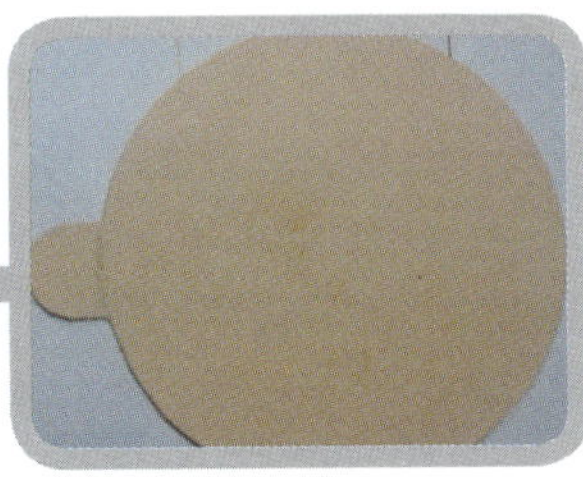

• 얼굴모양 우드락을 자른 후 한지를 붙이고 다양한 표정을 붙인다.

• ⑧을 ⑦의 뒷면에 얼굴이 돌아가도록 붙인다.

[활동 4]

누가 누구를?

기대목표	• 동물의 먹이사슬 관계를 이해한다. • 동시에 흥미를 느끼고 바른 태도로 듣는다.		
대상연령	5세	활동유형	동시
활동자료	동시판 「누가 누구를?」(글 – 이희경), 먹이사슬 상자 (동시 출처: 4세 누리과정 지도서 '동식물과 자연')		
활동방법	1. 동시의 제목을 보며 어떤 내용일지 상상하며 이야기한다. – 오늘 우리가 볼 동시인데 제목을 한 번 읽어볼게. – 제목을 보니 어떤 내용의 동시일 것 같니? 2. 동시판을 보며 「누가 누구를?」 동시를 듣는다. – 동시를 들어보니 어떤 내용이었어? – 어떤 동물이 나왔었니? 3. 동시를 듣고 느낌을 이야기 나눈다. – 동시를 들어보니 어떤 느낌이 들었어? – 누가 누구를 잡았니? 4. 활동을 평가한다. – 어떤 점이 재미있었니? – 동시를 가지고 해보고 싶은 활동이 있어?		
놀이연계	• 동시의 반복되는 구절은 따라 말하며 듣는다. • 말의 운율이나 흥미로운 구절의 반복 등에서 우리말의 반복적 운율, 아름다운 우리말을 경험한다.		

준비물 | 하드보드지, 접착 펠트지, 고리, 탁상달력, 원형 벨크로, 머메이드지, 글루건

제작 방법

• 탁상달력을 접착 펠트지로 감싸고 위쪽에 구멍을 뚫는다.

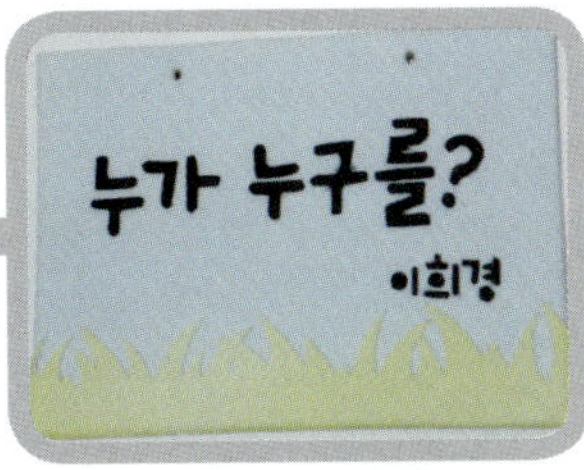

• 하드보드지에 동시를 접착 펠트지로 붙여 구멍을 뚫는다.

• 동물, 의태어, 종이는 코팅한 뒤 원형 벨크로를 붙인다.

• 고리로 ①과 ②를 엮는다.

• 하드보드지가 점점 커지도록 상자 4개 분량으로 만든다.

• ⑤를 글루건으로 붙이고 접착 펠트지로 감싼다.

• 각 큰 상자에 접착 펠트지로 만든 동물을 붙인다.

• 하드보드지를 점점 크게 만들고 동물과 벨크로를 붙인다.

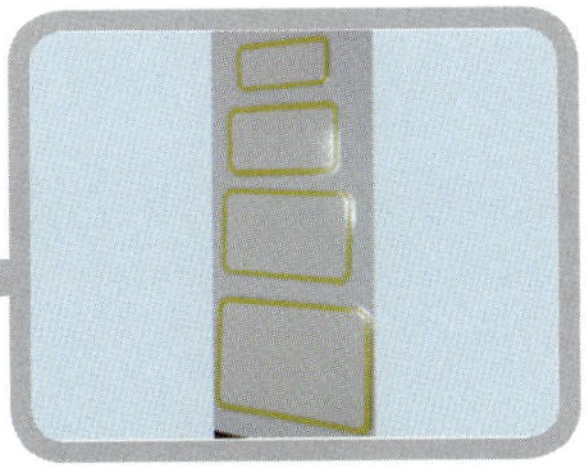

• 종이에 코팅을 한 뒤 원형 벨크로를 붙인다.

[활동 5]

무지개 물고기

기대목표	• 친구들과 사이좋게 지내는 방법을 안다. • 동화를 주의깊게 듣는 태도를 기른다.		
대상연령	4세	활동유형	동화
활동자료	동화판, 물고기 인형 (동화 출처: 『무지개 물고기』 – 마르쿠스 피스터 글 · 그림 / 공경희 역 / 시공주니어)		
활동방법	1. 친구에 대해 이야기 나눈다. – 너희는 어떤 친구가 좋니? – 친구가 어떻게 할 때 속상하니? 2. 동화를 듣는다. – 『무지개 물고기』 동화를 들어보자. 3. 동화를 회상한다. – 동화에 어떤 물고기들이 나왔니? – 무지개 물고기가 처음에 다른 물고기들에게 어떻게 말했어? – 마지막에 무지개 물고기는 어떻게 변했니? 4. 친구와 사이좋게 지내는 방법에 대해 이야기 나눈다. – 무지개 물고기는 친구와 사이좋게 지내기 위해 어떻게 했어? – 친구와 사이좋게 지내기 위한 방법에는 무엇이 있을까? 5. 활동을 평가한다. – 무지개 물고기를 읽어보았는데 어떤 느낌이 들었어? – 가장 기억에 나는 것은 어떤 내용이었니?		
놀이연계	• 『무지개 물고기』 등장인물 뒷면에 벨크로를 붙여 동극활동을 한다. • '무지개 물고기를 꾸며봐요.' 미술활동을 한다.		

준비물 | 폼보드, 한지, 목공본드, 붓, 빨대, 펠트지, 자석, 솜, 고무줄, 함석판

제작 방법

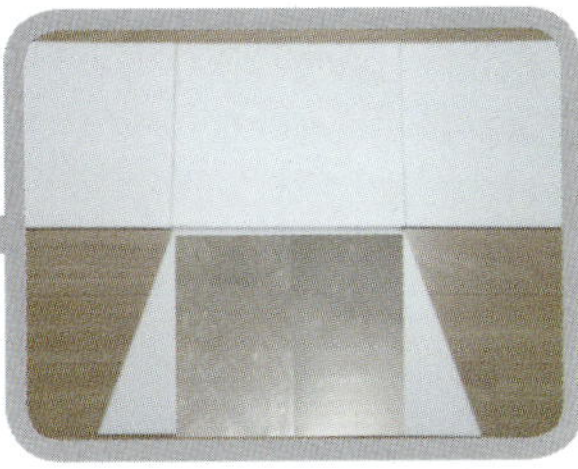

• 폼보드를 자른 후, 바닥면으로 쓰일 폼보드에 함석판을 붙인다.

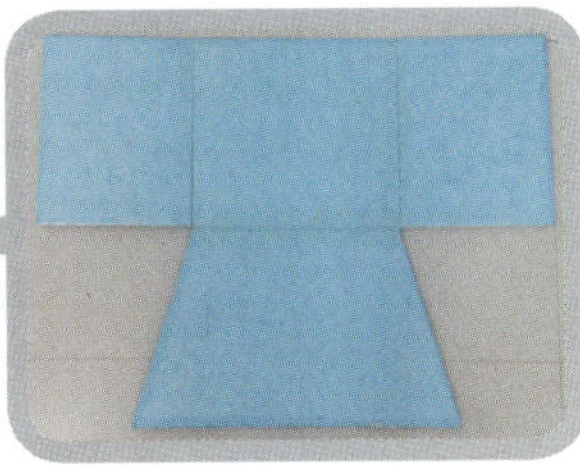

• 폼보드를 한지로 감싸 목공본드로 붙인다.

• 동화판을 펠트지로 꾸민다.

• 펠트지를 물고기 모양으로 자른다.

• 물고기 뒷면에 자석을 붙인다

• 펠트지를 바느질한 후, 솜과 ND자석을 넣고 바느질한다.

• 물고기 모양의 펠트지에 솜을 넣어 바느질한다.

• 물고기 뒷면에 고무줄을 달아 빨대를 끼울 수 있도록 한다.

• 자석을 붙인 빨대를 물고기와 연결한다.

[활동 6]

번쩍이의 여행

기대목표	• 생활도구를 움직이는 힘에 대해 관심을 갖는다. • 동화 듣는 것에 즐거움을 느낀다.		
대상연령	4세	활동유형	동화
활동자료	동화자료 「번쩍이의 여행」 (동화 출처: 4세 누리과정 교사용 지도서, '생활도구')		
활동방법	1. 우리 주변의 생활도구가 움직이는 모습에 대해 이야기 나눈다. – 우리를 시원하게 해주는 선풍기는 어떻게 움직이는 걸까? – 어두울 때, 환하게 불을 비춰주는 전등은 어떻게 켜지는 걸까? 2. 동화를 듣는다. – 「번쩍이의 여행」동화를 들어보자. 3. 동화의 내용에 대해 이야기를 나눈다. – 번쩍이는 여행을 하면서 누구를 만났니? – 해님, 바람, 자전거는 어떤 일들을 했니? – 번쩍이가 사람을 도울 수 있는 일은 또 무엇이 있을까? 4. 활동에 대해 평가한다. – 동화 속 어떤 장면이 가장 재미있었니? – 이 책을 더 읽어보고 싶은 사람은 자유놀이시간에 언어 영역에서 읽어보자.		
놀이연계	• 전기 관련한 정보책을 제시하거나, 과학 활동과 연계하여 활동할 수 있다.		

준비물 | 도화지, 색지, 색연필, 불투명 시트지, 하드보드지, 반짝이 가루, 바니시, 폼보드, 한지, 전구, 전선

제작 방법

• 동화 배경은 색지를 잘라 붙이고 색연필로 명암을 준다.

• 배경의 색지가 떨이지지 않도록 불투명 시트지를 붙인다.

• 번개모양 하드보드지에 반짝이를 뿌리고 바니시를 칠한다.

• 배경의 전깃줄 위치에 칼집을 내어 번쩍이를 걸어준다.

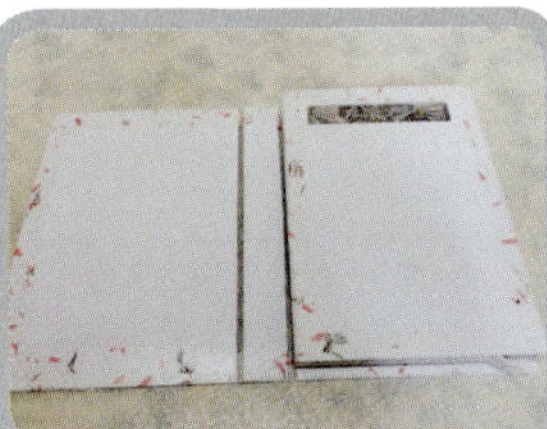

• 마지막 장면은 폼보드로 상자를 만든다.

• 마지막 장면의 전등 모양을 자르고 아크릴판을 붙여준다.

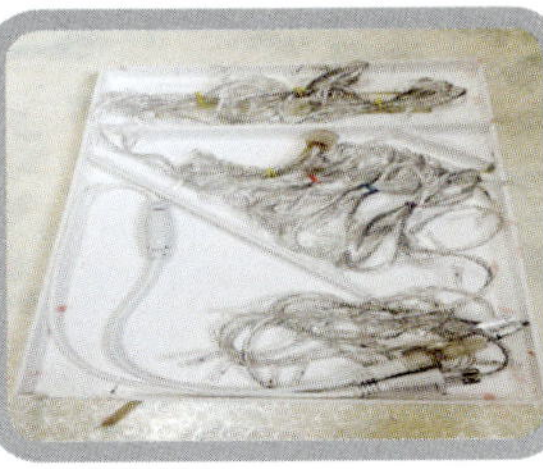

• 마지막 장면의 상자에 전구와 전선을 넣는다.

• 표지는 폼보드에 한지를 감싸고 목공본드를 칠한다.

• 장면들과 표지를 책처럼 이어 붙인다.

[활동 7]

북적북적 우리 동네 이야기

기대목표	• 동네가 생겨나는 과정에 대해 이해한다. • 동화를 읽고 즐거움을 느낀다.
대상연령	4세
활동유형	동화
활동자료	「북적북적 우리 동네 이야기」 동화 자료, 동네사진

활동방법

1. 동네 사진을 보며 내가 사는 동네에 무엇이 있는지 이야기해본다.
   - 사진 속 장소가 어디인지 아니? 이곳에서는 무엇을 하니?
   - 우리 동네에 다양한 가게, 기관, 건물이 있네.
2. 「북적북적 우리 동네 이야기」를 듣는다.
   - 어떻게 해서 동네가 생겨났는지 동화를 들어보자.

〈북적북적 우리 동네 이야기〉

지은이 – 권소영

아무도 살지 않는 언덕에 작은 집이 있었어요. 그러던 어느 날, 작은 집 주변에 사람들이 집을 세우고 이사 오기 시작했어요. 작은 집에게 이웃이 생겼지요. 사람들이 늘어나자 가게가 필요했어요. 빵가게도 생기고 과일가게도 생기고 미용실도 생겼어요. 점점 동네는 북적북적해졌지요. 사람들이 더 늘어나자 아이들을 위해 유치원을 세웠어요. 아픈 사람을 치료하는 병원도 생기고, 마을을 지키는 경찰서도 생겼어요. 편지를 배달하는 우체국도 생겼어요. 어느 날은 커다랗고 높은 빌딩이 생겼어요. 높다란 회사건물들이 많이 생겨났어요. 오가는 사람이 많아지자 전철역도 생겼어요. 점점 동네는 더욱더 북적북적해졌지요. 그렇게 해서 지금 우리 마을의 모습이 되었어요. 앞으로 우리 마을은 또 어떻게 변화할까요?

3. 동화의 내용에 대해 이야기 나눈다.
   - 동화에 어떤 것들이 나왔니? 어떤 일을 할까? 왜 필요할까?
4. 활동에 대한 평가를 하고, 동화를 활용한 놀이방법에 대해서 이야기 나눈다.

놀이연계

• 우리 동네에 실제로 있는 건물 사진을 제시하고 자신이 알고 있는 가게, 기관, 건물 등에 대해서 알아보고 다양한 놀이로 연계한다.

준비물 | 머메이드지, 우드락, 양면테이프, 함석판, ND자석, 열선 커터기, 목공본드, 바니시, 컴퍼스, 붓, 함석가위

제작 방법

- 만들 건물목록을 정하고, 디자인을 한다.

- 도안을 보고 머메이드지를 잘라 양면테이프로 붙인다.

- 만든 건물에 우드락을 붙여 열선 커터기로 자른다.

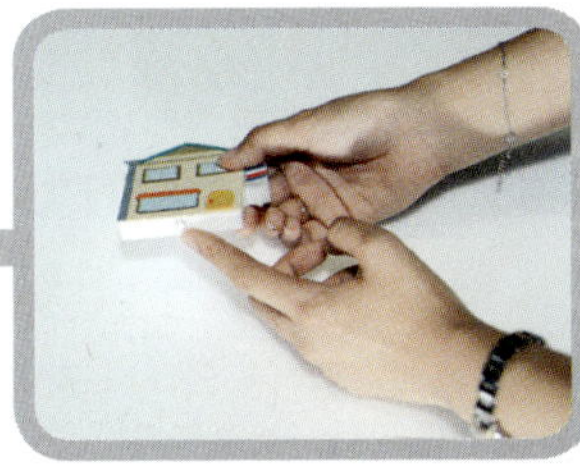

- 바닥에 닿는 부분에 ND자석을 심는다.

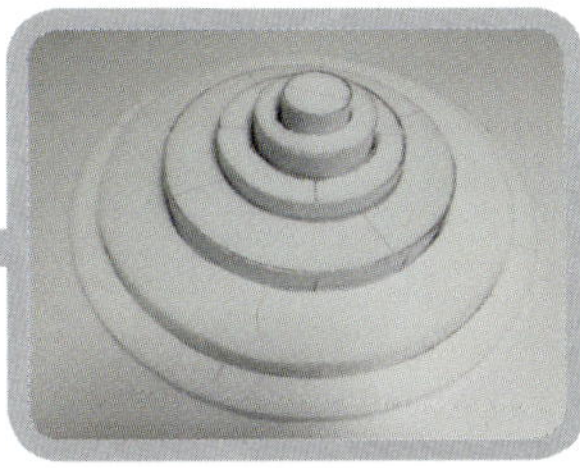

- 우드락에 컴퍼스로 그려 잘라 배경이 될 원판을 만든다.

- 우드락 크기에 맞추어 함석판을 함석가위로 자른다.

- 건물과 원판에 어울리는 한지를 목공본드로 붙인다.

- 모든 면에 바니시를 바르고 말린다.

- 말린 건물들을 순서에 맞추어 배경판에 배치한다.

[활동 8]

빨간 모자의 심부름

기대목표
- 심부름할 때 지켜야 할 약속이 있음을 안다.
- 부모님을 도와드리는 태도를 갖는다.

대상연령	5세	활동유형	동화

활동자료 입체상자동화, 배경판, 막대 인형, 펠트 모형

활동방법

1. 심부름에 대해 이야기를 나눈다.
   - 심부름을 가본 적 있니?
   - 어떤 심부름을 해보았니?
2. 동화 「빨간 모자의 심부름」을 듣는다.

> 〈빨간 모자의 심부름〉
> 작은 숲 속 마을에 엄마와 함께 사는 빨간 모자를 쓴 소녀가 있었어요. 어느 날 엄마가 맛있는 빵을 구워 할머니께 가져다 드리라고 했어요. 빨간 모자는 노래를 부르며 숲 속을 걸어갔어요. 그때 숲 속에서 토끼가 나타났어요. "빨간 모자야, 어디 가니?", "엄마가 할머니께 빵을 가져다 드리라고 해서 심부름을 가고 있어!" 토끼가 말했어요. "빨간 모자야, 내가 길을 알아. 저 숲으로 들어가면 지름길이 있어!", "저 길은 어둡고 컴컴해! 엄마가 알려준 길이 안전할 것 같아!" (중략) 그때 숲 속에서 늑대가 나타났어요. 늑대는 말했어요. "너희 할머니께서 너를 데리고 오라고 하셨어." "거짓말! 할머니께서 내가 도착할 때까지 집에 계시기로 약속했어! 이 나쁜 늑대! 도와주세요~!" 무사히 할머니 집에 도착한 빨간 모자는 할머니와 함께 맛있는 빵을 먹으며 행복한 시간을 보냈답니다.

3. 심부름할 때 지켜야 할 약속에 대해 이야기 나눈다.
   - 심부름을 할 때 어떤 점을 조심해야 할까?
   - 우리가 심부름을 할 때 지켜야 할 약속들이 더 있을까?
4. 활동을 마무리하며 평가한다.

놀이연계
- 「빨간 모자의 심부름」을 동극활동으로 놀이를 확장할 수 있다.

준비물 | 우드락, 폼보드, 펠트지, 스펀지, ND자석, 하드보드지, 한지, 방울솜, 목공본드

제작 방법

• 밑상자를 폼보드로 재단하여 조립한다.

• 모형과 막대 인형 조작을 위한 구멍, 자석을 넣은 뚜껑을 만든다.

• 펠트지로 나무를 만든다.

• 폼보드를 잘라 사진을 붙인다.

• 스펀지 밑에 자석을 박고 펠트지를 둘러 바느질한다.

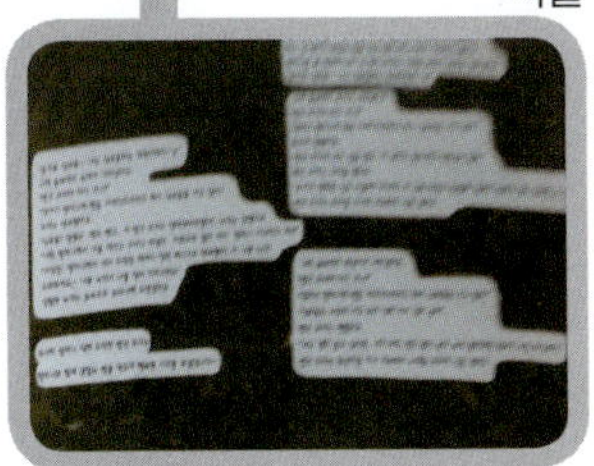

• 배경 뒷부분에 동화 내용을 붙인다.

• 펠트지로 인물을 만든다.

• 집 모양 밑에 자석을 넣은 우드락을 붙인다.

• 폼보드에 제목을 붙인다.

[활동 9]

빨간 버스

기대목표	• 흥미를 느끼고 말로 표현할 수 있다. • 동화의 내용과 제시 방법에 관심과 흥미를 갖는다.		
대상연령	4세	활동유형	동화
활동자료	영화 필름 동화교구, 동화 OHP 필름 (동화 출처: 『빨간 버스』 – 제인 고드윈 글 · 안나 워커 그림 / 강도은 역 / 파랑새)		
활동방법	1. 「빨간 버스」 제목을 보고 어떤 내용일지 생각해본다. – 무슨 내용일 것 같니? 2. 『빨간 버스』 동화 내용을 듣는다. – 이 동화는 어떻게 하면 그림이 보일까? – 동화를 들어보자. 3. 『빨간 버스』 동화 내용을 회상해본다. – 키티의 마음은 어땠을까? – 키티를 누가 도와줬었니? 4. 『빨간 버스』 동화를 들은 후 자신의 경험이나 생각과 느낌을 이야기 나눈다. – 동화에서 어떤 부분이 가장 기억에 남니?		
놀이연계	• 미술활동으로 큰 상자를 이용해 빨간 버스 만들기 활동을 할 수 있다.		

준비물 | 폼보드, 하드보드지, 한지, OHP 필름, 아크릴판, 목공본드, 바니시, 강력본드, 마스킹테이프, 돌아가는 판

제작 방법

• 폼보드를 액자 모양으로 6개 만든다.

• 한지로 감싸고 꾸민 뒤 뒷면에 아크릴판을 붙인다.

• 폼보드로 육각형을 만들고 한지를 붙인 후 돌아가는 판을 붙인다.

• 밑면에 6개의 면을 강력본드로 붙인다.

• 안에도 한지를 감싼 폼보드를 위와 같이 붙여준다.

• 뚜껑모양으로 자르고 한지로 감싼다.

• 하드보드지로 자르고 한지로 감싼다.

• OHP 필름에 동화 이미지를 인쇄하고 코팅한다.

• 글씨를 한지로 잘라 붙이고 목공본드와 바니시를 바른다.

[활동 10]

우리 집의 특별한 날

기대목표	• 동화를 듣고 우리 집의 특별한 날에 대해 관심을 갖는다. • 우리 가족의 특별한 날에 대해 말할 수 있다.		
대상연령	3세	활동유형	동화
활동자료	가족의 특별한 날 사진, 정육면체 퍼즐동화판 (동화 출처: 3세 누리과정 교사용 지도서 '나와 가족')		
활동방법	1. 가족의 특별한 날 사진을 보며 사진 속 상황에 대해 이야기 나눈다. – (사진을 보여주며) 사진을 보니 어떤 날인 것 같아? – 가족이 함께 모여서 즐겁게 무엇인가 하는 날은 가족들에게 정말 특별한 날이래. 2. 동화를 감상한다. 3. 동화 「우리 집의 특별한 날」의 내용을 회상한다. – 이 동화에 어떤 친구들이 나왔지? – ㅇㅇ네 집에는 어떤 특별한 날이 있었을까? 4. 우리 집의 특별한 날에 대해 이야기를 나눈다. – '우리 집엔 이런 특별한 날이 있어요.' 하는 사람 있니? – '우리 집에 이런 특별한 날이 있으면 좋겠다.' 하는 생각이 든 사람 있니? 5. 활동을 마무리한다. – 오늘 친구들의 집에 어떤 특별한 날들이 있었지? – 다른 친구들의 이야기도 들어 봤는데, 어떤 친구의 이야기가 가장 기억에 남았니?		
놀이연계	• 달력에 우리 집의 특별한 날을 표시해본다.		

준비물 | EVA, 색상지, 아크릴 물감, 젯소, 양면테이프, 순간접착제

제작 방법

• EVA 정사각형으로 자른 후, 두 개를 붙인다.

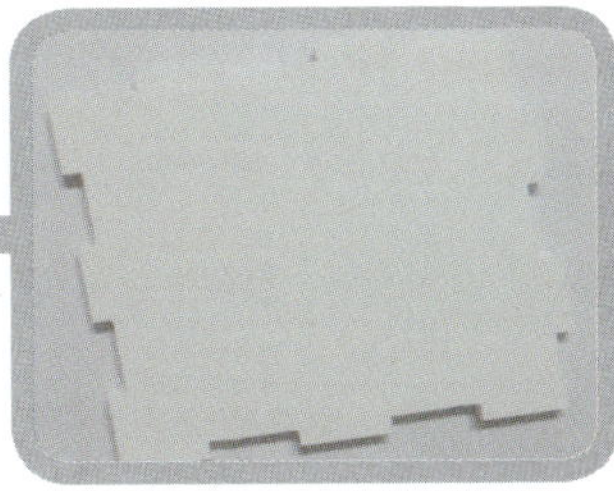

• 핀의 나눠 들어간 부분을 칼로 자른다.

• EVA폼을 각각 동화 장면에 맞게 자른다.

• 잘라놓은 EVA를 퍼즐판 위의 각 동화 장면에 맞게 붙인다.

• 아크릴 물감을 이용하여 눈, 코, 입을 그린다.

• 퍼즐판의 모서리 부분에는 붓으로 젯소를 바른다.

[활동 11]

자동차도 쉬어요

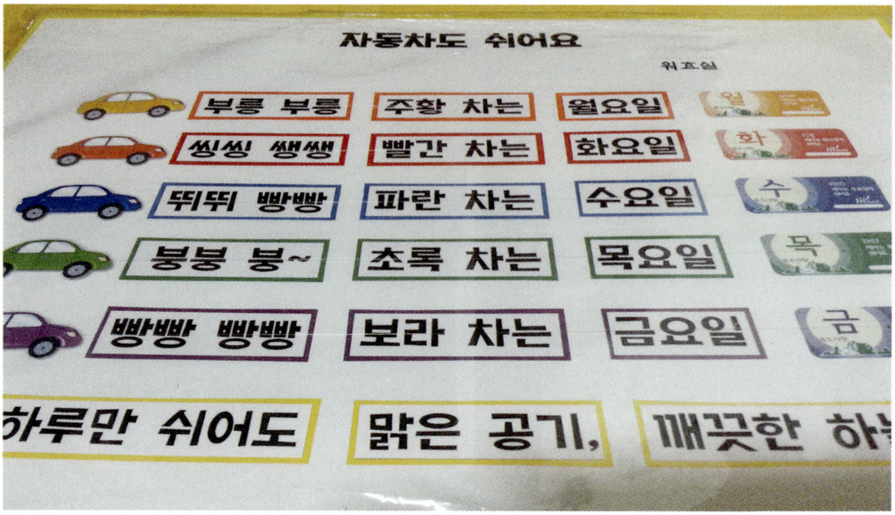

기대목표
- 승용차 요일제에 관심을 갖는다.
- 의성어를 즐기며 동시를 듣고 말로 표현할 수 있다.

대상연령	4세	활동유형	동시

활동자료 동시판, 승용차 요일제 홍보 이미지
(동시 출처: 4세 누리과정 교사용 지도서 '교통기관')

활동방법

1. 승용차 요일제 홍보 이미지를 보며 이야기 나눈다.
   - (사진을 보며) 이 사진은 어떤 사진일까?
   - 왜 자동차가 쉬는 날을 만들어 놨을까?
2. 동시 「자동차도 쉬어요」를 감상한다.
   - 동시를 들으니 어떤 느낌이 들어?
   - 동시에 어떤 내용이 나왔니?
   - 자동차가 쉬지 않으면 어떤 일이 생길 수 있을까?
3. 동시 내용을 회상한다.
   - 다시 함께 동시를 보자.
4. 유아와 교사가 동시를 나누어 읽어본다.
   - 이번엔 선생님과 함께 나누어 읽어보자.
   - 친구들과 나누어 읽어보자.
5. 활동을 평가한다.
   - 오늘 동시를 듣고 읽어보았는데 어땠니?
   - 새롭게 알게 된 사실이 있니?

놀이연계
- 동시에 나오는 의성어를 신체를 이용해 표현해보고 언어놀이 활동으로 확장한다.
- 여러 가지 방법으로 동시를 표현해 본다.

준비물 | 하드보드지, 시트지, 낚싯줄, 동시 자료(자동차, 가사, 쉬는차 마크), 색지(빨강, 주황, 파랑, 초록, 보라, 노랑), 마스킹테이프(빨강, 노랑)

제작 방법

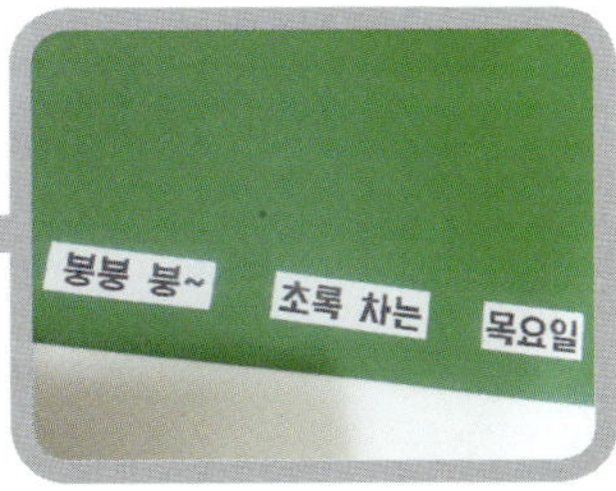

• 동시 내용을 잘라 색지에 붙인다.

• 자동차 모형을 잘라 코팅한다.

• 쉬는 차 마크를 자른다.

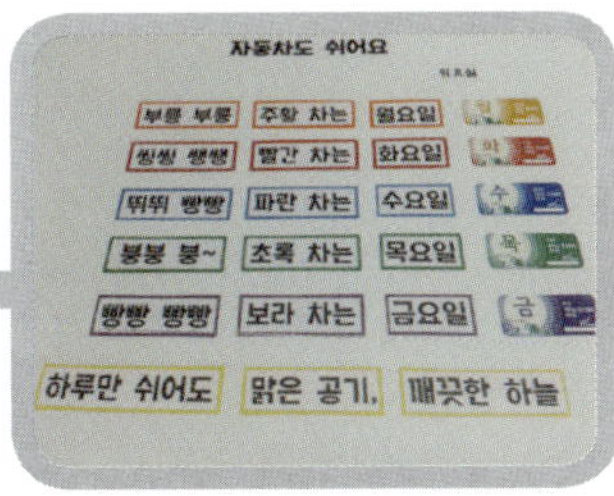

• 하드보드지에 동시 내용과 쉬는 차 마크를 붙인다.

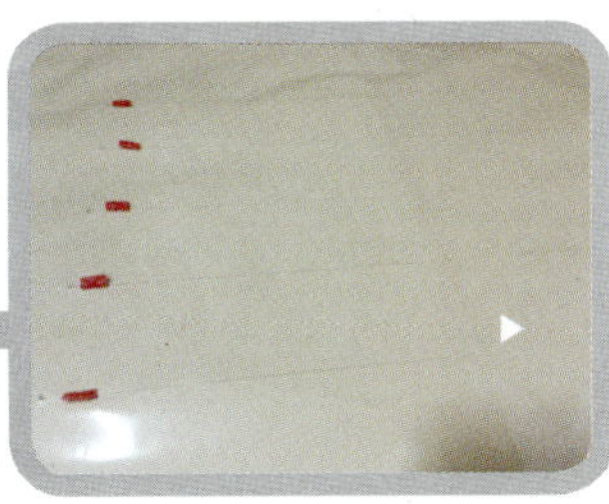

• 자동차 모형이 들어갈 곳에 구멍을 두 개 뚫어 낚싯줄로 연결한다.

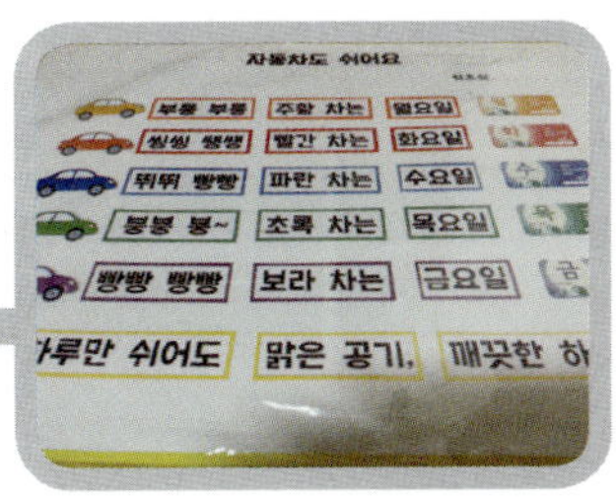

• 낚싯줄 뒷면에 마스킹테이프로 손잡이를 만든다.

[활동 12]

코끼리 형님의 나들이

기대목표	• 친구와 함께 협력하여 동극으로 표현해본다. • 동화를 듣고 내용을 이해한다.		
대상연령	3세	활동유형	동극
활동자료	테이블 동화, 동물 펠트 인형, 동극 머리띠 (코끼리, 하마, 악어, 거북이 – 각 두 개씩) (동화 출처: 『코끼리 형님의 나들이』 나카로 히로다카 글 · 그림 / 한림출판사)		
활동방법	1. 동화를 듣는다. – 동화를 들려줄게. (화창한 날 코끼리가 하마, 악어, 거북이를 차례로 업고 나들이를 하다가 연못에 빠졌지만 시원하다고 좋아하는 사이좋은 동물들의 나들이 내용) 2. 동화의 내용을 회상한다. – 동화에 어떤 동물이 나왔니? – 코끼리가 나와서 뭐라고 말했어? – 그다음엔 무슨 동물이 나왔지? 3. 역할을 정한다. – 코끼리(하마, 악어, 거북이) 하고 싶은 사람 있니? 4. 동극을 하기 전 지켜야 할 약속에 대해 이야기 나눈다. – 동극을 하기 전에 어떤 약속이 필요할까? – 동극을 보는 사람들은 어떤 태도로 봐야 할까? 5. 동극을 한다. – 역할을 정하고 동극을 해보자. – 다른 역할을 바꾸어 해보자. 6. 활동을 평가한다. – 동극을 해보니까 어땠어? – 어떤 점이 재미있었니?		
놀이연계	• 역할 영역에 소품을 놓아두고 자유놀이시간에 자유롭게 활동한다. • 사전에 미리 동화를 읽어주어 동극배경을 유아가 직접 꾸밀 수 있게 한다.		

준비물 | 하드보드지, 종이테이프, 접착 융, 접착 펠트지, 벨크로, 펠트지, 솜, 바늘, 실, 눈 스티커, 빨대, 백업

제작 방법

• 하드보드지로 배경틀을 만든 후, 제목을 붙인다.

• 펠트지를 이용하여 배경을 꾸민다.

• 부분 보여주기를 위해 연못을 펠트지로 가린다.

• 펠트지를 두 장 겹쳐 인형의 도안을 자른다.

• 자른 펠트지를 버튼홀 스티치로 바느질한 후, 솜을 넣는다.

• 동물들의 눈을 붙여주고 펠트지를 이용하여 꾸며준다.

• 만든 펠트 인형 윗 부분에 빨대를 붙인다.

• 백업을 머리크기에 맞추어 자른 후, 고무줄을 붙인다.

• 앞쪽에 벨크로를 붙여 펠트 인형을 탈부착하도록 만든다.

[활동 13]

수박파티

기대목표	• 수박에 관심과 흥미를 갖는다. • 「수박파티」 노래를 부를 수 있으며, 다양한 방법으로 표현해 본다.		
대상연령	3세	활동유형	음악
활동자료	「수박파티」 가사판, 수박파티 음원파일		
활동방법	1. '수박'에 대해 이야기를 나눈다. – 수박을 본 적이 있니? 어떻게 생겼니? – 수박을 먹어 본 적이 있니? – 수박을 어떻게 먹었었니? 2. 「수박파티」 노래를 들어본다. – 「수박파티」 노래를 배워보자. – 노래를 들어보니 어떠니? 기억에 남는 부분을 불러볼까? 3. 「수박파티」 가사판을 보면서 노래를 불러본다. – 가사판을 읽어줄게(교구를 조작하며 가사판을 읽어준다). – 우리 같이 가사판을 보면서 노래를 불러보자. – 또 어떤 방법으로 노래를 불러볼까? 4. 활동을 평가한다. – 노래의 어떤 점이 재미있었니?		
놀이연계	• 「수박파티」 노래에 맞춰 신체로 표현해 본다. • 수박을 활용한 요리활동이나 일상생활 속에서 수박을 탐색한다.		

준비물 | 하드보드지, 색지(라임, 연두, 초록, 빨강, 검정). 「수박파티」 노래 가사, 낚싯줄, 시트지, 가위, 양면테이프, 칼, 풀, 폼보드

제작 방법

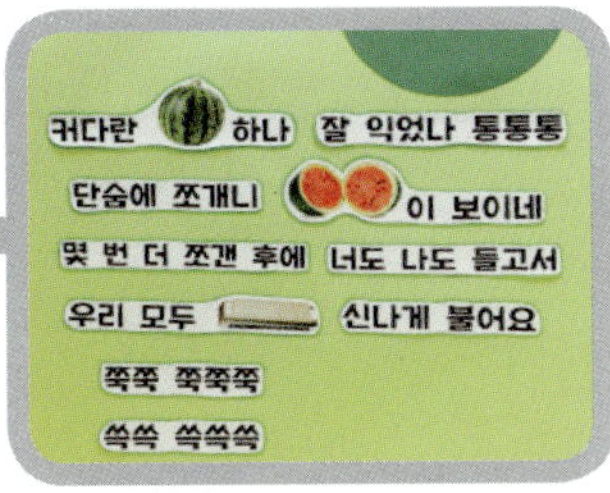

- 프린트한 노래가사를 오리고 다시 색지를 붙이고 오린 뒤 하드보드지에 붙인다.

- 하드보드지 밑면에는 아이의 얼굴을 그려 오린 뒤 붙인 뒤 하드보드지를 시트지로 덮는다.

- 하드보드지 수박의 밑부분과 펼쳐지는 수박 윗부분에 구멍을 뚫어 낚싯줄로 연결한다.

- 펼쳐지는 수박은 벨크로로 닫아놓는다.

- 아이 얼굴 밑부분에 '—' 칼집을 낸다.

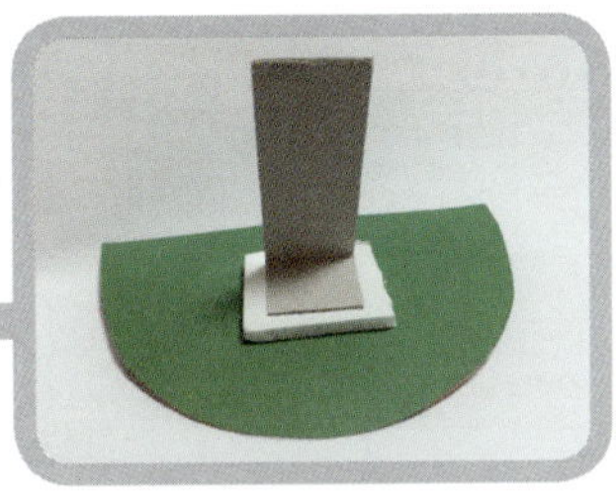

- 수박을 시트지로 감싼 뒤 뒷부분에 폼보드를 댄다.

[활동 14]

친환경 자동차

기대목표

- 우리 동네에 여러 가지 기관이 있다는 것을 안다.
- 「우리 동네」 노래를 즐겁게 부른다.

대상연령	4세	활동유형	음악

활동자료

가사판, 개사 코팅지
(동요 출처: 「우리 동네」 – 김성균 작사 · 작곡)

활동방법

1. 유치원 주변의 기관에 대해 이야기 나눈다.
   – (산책 다녀온 사진을 보며) 우리 어제 유치원 주변을 산책했었는데, 어떤 것을 봤었니?
   – 우리 동네에서 또 무엇을 보았니?
2. 「우리 동네」 노래를 불러본다.
   – 노래를 들어보자.
   – 한 부분만 불러볼까?
   – 다 같이 노래를 불러보자.
3. 우리 동네가 좋은 점을 개사하여 불러본다.
   – 노래에서 우리 동네가 좋은 점이 무엇이었니?
   – 너희들은 우리 동네가 좋은 이유가 무엇이니?
   – 너희가 말한 대로 노래에 넣어 불러보자.
4. 활동을 평가한다.
   – 우리 동네 노래를 불러봤는데 어땠어?
   – 새롭게 알게된 점 있니?

놀이연계

- 역할 영역에서 여러 가지 기관을 구성해본다.
- 공공기관에 견학가서 공공기관이 하는 일에 대해 알아본다.

준비물 | 우드락, 한지, 공공기관 그림, 벨크로, 머메이드지, 융, 양면테이프, 딱풀, 붓, 목공본드, 코팅지

제작 방법

• 우드락을 반원 모양으로 자르고 다시 반으로 자른다.

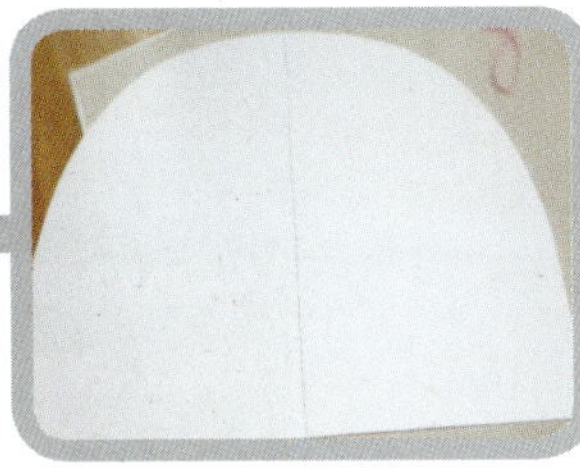

• 반으로 자른 우드락을 테이프로 연결시킨다.

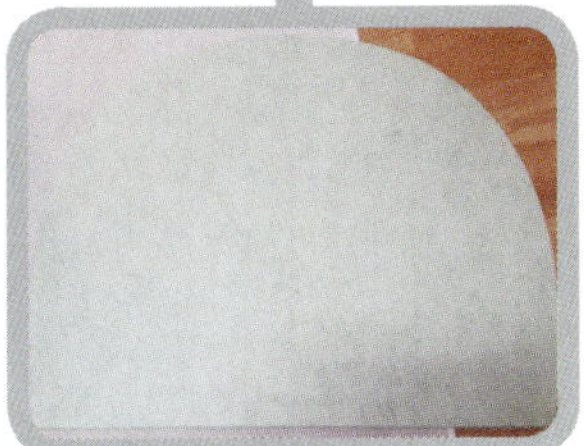

• 우드락에 한지를 덧댄다.

• 가사판에 딱풀을 이용해 노랫말을 붙인다.

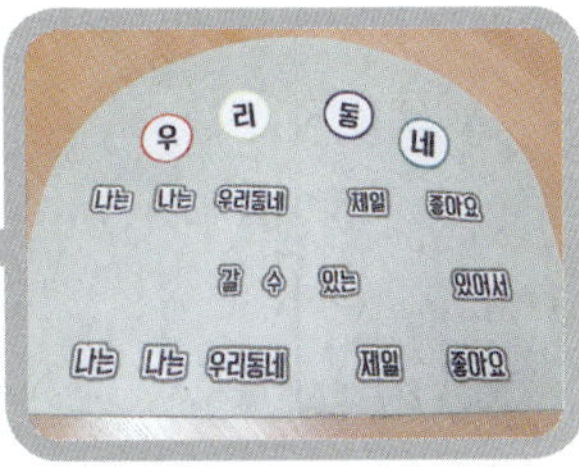

• 노랫말에 머메이드지를 이용해 배지를 댄다.

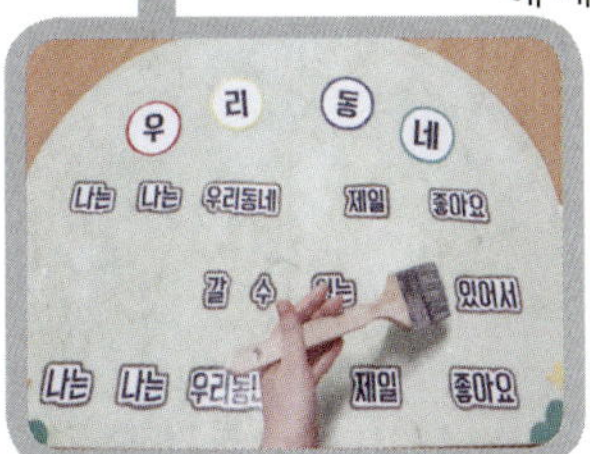

• 가사판을 꾸미고 목공본드를 바른다.

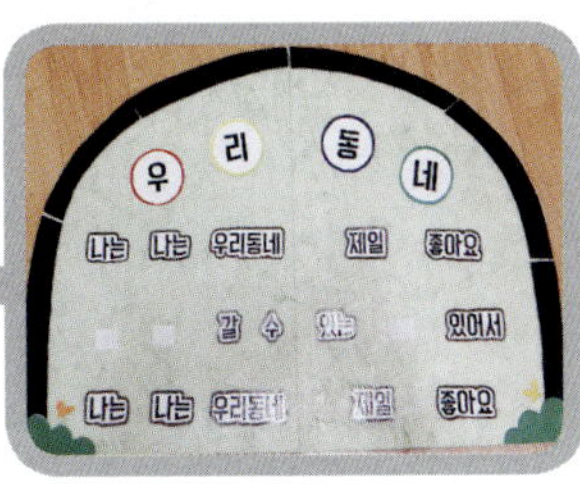

• 가사판 가장자리에 길 모양으로 융을 잘라 붙인다.

• 코팅된 공공기관 그림 뒤에 벨크로를 붙여 융 위에 붙인다.

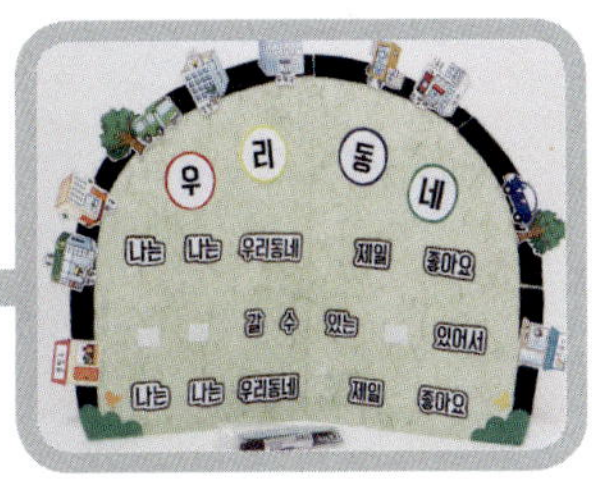

• 교구를 완성한다.

[활동 15]

오일장에 가요

기대목표	• 우리나라 전통 시장에 관심을 갖는다. • 전통시장에 가는 즐거움을 다양한 방법으로 표현하며 노래를 부를 수 있다.		
대상연령	5세	**활동유형**	음악
활동자료	가사판, 장구, 노래, 모형 소품 (동요 출처: 「오일장」 – 지혜인 작사 · 작곡)		
활동방법	1. 전통시장에 가본 경험을 이야기 나눈다. – 전통시장에 가본 적이 있니? – 전통시장에서 무엇을 보았니? – 오일장에 대해 들어본 적이 있니? 2. 「오일장」 노래를 들어본다. – (소품을 보여주며) 여기 무엇이 있니? – 이것들을 본 적이 있니? – 노래로 이야기를 들려줄까? – 노래를 들어보자. 3. 「오일장」 노래를 불러본다. – 피아노 연주에 맞추어 노래를 불러보자. – 장구 소리를 들어볼래? – 장구소리에 맞추어 노래를 불러보자. 4. 활동을 마무리하며 평가한다. – 오늘 「오일장」 노래를 불러봤는데 어땠어?. – 어떤 점이 재미있었니?		
놀이연계	• 「오일장」 노래를 여러 가지 방법으로 불러보고 신체를 이용해 간단한 리듬과 노래를 만들어본다.		

준비물 | 폼보드, 한지, 함석판, 천사점토, 우드락, 칼심, ND자석, 목공본드, 붓, 글루건

제작 방법

• 함석판을 자른 후 한지를 붙여 서랍을 만든다.

• 서랍이 들어갈 부분 위에 함석판을 잘라 붙인다.

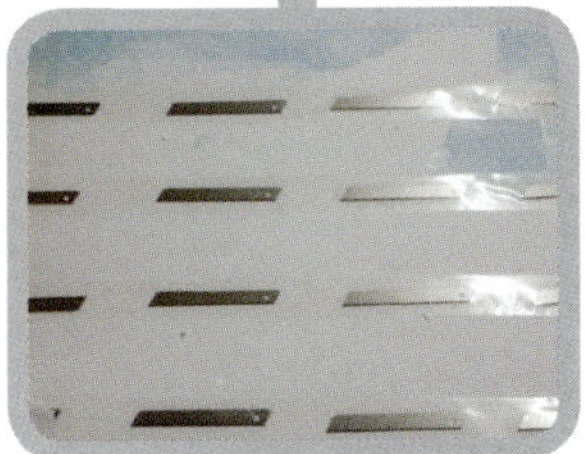

• 폼보드를 가사판 크기로 자른 뒤 칼심을 붙인다.

• 칼심 위에 종이를 덧대고 한지를 붙인다.

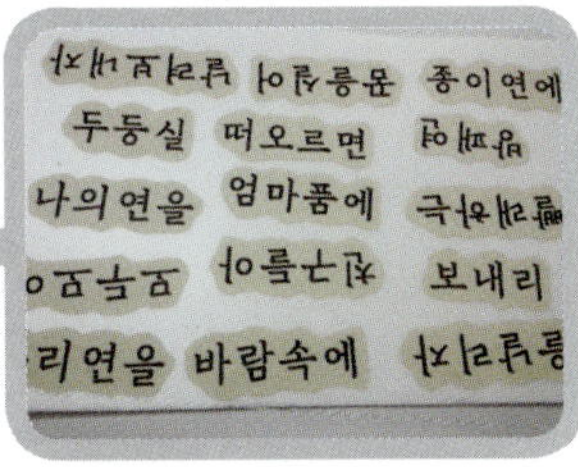

• 한지에 프린트한 가사를 우드락에 붙인다.

• 가사를 열선 커터기로 자른 뒤 ND자석을 우드락 안에 붙인다.

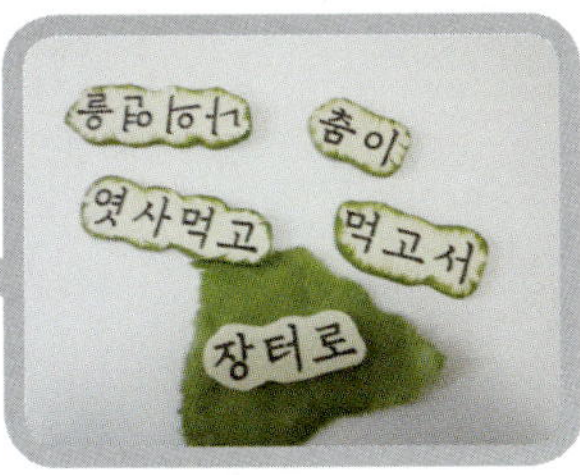

• 붓에 물을 묻혀 자른 한지를 그 위에 붙인다.

• 과일 등 장터 소품을 만든다.

• 교구를 완성한다.

[활동 16]

공공기관을 찾아요

기대목표
- 우리 동네 공공기관에 대해 안다.
- 규칙을 지키며 게임에 즐겁게 참여한다.

대상연령	5세	활동유형	게임

활동자료 게임판, 주사위, 역할모자, 다양한 기관사진

활동방법

1. 우리 동네 모습에 대해 이야기 나눈다.
   - 우리가 살고 있는 동네에는 무엇이 있을까?
   - 어떤 건물들이 있니?
2. 우리 동네의 다양한 공공기관의 사진을 보며 특징과 기능에 대해 이야기를 나눈다.
   - 여기 보이는 사진 중에서 우리 동네에 있는 것이 있니?
   - 이곳에서는 무슨 일을 할까?
   - 이곳에서 일하는 사람들은 어떤 옷을 입을까?
3. '공공기관을 찾아요' 게임 자료를 보며 이야기 나눈다.
   - 이 모자는 왜 이렇게 생겼을까?
   - 무슨 일을 할 때 필요할까?
   - 여기에 있는 게임 자료들로 어떤 게임을 할 수 있을까?
4. 게임을 한다.

   〈게임방법〉
   ① 역할 모자를 고른 후 착용한다.
   ② 주사위를 순서대로 굴려 나오는 숫자만큼 게임판에서 움직인다.
   ③ 주사위를 굴린 후 숫자가 아닌 장소가 나오면 그곳으로 간다.
   ④ 자신이 쓴 역할 모자에 알맞은 공공기관에 도착하는 사람이 승리한다.

5. 활동을 평가한다.
   - 오늘 '공공기관을 찾아요' 게임을 해봤는데 어땠니?
   - 새로 알게 된 점이 있니?

놀이연계
- 역할모자를 활용해 역할놀이 활동으로 전개할 수 있다.

준비물 | 펠트지, 전사지, 실, 부직포, 미끄럼 방지 천, 스펀지, 다리미, 사발면용기, 도안

제작 방법

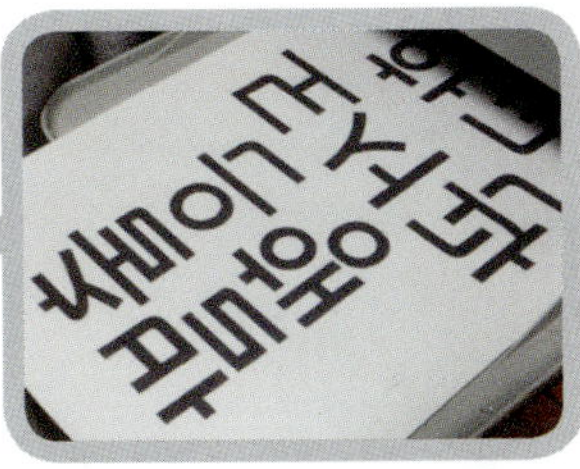

• 전사지에 기관 그림과 글씨를 좌우 반전하여 인쇄한다.

• 펠트지, 부직포, 미끄럼 방지 천을 원 모양으로 자른다.

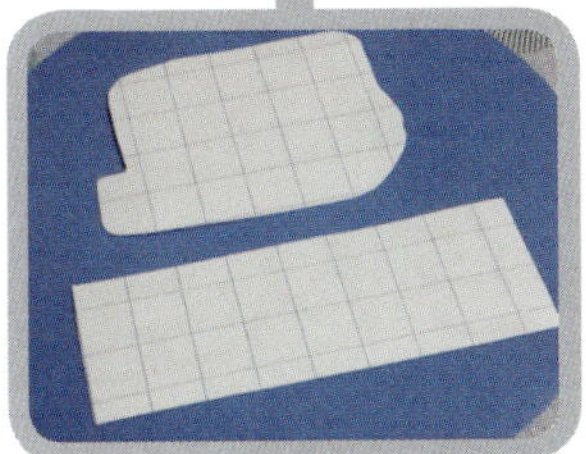

• 자른 펠트지에 전사지를 뒤집어 배치한다.

• 펠트지 위에 다림질을 한다.

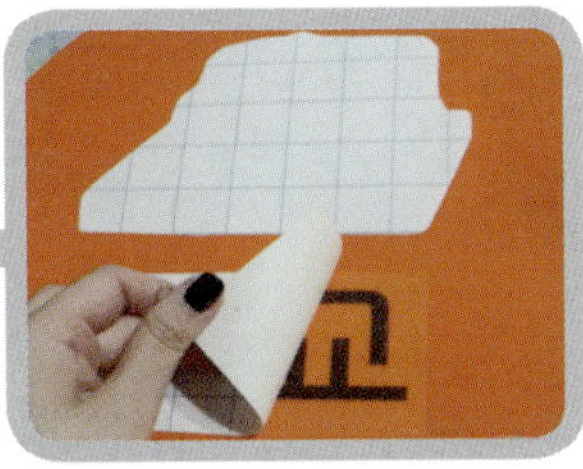

• 열기가 식으면 전사지 종이를 살살 벗겨낸다.

• 미끄럼 방지 천, 부직포, 펠트지를 버튼홀 스티치한다.

• 펠트지에 숫자 모양 펠트지를 박음질 한다.

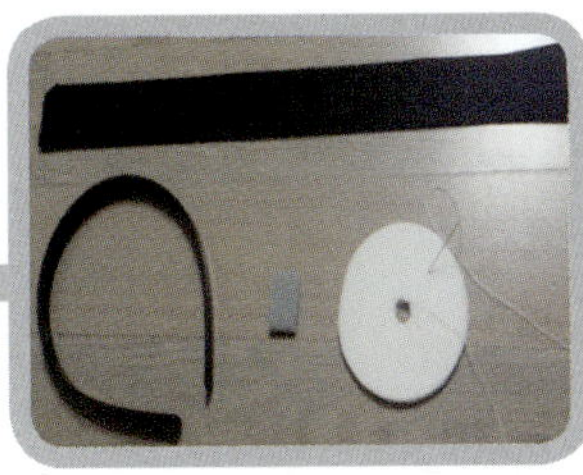

• 모자는 유아 머리 크기에 맞게 재단 후 펠트지로 제작한다.

• 교구를 완성한다.

[활동 17]

동물 과녁 맞추기

기대목표	• 여러 가지 동물에 관심을 갖는다. • 신체를 조절하여 과녁을 맞출 수 있다.		
대상연령	4세	활동유형	게임
활동자료	동물 과녁, 콩 주머니		

활동방법

1. '동물 과녁 맞추기' 게임방법에 대해 이야기 나눈다.
   - 게임이 어떤 모양이니?
   - 이 교구로 어떻게 놀이할 수 있을까?
   - 다른 생각을 하는 사람 있니?
2. 게임을 하기 전 약속을 정한다.
   - 게임을 하기 전 어떤 약속이 필요할까?
   - 공은 어디로만 던져야 할까?
   - 내가 던져서 떨어진 공은 어떻게 해야 할까?
3. 게임을 한다.

> **〈게임방법〉**
> ① 과녁판을 바닥에 배치한다.
> ② 유아는 교사가 정해 놓은 선 앞에 차례대로 서서 기다린다.
> ③ 순서가 되면 유아는 공 4개를 과녁판을 향해 굴린다.
> ④ 4개의 공무늬 중에서 과녁 제일 안쪽의 공을 하나 골라 기록한다.
> ⑤ 토끼는 5점, 호랑이는 4점, 곰은 3점, 젖소는 2점 코끼리는 1점으로 계산한다.

4. 활동을 평가한다.
   - 게임을 해보니 어땠어?
   - 아쉬웠던 점 있었니?

놀이연계

• 과녁을 융천으로 제작하고 공에 벨크로를 붙여 과녁에 공이 붙도록 만들 수 있다.
• 과녁과 공을 활용하여 유아들이 다양한 방법으로 자유롭게 놀이할 수 있도록 한다.

준비물 | 펠트지, 실, 바늘, 콩, 글루건

제작 방법

- 펠트지를 과녁 크기에 맞게 잘라 준다.

- 동그라미를 차례대로 바느질 한 뒤, 동물무늬와 귀를 바느질 한다.

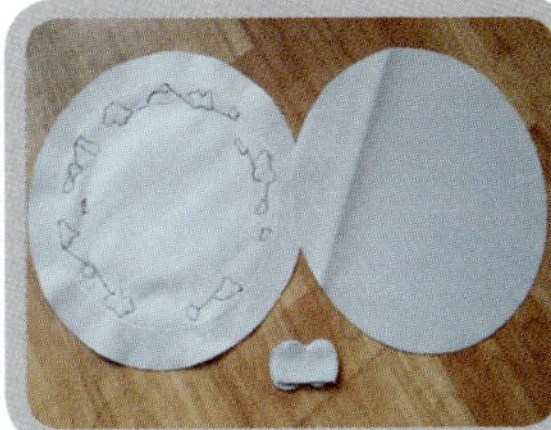

- 바느질한 뒤, 회색 펠트지를 한 장 더 준비한다.

- 코끼리 귀와 함께 버튼홀 스티치해서 마무리한다.

- 다양한 색의 펠트지를 꽃잎 모양으로 자른다.

- 버튼홀 스티치로 바느질후 구멍에 콩을 넣어 준다.

- 콩 주머니 위, 아래에 붙일 동그라미를 준비 한다.

- 글루건으로 위, 아래 구멍에 동그라미를 붙여 준다.

- 과녁과 공을 함께 준비한다.

[활동 18]

꿀벌이 꿀을 모아요

기대목표	• 주변에서 볼 수 있는 곤충인 벌에 관심을 갖는다. • 게임 규칙을 이해하고 지키는 태도를 기른다.		
대상연령	4세	활동유형	게임
활동자료	콩주머니, 꿀벌 머리띠, 벌집 모양 상자		

활동방법

1. 꿀벌에 대해 이야기 나눈다.
   - (사진을 보며) 이건 어떤 곤충일까?
   - 꿀벌은 무엇을 먹고 살까?
2. 게임방법을 알아본다.
   - 여기에 무엇이 있니?
   - 꿀벌 머리띠와 꽃, 꿀주머니로 어떤 게임을 할 수 있을까?
3. 게임을 하기 전 약속을 정한다.
   - 게임을 하기 전 어떤 약속이 필요할까?
4. 게임을 한다.

> **〈게임방법〉**
> ① 꿀벌 머리띠를 하고 꿀통을 든다.
> ② 출발선 위에 선다.
> ③ 출발 신호가 울리면 꽃바구니까지 벌이 날아가는 흉내를 내며 날아간다.
> ④ 꽃바구니에 들어있는 꿀주머니를 하나 들고 벌집 앞까지 날아간다.
> ⑤ 벌집 앞 표시된 곳에 서서 꿀주머니를 벌집을 향해 던져 넣는다.
> ⑥ 출발선으로 들어온다.

5. 활동을 평가한다.
   - 게임을 해보니 어땠니?
   - 아쉬웠던 점이나 어려웠던 점 있니?

놀이연계

- 실제 벌꿀을 탐색해보고 맛보기 활동을 한다.
- 게임 진행 시 봄, 꿀벌, 꽃 주제의 노래를 틀어준다.

준비물 | 폼보드, 재활용 바구니, 글루건, 한지, 목공본드, 붓, 우유갑, 펠트지, EVA, 머리띠

제작 방법

• 바구니와 EVA를 크기에 맞게 잘라 준비한다.

• EVA를 꽃잎 모양으로 자른다.

• 바구니 안에 노란 펠트지를 붙이고 가장자리에 꽃잎을 붙인다.

• 우유갑을 깨끗이 씻어 말린다.

• 말린 우유갑에 목공본드를 이용해 한지를 붙인다.

• 꿀벌 모양으로 펠트지를 잘라 글루건으로 붙인다.

• 꿀벌에 눈알을 붙인 뒤 머리띠에 글루건으로 붙인다.

• 꽃바구니에 꿀주머니를 넣어 준다.

• 우유갑을 벌집모양으로 붙인다.

[활동 19]

동물 고리 던지기

기대목표	• 눈과 손의 협응능력을 기른다. • 게임규칙을 이해하고 지키는 태도를 기른다.		
대상연령	3세	활동유형	게임
활동자료	기린봉, 동물 링(7개)		
활동방법	1. 좋아하는 동물에 대해 이야기 나눈다. – 너희가 좋아하는 동물은 뭐니? 2. 게임방법에 대해 알아본다. – 앞에 어떤 것들이 보이니? – 어떤 동물들의 모습인 것 같니? – 이것들을 이용해서 어떻게 게임을 할 수 있을까? 3. 게임을 하기 전 약속을 정한다. – 게임을 하기 전 어떤 약속이 필요할까? – 내가 던진 후 링은 어떻게 해야 할까? 4. 게임을 한다. **〈게임방법〉** ① 선 앞에 차례대로 선다. ② 순서가 되면 유아는 7개의 동물 링을 기린봉을 향해 하나씩 던진다. ③ 기린봉에 들어간 링의 개수를 세어 본다. ④ 기린봉에 동물 링을 많이 넣는 유아가 이기게 된다. 5. 활동을 평가한다. – 게임을 해보니 어땠어? – 아쉬웠던 점이나 추가하고 싶은 점 있니?		
놀이연계	• 바깥놀이시에 유아들이 고안한 다양한 방법을 활용하여 고리 놀이로 연계 될 수 있다.		

준비물 | 우드락, 폼보드, 펠트지, 스펀지, ND자석, 하드보드지, 한지, 방울솜, 목공본드

제작 방법

• 노란색 펠트지에 기린봉 모양을 그린 후 자른다.

• 받침대에 하드보드지를 글루건으로 붙인다.

• 받침대와 기린 목, 기린 얼굴을 버튼홀 스티치한다.

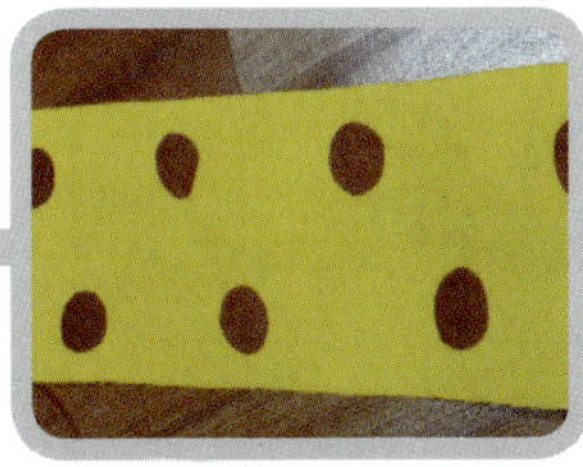

• 기린 목에 무늬를 글루건으로 붙인다.

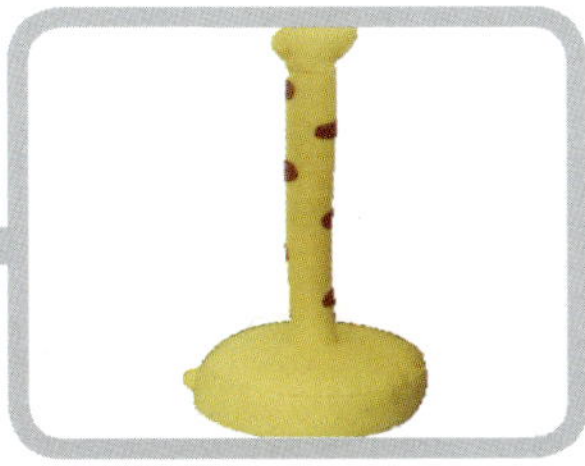

• 받침대와 기린 목, 기린 얼굴에 솜을 넣어 연결한다.

• 펠트지에 링과 귀를 그린 뒤, 오린다.

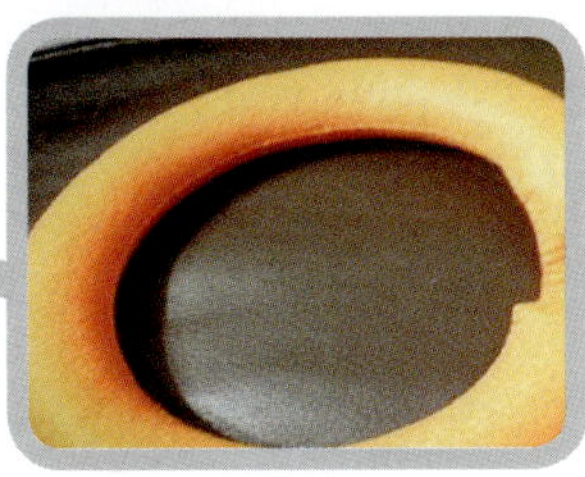

• 링을 버튼홀 스티치로 바느질한 뒤 솜을 넣어 준다.

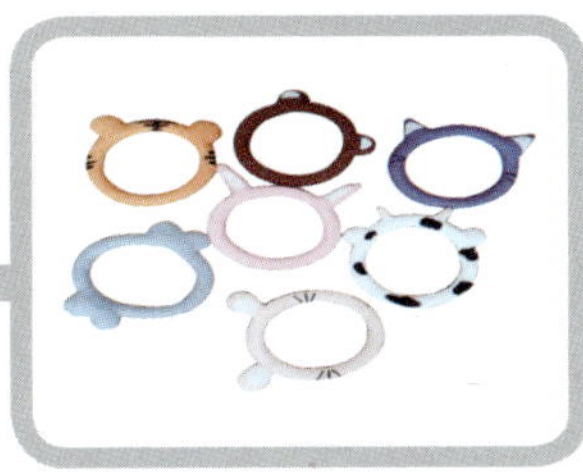

• 링에 귀와 동물 무늬를 바느질한다.

• 기린봉과 링의 크기가 맞는지 확인한다.

[활동 20]

펭귄에게 먹이를 주세요

기대목표	• 펭귄에 대해 관심을 갖는다. • 게임규칙을 지키며 즐겁게 활동에 참여한다.		
대상연령	5세	활동유형	게임
활동자료	얼음낚시판, 낚싯대, 얼음조각, 펭귄 옷, 정어리, 오징어, 새우 그림, (동화 출처: 『펭귄이 자랐어』 – 심영철 글 / 웅진씽크빅)		

활동방법

1. 『펭귄이 자랐어』 동화내용을 회상한다.
   - 어제 어떤 동화를 들었지?
   - 펭귄은 무엇을 먹고 자랐어?
   - 펭귄은 어떻게 걸었니?
2. 자료를 보고 게임방법을 알아본다.
   - 이것들은 왜 있는 걸까?
   - 얼음조각들로 어떤 게임을 할 수 있을까?
3. 규칙을 정하고 게임을 해본다.
   - 얼음은 어떻게 밟는 것이 좋겠니?
   - 얼음에서 떨어지면 어떻게 할까?
4. '펭귄에게 먹이를 줘요' 활동을 한다.

> **〈게임방법〉**
> ① 2팀으로 나누고 두 명의 유아가 펭귄 옷을 입고 출발선에 선다.
> ② 출발신호가 울리면 앞에 있는 낚싯대를 사용하여 낚시를 한다(이때, 먹이는 1마리만 낚도록 알려준다).
> ③ 먹이를 들고 얼음 다리를 건너 펭귄의 입에 먹이를 넣어준다.
> ④ 펭귄 걸음으로 출발선에 돌아와 다음 유아에게 옷을 건네주면 다음 유아는 펭귄 옷을 받아 입고 출발한다.

5. 활동을 평가한다.

놀이연계

- 얼음을 밟아 건너며 움직임의 요소를 활용하여 다양한 방법으로 움직인다.
- 펭귄의 모습을 탐색하고 신체표현활동을 할 수 있다.

준비물 | 폼보드, 펠트지, 한지, 스펀지, 광목천, 전사지, 과자통, 원형 통, 자석, 방울솜, 원형칼

제작 방법

• 펭귄 먹이 실사를 전사하여 광목천에 다림질한다.

• 광목천을 자른 뒤 자석을 넣어 바느질한다.

• 폼보드에 과자통을 얹어 원을 그리고 원형칼로 자른다.

• 스펀지와 펠트지를 얼음 모양으로 자르고 바느질한다.

• 펠트지에 펭귄 도안을 그리고 재단한다.

• 몸을 겹쳐 배를 가운데로 넣고 밑부분은 놔두고 바느질한다.

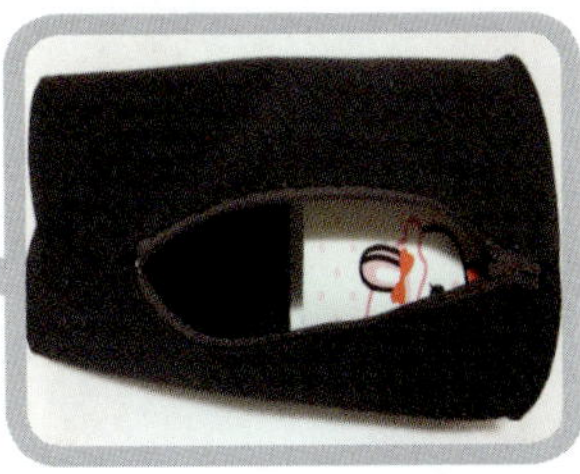

• 펠트지를 통 크기에 맞춘 뒤 지퍼를 달고 바느질한다.

• 통을 펭귄 밑부분에 넣어 고정시킨 뒤 방울솜을 넣는다.

• 펭귄 몸통에 팔, 다리, 입을 달고 눈을 만들어 붙인다.

참고문헌

강문희 · 김영심 (2003). 유아를 위한 놀이속의 움직임 교육. 대구: 대경북스.

고진영 (2019). 자유선택활동 시간에 유아가 경험한 교재 · 교구의 의미. 한국교원대학교 대학원 박사학위논문.

곽금주 · 김연수 (2014). 영아발달. 서울: 학지사.

곽금주 · 성현란 · 장유경 · 심희옥 · 김수정 · 이지연 · 배기조 (2005). 한국영아발달연구. 서울: 학지사.

교육과학기술부 (2013). 누리과정 교사용 지도서.

교육부 (2020). 유아원격교육을 위한 교사지원자료. 15-17.

교육부 (2021). 디지털 기반 놀이환경현장지원자료.

교육부 (2021). 유치원 온라인 교육 콘텐츠 제작 개발 교사용 안내서. 16-17.

교육부, 보건복지부 (2019). 「2019 개정 누리과정」 해설서. 교육부, 보건복지부.

교육부, 보건복지부 (2020). 2019 개정 누리과정 놀이이해자료. 교육부, 보건복지부.

교육부, 전국 시도교육청 (2022), 미래형교육과정 운영을 위한 안내서 3쪽

권하나 (2009). 유아의 언어, 인지, 사회 · 정서발달과 또래간 인기도의 관계. 이화여자대학교 교육대학원 석사학위논문.

김경철 · 김안나 (2010). 예비유아교사의 모의수업을 통한 수업분석의 경험. 유아교육학논집, 14(1), 399-424.

김성숙(2013). 유아교육의 텍스트로서 교수매체의 창의적 융합에 관한 연구. 미래유아교육학회지, 20(4), 283-305.

김안나 (2011). 수업에 대한 유아교사의 이야기-좋은 수업을 찾아서-. 유아교육연구, 31(4), 229-258.

김영옥 (2003). 유치원 교육과 교사의 수업 전문성. 교육발전, 22(3), 65-97.

김은심 (2010). 유아를 위한 동작 · 음악교육. 경기: 정민사.

김은심 · 문용은 · 유향선 · 전선영 (2009). 유아교수매체의 이론과 실제. 서울: 창지사.

김은심 · 조정숙 (2013). 영유아 언어교육의 이론과 실제. 경기: 정민사.

김정규 · 이광자 · 조정숙 (2003). 교과교재 연구 및 지도법. 경기: 정민사.

박란규 (2006). 연령별, 생활주제별, 흥미영역별 교재 · 교구의 실태 및 질적 수준에 관한 연구. 배재대학교 대학원 석사학위논문.

박성익 (1987). 수업탐구방법. 서울: 교육과학사.

박유미 (2008). 영아기 발달특성에 대한 보육교사의 지식과 교사의 상호작용 행동. 건국대학교 교육대학원 석사학위논문.

박화윤 · 안라리 (2005). 유아의 형제관계의 질과 또래유능성 및 정서능력간의 관계. 유아교육연구, 25(1), 92-108.

배소연 (1999). 유아교사교육의 과제와 발전방향에 대한 토론. "2000년대 한국유아교육의 발전방향" 한국유아교육학회 연차학술대회, 84-88, 한국유아교육학회.

변홍규 · 박혜정 · 윤점룡 (1983). 유아를 위한 놀잇감 평가기준 개발. 서울: 한국교육개발원.

양옥승 · 이정란 · 나은숙 (2002). 유아의 관점에서 본 자유놀이. 열린유아교육연구, 7(1), 143-165.

염지숙(2003. 10.18.). 유아교사들의 교직 경험: 현장으로부터의 목소리[주제발표]. 한국유아교육학회 2003년 연차학술대회, 전라남도 광주.

오정희 · 임부연 · 송진영 (2013). 유아교사의 수업 능력 향상을 위한 입체형 교사연수 프로그램의 개발 및 적용. 유아교육학논집, 17(6), 429-448.

유혜령(1998). 교수매체 환경과 유아의 경험양식에 관한 현상학적 연구: 자유놀이를 중심으로. 유아교육연구, 18(1), 131-152.

이경숙 (1982). 놀이 영역별 놀이감 실태에 관한 연구. 중앙대학교 교육대학원 석사학위논문.

이대균 · 송정원 (2008). 최신 유아교재 · 교구 연구 및 지도. 서울: 양서원.

이숙재 (1990). 유아를 위한 놀이의 이론과 실제. 서울: 창지사.

이영자 · 이기숙 · 이정욱 (2009). (개정)유아교수 · 학습방법. 서울: 창지사.

정선아, 서윤희, 탁혜진(2011). 유아의 물감과 찰흙 조형 매체 탐색 경험의 의미: 예술적 경험과 앎의 과정 관계를 중심으로. 유아교육학논집, 15(1), 325-349.

정옥분 (2005). 아동발달의 이해. 서울: 학지사.

정옥분 (2012). 영아발달. 서울: 학지사.

조정숙 · 이대균 (2004). 교과 교재연구 및 지도법. 서울: 한국방송통신대학교출판부.

최봉선 (2007). PBL에서 "교재, 교구연구 및 지도법"수업사례. 교육발전연구, 23(2), 33-55. 경희대학교 교육발전연구원.

한글과 컴퓨터(2007). 네이버 2015년 1월 21일 인출

한성희 · 임연진 (2005). 영유아 교재교구 연구. 서울: 창지사.

황성희 (1988). 놀잇감 유형에 따른 유아의 사회적 행동에 관한 일 연구. 이화여자대학교 교육대학원 석사학위논문.

Berk, L. E., & Winsler, A. (1995). *Scaffolding children's learning: Vygotsky and early childhood education*. Washington, DC: NAEYC. 홍영희 역(1996). 어린이들의 학습에 비계설정: 비고츠키와 유아교육. 서울: 창지사.

Feldman, J. R. (1991). *A survival guide for the preschool teacher*. West Nyak, NY: Center for Applied Research in Education.

Fowler, F. (1980). *Infant and Child Care; A Guide to Education in Group Setting*. pp. 415-422. Boston: Allyn & Bacon.

Gagné, R. M. (1976). *The conditions of learning*(3rd. ed). NY.: Holt Rinehart &Winston.

Garcia, C .(1994). Gender differences in young children's interactions when learning fundamental motor skills. *Research Quarterly for Exercise and Sports*, *65*, 213-225.

Hurlock, E. B. (1978). *Child Development*. New York: McGraw Hill.

Kuhl, P. K. (2007). Is speech learning 'gated' by the social brain? *Developmental Science*, *10*, 110-120.

Kuhl, P. K., Tsao. F. M., & Lin, H. M. (2003). Foregin-language experience in infancy: Effects of short-term exposure and social interaction on phonetic learning. *Proceedings of the National Academy of Sciences*, *100*, 9096-9101.

Kuhn, D.(1988). Cognitive Development. In M.H. Bornstein & M.E. Lamb(Eds.), *Developmental Psychology: An advanced textbook*(2nd ed.). Hillsdale, NJ: Erlbaum.

Miller, K. (2001). *Ages and stages: Developmental descriptions and activities birth through 8 years*. Chelsea, MA: Telshare.

Miller, P. H. (1993). *Theories of developmental psychology*(3rd ed.). NY: W. H. Freeman and Company.

저자소개

김은심은 중앙대학교 대학원 유아교육과에서 문학박사 학위를 받았으며, 현재 강릉원주대학교 보건복지대학 유아교육과 교수로 재직 중이다. 저서로 『유아동작교육의 이론과 실제』(2015), 『유아교과교육론』(2013), 『유아교사를 위한 교수매체의 이론과 실제』(2009) 등이 있다. 대학에서 「유아교과교재연구및지도법」, 「교과교육론」, 「유아동작교육」 등을 강의하고 있다.

유향선은 중앙대학교 대학원 유아교육과에서 문학박사 학위를 받았으며, 현재 배화여자대학교 유아교육과 교수로 재직 중이다. 저서로 『영유아 놀이지도』(2020), 『유아교과교육론』(2013), 『유아교사를 위한 교수 매체의 이론과 실제』(2009), 『유아 언어교육의 이론과 실제』(2007) 등이 있다. 대학에서 「유아교과교재연구및지도법」, 「영아발달」, 「놀이지도」 등을 강의하고 있다.

최현정은 중앙대학교 대학원 유아교육과에서 문학박사 학위를 받았으며, 현재 수원여자대학교 유아교육과 교수로 재직 중이다. 저서로 『영유아교수방법론』(2020), 『유아사회교육』(2020), 『유아과학교육』(2015) 등이 있다. 대학에서 「유아교과교재연구및지도법」, 「유아사회교육」, 「유아다문화교육」 등을 강의하고 있다.

제2판

영유아를 위한

교과교재 연구 및 지도법

초　판 1쇄 발행　2016년 2월 29일
초　판 8쇄 발행　2021년 8월 24일
제2판 2쇄 발행　2024년 7월 16일

지 은 이 | 김은심 · 유향선 · 최현정
펴 낸 이 | 김기섭
편 집 인 | 이혜란 · 이현남
펴 낸 곳 | 창지사 www.changjisa.com
08589 서울시 금천구 가산디지털 1로 83 파트너스타워 1차 9층
전화 (02)719-2211~3
팩스 (02)701-9386
등　록 | 1977년 4월 28일 · 제1-421호

ISBN 978-89-426-1571-1 (93370)

값 19,000원

KOMCA 승인필